영혼을 깨우는 예배 기도

이효상 목사 지음

은밀하고 열심있는 믿음의 기도는
모든 개인적인 경건의 뿌리가 된다

차 례

1월 ········· 12

새해 기도
1월 1일 신년 예배
1월 첫째주
1월 첫째주 예배 기도
1월 첫째주 저녁 찬양 예배 기도
1월 둘째주
1월 둘째주 예배 기도
1월 둘째주 제직회 헌신 예배 기도
1월 세째주
1월 세째주 예배 기도
1월 세째주 저녁 찬양 예배 기도
1월 네째주
1월 네째주 예배 기도
1월 네째주 남전도회 헌신 예배 기도

2월 ········· 30

2월 첫째주
2월 첫째주 예배 기도
2월 첫째주 저녁 찬양 예배 기도
2월 둘째주
2월 둘째주 예배 기도
2월 둘째주 여전도회 헌신 예배 기도
2월 세째주
2월 세째주 예배 기도
2월 세째주 저녁 찬양 예배 기도
2월 네째주
2월 네째주 예배 기도
2월 네째주 졸업 예배 기도

3월 ········· 46

3월 첫째주
3월 첫째주 예배 기도
3월 첫째주 구역장 권찰 헌신 예배 기도
3월 둘째주
3월 둘째주 예배 기도
3월 둘째주 저녁 찬양 예배 기도
3월 세째주
3월 세째주 예배 기도
3월 세째주 저녁 찬양 예배 기도
3월 네째주
3월 네째주 예배 기도
3월 네째주 저녁 찬양 예배 기도
3월 다섯째주
3월 다섯째주 예배 기도
3월 다섯째주 저녁 찬양 예배 기도

4월 ········· 66

4월 첫째주
4월 첫째주 예배 기도(종려 주일)
4월 첫째주 저녁 찬양 예배 기도
4월 둘째주
4월 둘째주 예배 기도(고난 주간)
4월 둘째주 청년회 헌신 예배 기도
4월 세째주
4월 세째주 예배 기도(부활 주일)
4월 세째주 저녁 찬양 예배 기도
4월 네째주
4월 네째주 예배 기도
4월 네째주 저녁 찬양 예배 기도

차례

5월 ······················· 82

5월 첫째주
5월 첫째주 예배 기도(어린이 주일)
5월 첫째주 저녁 찬양 예배 기도
5월 둘째주
5월 둘째주 예배 기도(어버이 주일)
5월 둘째주 저녁 찬양 예배 기도
5월 세째주
5월 세째주 예배 기도(총동원 주일)
5월 세째주 저녁 찬양 예배 기도
5월 네째주
5월 네째주 예배 기도
5월 네째주 저녁 찬양 예배 기도
5월 다섯째주
5월 다섯째주 예배 기도(성령 강림 주일)
5월 다섯째주 저녁 찬양 예배 기도

6월 ······················· 102

6월 첫째주
6월 첫째주 예배 기도
6월 첫째주 저녁 찬양 예배 기도
6월 둘째주
6월 둘째주 예배 기도
6월 둘째주 저녁 찬양 예배 기도
6월 세째주
6월 세째주 예배 기도(총력 전도 주일)
6월 세째주 저녁 찬양 예배 기도
6월 네째주
6월 네째주 예배 기도
6월 네째주 저녁 교사 헌신 예배 기도

7월 ······················· 118

7월 첫째주
7월 첫째주 예배 기도(교회 설립 기념일)
7월 첫째주 저녁 찬양 예배 기도
7월 둘째주
7월 둘째주 예배 기도
7월 둘째주 저녁 찬양 예배 기도
7월 세째주
7월 세째주 예배 기도
7월 세째주 저녁 찬양 예배 기도
7월 네째주
7월 네째주 예배 기도
7월 네째주 저녁 찬양 예배 기도

8월 ······················· 134

8월 첫째주
8월 첫째주 예배 기도
8월 첫째주 저녁 찬양 예배 기도
8월 둘째주
8월 둘째주 예배 기도
8월 둘째주 저녁 찬양 예배 기도
8월 세째주
8월 세째주 예배 기도
8월 세째주 저녁 찬양 예배 기도
8월 네째주
8월 네째주 예배 기도
8월 네째주 저녁 찬양 예배 기도
8월 다섯째주
8월 다섯째주 예배 기도
8월 다섯째주 저녁 찬양 예배 기도

차 례

9월 ·················· 154

9월 첫째주
9월 첫째주 예배 기도
9월 첫째주 성가대 헌신 예배 기도
9월 둘째주
9월 둘째주 예배 기도
9월 둘째주 저녁 찬양 예배 기도
9월 세째주
9월 세째주 예배 기도
9월 세째주 학생회 헌신 예배 기도
9월 네째주
9월 네째주 예배 기도
9월 네째주 저녁 부흥회 기도

10월 ·················· 170

10월 첫째주
10월 첫째주 예배 기도
10월 첫째주 저녁 찬양 예배 기도
10월 둘째주
10월 둘째주 예배 기도
10월 둘째주 저녁 찬양 예배 기도
10월 세째주
10월 세째주 예배 기도
10월 세째주 저녁 찬양 예배 기도
10월 네째주
10월 네째주 예배 기도
10월 네째주 저녁 찬양 예배 기도

11월 ·················· 186

11월 첫째주
11월 첫째주 예배 기도
11월 첫째주 저녁 찬양 예배 기도
11월 둘째주
11월 둘째주 예배 기도
11월 둘째주 저녁 찬양 예배 기도
11월 세째주
11월 세째주 예배 기도(추수 감사 주일)
11월 세째주 저녁 찬양 예배 기도
11월 네째주
11월 네째주 예배 기도
11월 네째주 저녁 찬양 예배 기도
11월 다섯째주
11월 다섯째주 예배 기도
11월 다섯째주 저녁 찬양 예배 기도

12월 ·················· 206

12월 첫째주
12월 첫째주 예배 기도
12월 첫째주 저녁 찬양 예배 기도
12월 둘째주
12월 둘째주 예배 기도(성서 주일)
12월 둘째주 저녁 찬양 예배 기도
12월 세째주
12월 세째주 예배 기도
12월 세째주 저녁 찬양 예배 기도
12월 25일 성탄절
12월 24일 성탄 전야 예배 기도
12월 25일 성탄절 예배 기도
12월 네째주
12월 네째주 예배 기도
12월 네째주 저녁 찬양 예배 기도
12월 31일 송구영신 기도
송년 기도

차 례

구역(속회) 예배 기도(1~10) … 230

특별 새벽 기도회 기도(1~14) … 240

주제별 기도 …………………… 254

〈때와 목적〉… 254~258
야외 예배 기도
철야 기도회 기도
헌금 기도·1
헌금 기도·2
식사 기도

〈가정〉… 259~263
가정을 위한 기도
남편을 위한 기도
아내를 위한 기도
부모가 자녀를 위해 드리는 기도
자녀가 부모님을 위해 드리는 기도

〈출생·질병·죽음〉… 264~277
세례식의 기도
결혼식 기도
아기가 태어났을 때의 기도
아기 돌 때의 기도
환자를 위한 기도
수술 전의 환자를 위한 기도
수술 후의 환자를 위한 기도
회갑 또는 진갑 때의 기도

임종하는 분을 위한 기도
장례식을 위한 기도
입관 예배 때의 기도
유가족을 위한 기도
부모님의 추도식 날에

〈영적 성장〉… 278~285
성령 충만을 위한 기도
새벽에 드리는 기도
섬김의 생활을 위한 기도
새로운 일을 시작하는 기도
치유의 기도
전도를 위한 기도

〈중보 기도〉… 286~297
교사의 기도
교회를 위한 기도
목회자를 위한 기도
직분자로서 드리는 기도
위정자를 위한 기도
나라를 위한 기도
경제난 극복을 위한 기도
통일과 평화를 위한 기도
북한 동포를 위한 기도
선한 삶과 생업의 축복을 위한 기도

신앙인의 기도 **298**

1) 일사각오 뿐입니다 … 주기철
2) 사랑하게 하소서 … 토마스 아켐피스
3) 복된 나라 건설 … 노만 빈센트 필
4) 오직 주와 함께 있게 하옵소서 … 마틴 루터
5) 외아드님과 하나되게 하옵소서 … 칼빈
6) 구원과 안식을 누리게 하옵소서 … 존 웨슬레
7) 주의 보혈로 정결케 하옵소서 … 한경직
8) 은혜 내려 주옵소서 … 곽전태
9) 유혹에 빠지지 않게 하소서 … 박태희
10) 가을을 주신 주님께 … 박종구
11) 내가 곧 나서리라 … 무디
12) 자녀를 위한 기도 … 더글러스 맥아더
13) 의사가 드리는 기도 … W. 바클레이
14) 아홉 가지 기도 … 도종환
15) 제헌국회에서 드린 기도 … 이윤영

서 문

나로 기도의 사람이 되게 하소서!

오늘 우리 시대만큼
기도의 사명자들이 요청되는 시대가 없을 것입니다.
기도를 쉬면 영이 죽습니다.
그러므로 기도는 영혼의 호흡입니다.
기도를 일보다 더 사랑합시다.
기도는 일보다 더 큰 일을 합니다.
하나님은 기도하는 자를 위하여 일하십니다.
기도는 하늘 창고의 문빗장을 여는 황금 열쇠입니다.
성도가 하나님이나 사람을 위해 할 수 있는 가장 큰 일입니다
하나님으로 일하시게 하는 가장 큰 성도의 무기입니다.
"방향이 설정된 소원"입니다.
그 방향이란 하나님을 향합니다.
마귀는 성도로 하여금 기도의 가치를 알지 못하도록 갖은 방법을 다 사용하고 있습니다.
기도만큼 마귀가 두려워하는 것도 없습니다.
따라서 마귀의 최대의 관심사는 우리를 기도하지 못하게 하는 것입니다.

우리의 사모하는 심령을 사랑하는 아버지 앞에
뜨거운 물처럼 쏟아 부으며 기도합시다.
새벽마다, 정오마다, 깊은 밤에, 주님과 나만의 시간을 가집시다.
상한 심령을 위로하시고, 병든 몸을 고치시며,
낙망한 영혼에 새 힘을 부어주시며,
방황하는 인생을 붙드시는 아버지 하나님 앞에
내 모습 이대로 드립시다.
성도의 눈물은 땅에 떨어지는 법이 없습니다.
세상줄 끊어버리고 생명의 기도줄을 붙잡읍시다.
하늘과 땅 사이에 삼겹줄 같은 기도줄을
끊임없이 부여잡고 기도하는 겸손한 기도의 사람이 됩시다.
우리의 기도를 깨웁시다.
우리의 기도가 잠든 역사의 새벽을 깨우게 합시다.
이 시대에 기도의 사람들이 일어나게 합시다.

새해 첫 새벽에
이효상

새해 기도

고 훈 (안산 제일교회 담임)

이대로 시작하겠습니다.
보잘것 없는 것을
위대하게 깨우는 이 아침에

위에서 하사하신
시간의 선물 소중히 받아
기쁨이면 씨줄로, 슬픔이면 날줄로 실 풀어
삼백예순다섯 날 한 폭으로 수놓아
돌아오는 섣달 그믐에 당신께 드리겠습니다.

당신을 향해 떠나지 못하면
출발 안된 출발
나는 압니다.
아무도 나를 기다려 주지 않는다는 것을
모두는 서로의 길을 가느라
타인의 길을 걸을 수 없다는 것을

그럼에도
혼자서 걸을 수 있도록 키워 주신 은총
지쳐 쓰러질 때는 당신을 붙잡겠습니다.
환난이 올 때는 당신을 부르겠습니다.
평탄할 때는 당신을 노래하겠습니다.

1월 ‥ 12	7월 ‥ 118
2월 ‥ 30	8월 ‥ 134
3월 ‥ 46	9월 ‥ 154
4월 ‥ 66	10월 ‥ 170
5월 ‥ 82	11월 ‥ 186
6월 ‥ 102	12월 ‥ 206

1월 1일  <신년 예배>

예배에의 부름(시 8:4-5, 9)

사람이 무엇이관대 주께서 저를 생각하시며 인자가 무엇이관대 주께서 저를 권고하시나이까 저를 천사보다 조금 못하게 하시고 영화와 존귀로 관을 씌우셨나이다 여호와 우리 주여 주의 이름이 온 땅에 어찌 그리 아름다운지요

자비로우신 하나님!
소망의 새해를 맞이하게 하여 주시니 감사합니다. 기쁨으로 주님께 찬미와 영광을 바칩니다.
새해 첫 예배를 드리는 우리에게 빛으로 살아갈 수 있도록 은혜를 베풀어 주옵소서. 새 다짐과 새 소망으로 드리는 우리의 예배를 받아주시고 영적인 풍요를 내려주옵소서. 이 한 해가 아버지께는 영광이 되고 우리에게는 이김이 될 줄 믿습니다.
예수님의 이름으로 기도드립니다. 아멘.

나의 묵상

참회와 공동 기도

용서와 은혜를 주시는 하나님!

이 시간 새해를 맞는 기쁨과 더불어 두렵고 떨리는 심령으로 주님 앞에 섰습니다. 지난 날을 참회하며 기도합니다. 중심으로 회개하는 마음을 주옵소서. 우리들은 게으르고 악했습니다. 주님의 선한 뜻에 순종하기 보다는 거역하고 배반했습니다. 우리의 발길이 더 이상 죄악의 깊은 곳에서 서성이며 방황하는 일이 없게 하옵소서.

주님, 지난 날의 추한 행위들은 모두 떨쳐버리고 새 마음, 새 결심으로 전진하기를 원합니다. 이전의 잘못을 용서하시고 은혜로 사하여 주옵소서. 예수 그리스도의 보혈로 씻어 주시옵소서.

예수님의 이름으로 기도드립니다. 아멘.

사죄 선포(골 1:13-14)

그가 우리를 흑암의 권세에서 건져내사 그의 사랑의 아들의 나라로 옮기셨으니 그 아들 안에서 우리가 구속 곧 죄사함을 얻었도다

그러므로 주 예수 그리스도 안에 있는 자에게는 결코 정죄함이 없느니라

나의 참회

_____
_____
_____
_____

1월  첫째주

예배에의 부름(시 29:1-2)

너희 권능있는 자들아! 영광과 능력을 여호와께 돌리고 돌릴지어다 여호와의 이름에 합당한 영광을 돌리며 거룩한 옷을 입고 여호와께 경배할지어다

   우주 만물의 주재이신 하나님!
   주님을 사모하여 주님 전에 나왔습니다. 새해를 맞는 우리 모두에게 함께 하여 주옵소서. 그리하여 이 한 해가 아버지께 영광이 되고 우리에게는 이김이 되게 하옵소서. 이 예배를 받아 주옵소서. 금년은 온 성도가 성령 충만으로 능력받게 하옵소서. 성도들의 기도와 찬양이 하늘에 이르게 하시고 주님의 보좌를 움직이게 하옵소서. 예배를 통하여 하늘이 열리고 땅이 열리는 해가 되게 하옵소서.
   우리의 영원한 소망이 되시는 예수님의 이름으로 기도드립니다. 아멘.

나의 묵상

....
....
....
....

참회와 공동 기도

죄 씻음을 주시는 하나님!

죄와 허물로 죽을 수밖에 없는 우리를 구원하여 주신 주님께 사죄의 은혜를 간구합니다. 우리 자신이 철저히 회개하고 말씀대로 살아야 교회와 민족이 살 수 있음을 고백합니다.

주께서 우리에게 믿음을 주셨건만 우리는 믿음대로 살지 못했습니다. 우리의 말과 생각, 행동이 온통 아버지의 뜻에 어긋났었으며 우리의 마음은 악하였습니다. 십자가의 은총을 의지하여 통회하오니 성령의 권능을 내리셔서 인간의 욕정은 죽고 예수 그리스도의 구속의 은총만이 충만하게 하옵소서. 용서와 치료의 은혜를 주옵소서. 성령이 오늘 이 자리에 임재하시어 우리를 새롭게 하실줄 믿사오며 예수님의 이름으로 기도드립니다. 아멘.

사죄 선포 (롬 8:1-2)

그러므로 이제 그리스도 예수 안에 있는 자에게는 결코 정죄함이 없나니 이는 그리스도 예수 안에 있는 생명의 성령의 법이 죄와 사망의 법에서 너를 해방하였음이라

그러므로 주 예수 그리스도 안에 있는 자에게는 결코 정죄함이 없느니라

나의 참회

1월 첫째주 · 신년 감사 주일 <예배 기도>

생명의 주가 되시는 하나님!

새해 아침을 맞아 아버지의 집에서 신년 예배를 드리게 하심을 감사드립니다. 우리의 예배가 신령과 진정으로 드려지는 영적인 산 제사가 되기를 원합니다.

묵은 해를 보낸 우리들의 마음의 묵은 때를 벗겨 주시고 옛 습관을 버리고 좋은 품성을 기르게 하여 주옵소서. 새해와 더불어 우리의 심령을 새롭게 변화시켜 주시며 금년에도 주님의 날개 아래 보호하여 주시옵소서. 항상 우리를 새롭게 하시는 성령의 힘을 믿습니다.

우리를 인도하시는 예수님이 길과 진리와 생명 되심을 확신합니다. 하나님께서 우리 각 사람에게 믿음의 분량대로 나눠주신 사명을 잘 감당하여 날로 새롭게 성장하며 승리하는 삶을 살 수 있도록 인도하여 주옵소서. 이 나라 이 민족을 사랑하시사 주님을 온전히 경외하며 온 세계에 주의 복음을 전하는 민족이 되게 하옵소서.

교회의 머리가 되시는 주님!

올해에는 주의 교회가 새롭게 부흥되며 말씀이 더욱 흥왕하고 주님을 더욱 기쁘시게 하는 교회가 되게 하옵소서. 성도들이 전도에 충성하고 사랑의 교제를 나눌 수 있도록 은혜로운 환경을 허락하여 주옵소서. 하나님을 경외하고 의지하여 주님이 맡겨주신 사명을 더 잘 감당하게 하여 주옵소서.

이 교회가 성령의 뜨거운 감동을 받아 세상을 환하게 비춰주는 등대가 될 수 있도록 인도하여 주시옵소서. 하나님 홀로 영광을 받으시고 모든 성도들이 한 마음으로 주님만을 섬기며 주님을 닮아가게 하옵소서.

우리 주 예수 그리스도 이름으로 기도드립니다. 아멘.

1월 첫째주 · 신년 감사 주일  <저녁 찬양 예배 기도>

능력과 자비가 충만하신 하나님 아버지!
찬양과 감사와 영광을 드리옵니다.
거룩한 주일 저녁을 허락하셔서 주님의 거룩하신 보좌 앞에 나오게 하시니 감사합니다. 감히 주님 앞에 설 수 없는 죄인이오나 그리스도의 사죄의 은총을 힘입고 나왔사오니 크신 복과 은총을 내려 주시옵소서.
주의 영광을 드러내기 보다는 자신의 욕심을 내세웠고 말씀대로 살기 보다는 인간의 보잘것 없는 생각대로 살아온 죄를 고백하오니, 주여! 불쌍히 여기시고 깨끗이 씻어 주옵소서. 은혜를 사모하는 간절한 마음으로 주님을 찾아 온 성도들에게 한량없는 자비를 베풀어 주옵소서.
특별히 이 교회를 지켜 주옵소서. 일찍이 주님의 크신 뜻과 섭리가 계셔서 이곳에 교회를 세워 주시고 지금까지 이끌어 주시며 부흥하게 하시니 감사합니다. 성령의 역사로 살아 움직이며 생명이 넘치는 교회가 되게 하옵소서. 이 백성들의 모든 형편과 처지를 주관하시사 속히 주님의 사랑과 평화가 넘치는 나라가 임할 수 있도록 놀라운 은총을 허락하여 주옵소서.
우리 목사님에게 함께 하셔서 주님의 진리의 말씀을 베풀기에 부족함이 없는 능력을 허락하옵소서. 가정과 건강도 지켜 주셔서 온전히 몸된 교회와 성도들을 위하여 일할 수 있게 하옵소서.
이 예배의 시작과 끝을 주님께 맡기오며 이 모든 말씀을 예수님의 이름으로 기도드립니다. 아멘.

1월  둘째주

예배에의 부름(시 62:6-7)

오직 저만 나의 반석이시요 나의 구원이시요 나의 산성이시니 내가 요동치 아니하리로다 나의 구원과 영광이 하나님께 있음이여 내 힘의 반석과 피난처도 하나님께 있도다

우리의 아버지가 되시는 하나님!
자녀 된 우리가 이 시간 찬송과 영광과 감사를 올립니다.
감사를 받으시기에 합당하신 주님!
주님의 은혜를 찬송하며, 구속의 은혜를 감사하며, 영원히 송축하는 주의 자녀들이 되게 하옵소서.
이 시간 우리의 심령을 성령으로 채우시고 마음으로 하나님을 사랑하며, 주시는 말씀에 순종하게 하옵소서. 신신히시고 미쁘신 아버지에게 이 시간 신령과 진정으로 예배드리오며 예수님의 이름으로 기도드립니다. 아멘.

나의 묵상

_____
_____
_____
_____

참회와 공동 기도

정결케 하시는 하나님!

추한 죄의 형상을 가지고 주님 앞에 엎드립니다. 우리의 힘과 능으로 되지 못하는 죄의 사유하심이 오직 주님께 있음을 고백합니다. 많은 은혜 가운데 살면서도 원망과 불평으로 살아온 모든 죄를 용서하여 주옵소서.

주여, 크신 능력으로 우리의 마음을 강하고 뜨겁게 하사 결심을 새롭게 하며 말씀을 따라 살게 하옵소서. 모순과 부조리한 세대 속에서도 하나님의 뜻에 순종하게 하시고 믿음으로 승리하게 하옵소서. 새해엔 새 사람으로 살도록 은혜를 더하여 주시옵소서.

예수님의 이름으로 기도드립니다. 아멘.

사죄 선포(고후 6:2)

내가 은혜 베풀 때에 너를 듣고 구원의 날에 너를 도왔다 하셨으니 보라 지금은 은혜받을 만한 때요 보라 지금은 구원의 날이로다.

그러므로 주 예수 그리스도 안에 있는 자에게는 결코 정죄함이 없느니라

나의 참회

1월 둘째주  <예배 기도>

새롭게 하시는 하나님!

희망찬 새해를 맞게 하시니 감사합니다. 우리에게 새 것을 사모하는 마음과 새롭게 되기를 바라는 의지와 새롭게 살 수 있는 능력을 주시옵소서.

은혜와 자비가 풍성하신 하나님!

금년에도 아버지의 은혜를 기다립니다. 주님을 떠나서는 아무것도 할 수 없사오니 우리가 주를 온전히 의지하게 하옵소서. 주 앞에 엎드린 우리의 심령들을 굽어 살피사 상한 갈대를 꺾지 않으시는 귀한 사랑으로 감싸 주시옵소서.

특별히 우리를 산 제물로 바치오니 받아주셔서 온 세상을 구원하기 위한 도구로 삼아 주시옵소서. 우리의 마음과 뜻과 정성과 힘을 다해 예배드릴 수 있게 하여 주시며 이 예배를 주께서 한량없는 은혜로 채워 주시옵소서.

순서 순서마다 주께서 친히 인도하여 주셔서 성령 충만한 예배가 되게 하시되 말씀을 대언하실 우리 목사님에게 성령의 갑절의 영감으로 강하게 역사하여 주셔서 말씀의 검으로 온 성도의 심령을 쪼개고도 남음이 있게 하옵소서.

새해에 소망하는 일들이 이루어지게 하시고, 결단한 마음이 변치 않게 하시고, 계획한 일들이 성취되게 하옵소서. 날마다 함께 하여 주옵소서. 우리에게 마음의 평강, 가정의 화목, 교회의 부흥, 그리고 나라의 평화를 주시옵소서.

예수님의 이름으로 기도드립니다. 아멘.

1월 둘째 주  <제직회 헌신 예배 기도>

전능하시고 거룩하신 하나님 아버지!

우리를 창조하시고 사랑과 은혜로 돌보아 주시는 주님께 찬양을 드립니다. 미천하고 부족한 우리들에게 주님의 귀한 일을 맡겨 주셔서 우리로 주님께 헌신할 수 있도록 하심을 감사드립니다.

그러나 마음은 원이로되 육신이 약하여 주께서 맡겨 주신 일에 충성하지 못하고 세상 일에 눈이 어두워 주님의 일을 소홀히 한 우리의 죄를 용서하여 주시옵소서.

사랑과 은혜가 풍성하신 하나님 아버지!

우리 제직들을 주님의 구원 역사의 동참자로 불러주심을 감사합니다. 우리들을 성령으로 뜨겁게 감동시켜 주셔서 충성된 종으로서 교회와 사회의 신실한 일꾼이 되게 하여 주옵소서. 우리를 은혜와 지혜로 충만하게 하사 성도님들을 사랑으로 섬기며 덕을 세울 수 있는 제직들이 되게 하여 주옵소서. 작은 일에 충성함으로 주님께 칭찬받으며 더 큰 일에 충성하는 자가 되게 하여 주옵소서.

교회의 살림을 꾸려가며 구제와 봉사의 직무를 수행하는 이 제직회가 교회의 부흥과 발전을 위해서 애쓰며 주님의 복음의 증거자로서의 사명을 잘 감당할 수 있게 하여 주시옵소서. 제직회에서 계획하고 있는 모든 사업 위에 주님이 축복하여 주시며 주님이 함께 하여 주옵소서.

이 시간 주님께 헌신하는 마음으로 드리는 이 예배가 우리의 온 몸과 마음으로 드리는 예배가 되게 하시며 다시 한 번 주께 충성하기로 결단하는 시간이 되게 하여 주시옵소서. 말씀을 증거하실 목사님께도 성령으로 함께 하여 주실 줄 믿사오며 예수 그리스도의 이름으로 기도드립니다. 아멘.

1월  셋째 주

예배에의 부름(애 3:22-23, 40-41)

여호와의 자비와 긍휼이 무궁하시므로 우리가 진멸되지 아니함이니이다 이것이 아침마다 새로우니 주의 성실이 크도소이다 우리가 스스로 행위를 조사하고 여호와께로 돌아가자 마음과 손을 아울러 하늘에 계신 하나님께로 들자

 전능하신 하나님!
 이 시간 영광받아 주옵소서. 우리의 예배를 받아 주옵소서. 날마다 우리의 삶이 주님께 예배드리는 삶이 되게 하옵소서.
 주님! 주님의 얼굴을 뵙고자 기도합니다. 주님의 음성을 듣기 원합니다. 주님 앞에 붉은 중심, 깨끗한 진실을 내어 놓을 수 있는 시간으로 삼아주옵소서.
 하늘에 계신 하나님께 손을 들고 마음바쳐 기도드립니다. 이 시간 진실한 마음으로 예배드리오니 하나님께서 친히, 기뻐 받으시는 영적 예배가 되게 하옵소서.
 예수님의 이름으로 기도드립니다. 아멘.

나의 묵상

참회와 공동 기도

긍휼이 풍성하신 하나님!

"소도 그 임자를 알고 나귀도 주인의 구유를 알건마는 내 백성은 나를 알지 못한다"며 탄식하셨던 하나님. 입술로는 하나님을 나의 주님이라 쉬이 말하면서도, 삶으로는 하나님을 주인으로 모시지 못했음을 회개합니다.

감히 주님을 우러러 볼 수도 없는 죄인이지만 주님의 사랑에 의지하여 나왔습니다. 황폐한 마음을 회복시켜 주옵소서. 주께서 함께 거하여 주셔서 불쌍히 여겨 주시기를 기도합니다. 흑암의 권세가 물러가도록 도우소서. 죄와 상관없는 자로 살아가도록 은혜 위에 은혜를 더하여 주옵소서.

예수님의 이름으로 기도드립니다. 아멘.

사죄 선포 (시 103:8-9)

여호와는 자비로우시며 은혜로우시며 노하기를 더디하시며 인자하심이 풍부하시도다 항상 경책지 아니하시며 노를 영원히 품지 아니하시리로다

그러므로 주 예수 그리스도 안에 있는 자에게는 결코 정죄함이 없느니라

나의 참회

....

....

....

1월 세째주  **<예배 기도>**

안식의 축복을 주신 주님!

오늘 주 앞에서 우리의 마음과 육신이 쉴 수 있게 하여 주심을 감사드립니다. 만물을 새롭게 함같이 교만하여 굳어진 우리의 마음을 부드럽게 하여 주시고 불평, 불만으로 무거워진 마음을 가볍게 하여 주시며, 고집에 싸여 있는 자아도 깨어질 수 있게 하옵소서.

이 시간 옛 사람을 벗어버리고 심령을 새롭게 단장하고 삶을 변화시키겠다는 결심으로 주님 앞에 제단을 쌓고 예배드립니다. 우리들에게 믿음과 용기를 불어 넣어 주시옵소서.

금년 한 해도 주님께 헌신하는 기쁨 속에서 정직하고 성실하게 생활해 나가며 주께 드리는 찬미 속에서 더욱더 주를 사모하게 하여 주시옵소서. 날마다 주께로 더 가까이 다가가는 귀한 믿음을 주시옵소서.

우리를 주의 형상대로 창조하신 하나님!

이 시간 우리를 성령으로 충만하게 하사 우리의 생각과 아버지의 생각이 하나 되게 하시고 우리의 느낌과 감정이 하나님의 것과 동일하게 하시며 우리의 뜻하는 바가 주님의 뜻에 일치하게 하옵소서.

주님! 이 시간, 예비하신 은혜를 사모하여 마음의 문을 넓게 열어놓고 기다리오니 하늘의 문을 여시사 아낌없이 채워 주시옵소서. 우리의 예배가 신령과 진정으로 드려지기 원하오며 임마누엘 되신 예수 그리스도의 이름으로 기도드립니다. 아멘.

1월 세째주  **<저녁 찬양 예배 기도>**

영광 중에 계신 하나님!

이 거룩한 시간, 우리가 하나님의 보좌 앞에 머리 숙여 경건한 마음으로 예배드리기를 원합니다. 우리의 심령을 새롭게 하여 주시사 이 예배가 하늘에는 영광이 되고 우리 예배자들에게는 축복과 은혜의 시간이 되게 하옵소서.

교회의 머리가 되시는 주님!

지난 날 우리를 자비와 긍휼로 감싸 주시고 사랑 가운데 성숙하게 하여 주셨음을 감사드립니다. 악이 가득한 세상에서 선하게 살려하였으나 우리 마음에 미움과 분노가 있습니다. 우리의 죄악과 부족함을 용서하옵소서. 거짓이 많은 세상에서 진실하게 살려 하였으나 우리의 얼굴에 위선이 가득합니다. 미움이 가득한 세상에서 사랑하며 살아야 할 우리들이 무관심에 놓여 있습니다.

마음의 중심을 보시는 하나님!

우리의 깊은 곳, 마음의 중심을 진정으로 하나님께 향하게 하옵소서. 우리의 영혼이 주를 앙망합니다. 믿음으로 예배드리게 하옵소서.

참으로 주님의 사랑과 은혜에 감격하여 목메어 부를 수 있는 뜨거운 찬양의 은혜를 부어 주시옵소서. 우리 모두 한 마음 한 뜻으로 정성스레 예배드리게 하시고 악한 영이 주는 잡념과 허망된 생각에 사로잡히지 않도록 도와 주시옵소서.

예수님의 이름으로 기도드립니다. 아멘.

1월  넷째 주

예배에의 부름(시 95:1-2, 6)

오라 우리가 여호와께 노래하며 우리 구원의 반석을 향하여 즐거이 부르자 우리가 감사함으로 그 앞에 나아가며 시로 그를 향하여 즐거이 부르자 오라 우리가 굽혀 경배하며 우리를 지으신 여호와 앞에 무릎을 꿇자

영원한 소망이 되시는 하나님!

택하신 자들을 부르사 주님의 나라를 유업으로 주시오니 주님께 감사와 존귀와 영광을 돌립니다. 부르심을 받은 자녀들이 나아와 은총을 사모하며 엎드렸사오니 예배를 받아주옵소서. 이 시간 우리의 눈을 여시사 새 하늘과 새 땅을 바라보게 하시고 우리의 가슴을 여시사 주님의 영으로 충만하게 하옵소서.

예수님의 이름으로 기도드립니다. 아멘.

나의 묵상

....

....

....

....

참회와 공동 기도

구원의 하나님!

사랑을 베풀 줄 모르고, 감사할 줄 모르고, 인내할 줄 모르고, 믿노라 하면서도 믿음대로 살지 못하며 살아왔던 죄를 용서하여 주옵소서. 부끄러운 마음으로 겸손히 무릎을 꿇습니다. 거룩한 자녀로서 두 얼굴로 살지 않게 우리의 신앙을 붙잡아 주옵소서. 때로 선한 일을 한다고 하나 위선이 많았고, 명예를 사랑하였으며 자기 중심적이었습니다. 이 모든 것을 회개하오니 하나님께 합당한 삶을 살게 하여 주시옵소서. 어린 아이가 부모에게 전적인 신뢰와 믿음을 갖듯이 우리에게 주님을 향한 전적인 순종과 믿음을 지니게 하옵소서.

예수님의 이름으로 기도드립니다. 아멘.

사죄 선포(사 49:15)

여인이 어찌 그 젖먹는 자식을 잊겠으며 자기 태에서 난 아들을 긍휼히 여기지 않겠느냐 그들은 혹시 잊을지라도 나는 너를 잊지 아니할 것이라

그러므로 주 예수 그리스도 안에 있는 자에게는 결코 정죄함이 없느니라

나의 참회

....
....
....

1월 네째주  **<예배 기도>**

임마누엘의 하나님 아버지!

지난 한 주간 우리와 함께 하심을 인하여 주님 앞에 경배와 감사를 올리옵니다.

우리의 생각, 언어, 생활을 살피시는 주님!

우리의 그릇된 것들을 자복하고 회개하오니 긍휼히 여기시고 용서하여 주시옵소서.

주님을 믿노라 하면서도 세상과 주님의 틈 속에서 우왕좌왕하며 살았습니다. 구속의 은혜보다는 세상과 타협하여 적당히 살아왔습니다. 이 불쌍한 죄인들을 긍휼히 여기시옵소서. 이 시간 우리의 심령을 새롭게 변화시키사 당신의 복음의 진리를 확실히 깨닫고 신뢰하게 하여 주옵소서. 다시는 주님과 죄악 사이에서 머뭇거리지 말고 뜨겁게 주님을 사랑하며 살아가게 하옵소서.

속된 우리를 거룩히 하시고 약한 우리를 강하게 하시며 어리석은 우리를 지혜롭게 하시어 주님 뜻대로 사용하여 주옵소서. 이 예배를 신령과 진정으로 드리게 하옵소서. 무엇보다도 은혜를 사모하는 갈급한 심령들이 이 제단을 통하여 하나님의 은혜를 받아 심령이 새롭게 소생함을 받으며, 주님께서 주시는 놀라운 능력에 힘입어 이 세상을 믿음으로 헤치고 나가 승리하게 하옵소서.

이 교회를 위하여 세우신 목사님께 엘리야에게 주셨던 영력을 칠배나 더하여 주옵소서. 그가 눈물과 애끓는 심정으로 주님께서 맡겨주신 양떼를 거느려 나갈 때 하나님의 능력이 있게 하시며 우리의 심령이 그로 인하여 새 힘을 얻을 수 있게 하옵소서.

예배를 도와 신령한 노래로 주님께 찬양드리는 성가대에 함께 하시며 모든 예배 위원들에게 성령으로 함께 하여 주옵소서.

예수님의 이름으로 기도드립니다. 아멘.

1월 네째주  <남전도회 헌신 예배 기도>

사랑과 은혜가 풍성하신 하나님!
우리 남전도회를 위해 변함없이 베풀어주신 은혜와 사랑을 감사드립니다.
참으로 약속의 말씀을 믿고 기다려야 함에도, 믿음도 기다림도 부족했습니다. 또한 지나온 삶을 돌아보며 말씀대로 살지 못한 죄와 허물을 용서하여 주옵소서.
이제는 목자의 음성따라 살게 하시고 다함없는 사랑을 의지하여 살게 하옵소서. 주님만 바라보며 섬김의 길을 끝까지 걷는 선한 청지기가 되기 원합니다. 헌신의 시간을 통하여 새 영을 부어주옵시며 거듭나고 새로워져서 주님 쓰시기에 합당한 백성되게 하옵소서. 이 시간 위로부터 내려오는 한없는 위로와 평강이 함께 하실 것을 믿습니다.
주님! 병든 나라의 경제를 회생시켜 주옵소서. 잘못을 철저히 참회하오니 용서해주시고 하나님이 뜻하신 역사를 이루어 가도록 도와주옵소서. 우리 남전도회 회원들이 항상 주안에 살기를 원합니다. 성령님의 도우심을 간절히 원합니다. 지치고 고달픈 우리의 심령을 붙들어 주셔서 다른 길로 가지 않도록 친히 인도하여 주옵소서.
오늘도 말씀을 전하시는 목사님을 통하여 하나님 음성을 듣기 원합니다. 권능의 두루마기를 입혀 주옵소서.
온 권속들이 주님의 몸된 교회를 더욱 사랑하고 섬기며 충성하게 하옵소서. 남전도회 회원 모두가 제 몫을 감당하여 하나님께서 주신 사명을 다하는 전도회가 되게 하시며 참 교회의 모습을 구현케 하옵소서. 성령충만, 능력충만으로 악한 세대를 이기며 살게 하옵소서.
예수님 이름으로 기도드립니다. 아멘.

2월 첫째 주

예배에의 부름(시 50:1-2)

전능하신 자 하나님 여호와께서 말씀하사 해돋는 데서부터 지는 데까지 세상을 부르셨도다 온전히 아름다운 시온에서 하나님이 빛을 발하셨도다

은혜로우신 하나님!

죄와 허물로 소망없던 우리를 구원하여 주신 아버지께 감사를 드리옵니다. 캄캄한 죄악 세상에 복음의 밝은 빛을 주시어 그 영광이 나타나게 하심을 또한 감사드립니다. 우리 주님을 통해 장래의 영광을 보여주신 은혜에 감사하며 하나님 앞에 나왔습니다. 성령의 권능을 내려주소서. 우리의 영혼에 새 힘을 일으켜 주옵소서.

이 시간 예배드리는 작은 정성들이 모아져 세상을 비추는 빛이 되게 하옵소서.

예수님의 이름으로 기도드립니다. 아멘.

나의 묵상

참회와 공동 기도

용서의 하나님!

아버지를 멀리 떠나 헤매이던 탕자 같은 우리들이 돌아왔습니다. 하나님 앞에 무거운 죄짐을 내려놓고 간절히 참회합니다. 주께서 원하시는 길은 가지 않고 엉뚱한 길에서 헤맸습니다. 해야 할 거룩한 일들을 소홀히 여겼습니다.

우리의 믿음없음과 사랑없음을, 충성하지 못함을 용서하옵시고 세상에서 저지른 죄악들을 고백하오니 사함의 은총을 허락하여 주옵소서. 우리는 연약하여 죄에 빠지기 쉬우니 우리를 도우셔서 항상 구원의 길로 인도하소서. 허물과 죄에서 우리를 건지사 새 사람으로 살아가게 하옵소서.

예수님의 이름으로 기도드립니다. 아멘.

사죄 선포(삼하 7:9)

네가 어디를 가든지 내가 너와 함께 있어 네 모든 대적을 네 앞에서 멸하였은즉 세상에서 존귀한 자의 이름같이 네 이름을 존귀케 만들어 주리라

그러므로 주 예수 그리스도 안에 있는 자에게는 결코 정죄함이 없느니라

나의 참회

....

....

....

2월 첫째주  <예배 기도>

날마다 새롭게 하시는 하나님!

새벽마다 우리의 마음의 문을 두드리시며 찾아 주시는 주님께 감사합니다. 아침마다 새로운 생명을 주시는 아버지께 감사를 드립니다. 날마다 새로운 의욕과 소망을 주시는 성령님께 감사를 드립니다. 우주의 창조와 더불어 세우신 이 거룩한 주일 아침, 우리의 영혼이 보좌를 우러러 경배하며 감사함으로 예배하게 하심을 감사드립니다.

기다리는 자에게 좋은 것을 주시는 고마우신 아버지여!

춥고 밤이 긴 동지 섣달 정월이 가고 입춘의 새 봄을 기다리는 우리에게 얼어 붙은 마음에 새싹을 보는 소망을 주시고 씨를 심는 의욕을 더하시옵소서.

우리가 낮은 자세와 겸손한 마음으로 예배하게 하시옵소서. 우리가 지극히 작은 자로서 작은 입술로 찬송하며, 작은 정성으로 예물을 드리며, 거룩한 주를 뵙기 원합니다. 우리의 지난 날의 삶이 아버지의 마음에 합당치 못하였을지라도 용서하시고, 미련한 우리를 지혜롭게 하시고, 강하게 하시며, 무능력한 우리를 능력있게 하시고, 나약한 우리를 심지 굳은 신앙인으로 새롭게 창조하여 주시옵소서.

새롭게 하시는 주여!

이 시간 불 같은 성령이 우리에게 임하사 말씀으로 은혜받고 찬송으로 감동되고, 기도로 힘을 얻게 하옵소서. 날마다 새롭게 하여 주시옵소서.

예수님의 이름으로 기도드립니다. 아멘.

2월 첫째주  **<저녁 찬양 예배 기도>**

좋으신 하나님!

지난 이레 동안 우리의 몸과 영혼을 지켜 주시사 주의 전에 머리 숙여 기도드리며, 마음과 뜻을 다하여 예배하게 하심을 감사드립니다. 지난 날의 교만을 기억지 마시고 겸손한 은혜를 허락하옵소서.

세속적인 유혹과 육신의 연약함으로 바르게, 의롭게, 아름답게 살지 못한 것을 긍휼히 여겨 주옵소서.

자비로우신 주님!

상처받은 마음들을 싸매어 주시고 무력했던 우리를 강하게 세워 주시며 어리석은 우리를 지혜롭게 하여 주시옵소서. 고집대로 행한 모든 잘못을 뉘우치오니, 이제 주님의 뜻을 따르게 하소서. 진흙 같은 이 인생을 불쌍히 여기시고 재창조하여 주사 새롭게 쓰임받는 그릇이 되게 하여 주옵소서.

이 예배 시간에 하늘의 능력과 성령으로 함께 하시어 뜨거운 찬양의 역사가 일어나는 복된 시간이 되게 하옵소서. 찬양하는 자들의 영혼에 기름을 부으셔서 은혜로움이 넘치게 하옵소서.

이 시간 하나님이 주시는 성령으로 말미암아 진실된 마음과 확신에 찬 믿음과 소망의 기쁨을 지니고 신령과 진리로 예배드리게 하여 주시옵소서.

우리 주 예수님의 이름으로 기도드립니다. 아멘.

2월  둘째 주

예배에의 부름(시 111:4하-5)

여호와는 은혜로우시고 자비하시도다 여호와께서 자기를 경외하는 자에게 양식을 주시며 그 언약을 영원히 기억하시리로다

거룩하신 하나님!
찬란한 소망을 가지고 주님 앞에 나왔습니다.
이 아침도 우리를 부르시고 예배를 받으시오니 감사합니다.
그리스도의 은혜가 충만한 계절과 날이 되게 하여 주시옵소서. 불 같은 성령을 보내 주옵소서. 그리하여 식어가는 열심을 뜨겁게 하옵소서. 시간 시간 심령을 비치시는 밝은 빛의 역사가 우리에게 임하실 줄 믿습니다.
예수님의 이름으로 기도드립니다. 아멘.

나의 묵상

참회와 공동 기도

은혜의 하나님!

신령한 것을 저버리고 썩어져 가는 세상을 사랑한 우리들이 다시 주님의 품으로 돌아왔습니다. 하나님의 말씀이 들리지 않는다고 원망했으며 또 들릴 때에는 내 뜻과 같지 않다고 불순종하고 살았습니다. 주님, 하나님 앞에 서기에는 너무도 더러운 모습으로 왔사오니 아버지의 은총과 용서를 베푸사 우리를 받아주시옵소서.

지은 죄와 허물을 고백하오니 깨끗하게 하시는 보혈의 공로를 힘입게 하옵소서. 모든 일을 다 할 수 있는 것처럼 교만하게 행하며 하나님의 능력을 구하지 않았던 죄를 회개합니다. 이 시간에 우리의 믿음을 온전히 회복하게 하옵소서.

예수님의 이름으로 기도드립니다. 아멘.

사죄 선포(요일 1:9)

만일 우리가 우리 죄를 자백하면 저는 미쁘시고 의로우사 우리 죄를 사하시며 모든 불의에서 우리를 깨끗케 하실 것이요

그러므로 주 예수 그리스도 안에 있는 자에게는 결코 정죄함이 없느니라

나의 참회

....

....

....

2월 둘째주  <예배 기도>

거룩하신 주님!

우리에게 예배할 수 있는 날을 주시며, 이 날을 거룩히 지킬 수 있는 믿음을 주시니 감사를 드립니다.

어디에나 계시는 주님!

지난 한 주간의 삶을 돌아보며 숨겨진 모든 것을 내어 놓고 회개하오니, 주여, 용서하옵소서. 우리가 한 주간 어디 가서, 무엇을 하였는지를 주님은 아시오니 이웃의 마음을 어둡게 한 잘못, 사랑의 분위기를 흐리게 한 말과 행동을 용서하여 주시옵소서. 우리의 무책임했던 말과 지키지 못한 약속과 이루지 못한 일들을 용서하옵소서. 진리를 안다고 했던 교만, 오래 믿었다고 하는 자랑, 사명을 감당하지 못한 태만…. 이 모두를 용서하여 주옵소서.

우리는 나약하여 유혹에 쉽게 빠져버리나 우리의 힘이 되시는 하나님께서 우리를 붙드사 주님께만 헌신하는 자가 되게 하여 주시옵소서. 죄인들을 긍휼히 여기사 주님을 믿는 마음 밭을 옥토로 변화시켜 30배 60배 100배의 결실을 맺는 놀라운 역사가 일어나도록, 친히 주장하여 주시옵소서. 때를 따라 돕는 은혜를 주셔서 믿음의 사람으로 세상에서 승리하게 하옵소서.

이 시간 목사님께 은혜의 단비를 내려 주셔서 선포하시는 말씀에 힘이 있게 하시고 영육간에 축복받는 목사님이 되게 하시며 성도들은 목사님의 말씀에 순종하여 화평을 이루는 아름다운 역사가 일어나게 하옵소서.

찬양으로 예배를 돕는 성가대 위에도 주님께서 함께 하셔서 그들의 찬양이 향기가 되게 하시고 우리의 완악하고 나태한 심령이 쪼개지는 역사가 일어나게 하옵소서. 하나님께 영광이, 우리에게는 평강이 임하기를 예수님의 이름으로 기도드립니다. 아멘.

2월 둘째주  <여전도회 헌신 예배 기도>

돕는 배필을 지으신 창조주 하나님 아버지!

여인들의 숨은 봉사와 헌신을 귀하게 여기시는 아버지께 찬양과 감사를 드립니다.

봉사의 기관으로 여전도회를 세우시고 여러 가지 일들을 맡겨주셨지만 우리들은 가정과 자녀를 위한다는 핑계로 주님의 일을 소홀히 하였나이다. 우리들을 용서하여 주시사 어리석은 다섯 처녀가 되지 않도록 도와 주시옵소서.

여전도회 회원들이 주님의 일에 충성하며, 가정에서도 충실한 주부로서 조금도 부족함이 없게 하여 주옵소서.

주께서 제자들의 발을 씻겨주신 그 섬김의 자세를 본받아, 다른 사람을 섬기며 사랑으로 감싸주는 믿음의 여인들이 되게 하여 주옵소서.

이 시간 특별히 간구하옵기는 우리 여전도회에서 계획한 여러 가지 사업들을 믿음으로 실행해 나가게 도와 주옵소서. 그리하여 저희가 행하는 여러 가지 사업들을 통해서 믿지 않는 사람들이 예수님을 알게 하옵소서.

하나님 아버지, 여전도회에서 드리는 이 헌신 예배를 기쁘게 받아 주시고 이 예배를 통해서 우리 가운데 기쁨과 사랑이 넘치게 하여 주시옵소서. 목사님의 귀하신 말씀을 통해서 더욱 은혜가 풍성한 예배로 삼아 주시옵소서.

예배의 시종을 주님께 부탁하오며 거룩하신 우리 주 예수 그리스도의 이름 받들어 기도드립니다. 아멘.

2월 셋째 주

예배에의 부름(사 40:31)

오직 여호와를 앙망하는 자는 새 힘을 얻으리니 독수리의 날개치며 올라감 같을 것이요 달음박질하여도 곤비치 아니하겠고 걸어가도 피곤치 아니하리로다

높은 보좌 위에 계신 하나님!
그 크신 성호를 찬양합니다. 우리의 예배를 받으시기에 합당하신 하나님께 겸손한 마음으로 엎드립니다. 영광을 받으시옵소서. 오늘의 예배 속에 온전한 정성이 드려지게 하시고, 아버지 하나님의 그 크신 사랑에 응답하는 시간이 되게 하옵소서. 혹시라도 불화한 형제나 이웃이 있으면 진심으로 사랑하는 마음을 가질 수 있게 도와주옵소서. 성삼위 하나님께 우리의 모든 영과 혼과 몸으로 응답하게 하옵소시.
예수님의 이름으로 기도드립니다. 아멘.

나의 묵상

참회와 공동 기도

인애하신 하나님!

우리 인생들을 불쌍히 여기시옵소서. 의심많던 우리의 눈을, 막혔던 귀와 복음을 전하기에 게을렀던 입을 용서하옵소서. 무엇보다도 마음의 중심에 허망한 것들이 덮여 있었음을 불쌍히 여기사 용서하여 주옵소서. 큰 은혜를 경험하면서도 감사할 줄 몰랐습니다.

주의 이름을 욕되게 했으며, 하찮은 일들을 위하여 주의 이름을 팔았고, 변변치 않은 체면과 인격 때문에 하나님의 일을 그르친 적이 많았습니다. 상처난 심령을 가지고 나온 죄인을 긍휼히 여기사 이 모든 죄악에서 건져 주시옵소서. 십자가의 보혈로 새롭게 하여 주시옵소서.

예수님의 이름으로 기도드립니다. 아멘.

사죄 선포(요일 1:7)

저가 빛 가운데 계신 것 같이 우리도 빛 가운데 행하면 우리가 서로 사귐이 있고 그 아들 예수의 피가 우리를 모든 죄에서 깨끗하게 하실 것이요

그러므로 주 예수 그리스도 안에 있는 자에게는 결코 정죄함이 없느니라

나의 참회

_____

_____

_____

2월 세째주  <예배 기도>

　온 우주를 창조하신 하나님!
　지난 주간도 우리를 지켜 주셨다가 이 거룩한 성일에 아버지께 나아와 예배드리게 하시니 감사드립니다. 영광을 받으시기에 합당하신 하나님, 이 시간 영광과 존귀와 감사와 찬양을 하나님께 드립니다.
　하나님께 영광드리기에 합당치 못한 우리의 죄를 용서하시고 허물을 가리워 주옵소서. 십자가의 은총을 의지하여 하나님의 은혜를 간구합니다.
　주님의 교회를 세우게 인도하신 주님!
　이 교회가 주님의 몸으로서 합당하도록 인도하여 주옵소서. 세상에서 구원의 방주 역할을 능히 감당할 수 있게 하셔서 꺼져가는 진리의 횃불을 다시금 불태우는 교회가 되게 하옵소서. 주님의 삶을 본받고 따르는 교회가 되어 세상을 정화시키는 소금의 역할을 감당하게 하옵소서.
　그리하여 거친 세파에서 방황하는 심령들이 이 제단을 통하여 주님의 사랑을 깨닫고 진리의 말씀으로 인도되어 새로운 삶을 살아가게 하시며, 믿음과 소망과 사랑으로 가득차서 하나님을 경외하고 이웃을 사랑하게 하옵소서.
　고마우신 하나님, 우리는 주의 것입니다. 우리의 몸과 재물과 재능까지도 드리오니 기뻐 받아 주시옵소서. 성가대의 찬양이 영혼 깊은 곳에서 나오는 곡조가 되게 하시고 찬양이 메아리 칠 때마다 비둘기 같은 성령이 하늘로부터 내리게 하옵소서.
　항상 우리와 함께 동행하심을 믿사오며 우리를 사랑하시는 예수님의 이름으로 기도드립니다. 아멘.

2월 세째주  **〈저녁 찬양 예배 기도〉**

천지를 지으신 하나님!

창조주 하나님을 믿는 성도들이 주님 전에 나와 주 앞에 겸손히 예배하오니 영광을 받으소서. 이날은 주의 정하신 날임을 믿는 거룩한 백성들의 찬송과 감사를 받으시옵소서. 통회하며 뉘우치는 마음을 받으시는 주님께서 우리의 죄를 용서하여 주사 하늘의 충만한 은혜를 내려 주시옵소서.

주님을 떠난 삶은 헛것이요 열매가 없으며, 근심과 불안의 연속이었음을 고백합니다. 원하옵기는 우리를 늘 주 안에 거하게 하시사 주님이 원하시는 삶을 살게 하옵소서.

우리에게 믿음을 주시고 자녀가 되게 하신 하나님!

주의 이름을 의지하여 이 예배를 드리오니 우리의 마음과 정성을 받으시옵소서. 우리를 지도하여 주시고 감동하게 하시는 성령님께서 이 시간 오셔서 우리가 신령한 예배를 드리게 하옵소서. 우리의 예배가 하나님께 영광이 되고 우리에게 은혜와 축복이 되게 하옵소서. 우리의 찬송으로 영광을 받으시고 우리의 감사로 축복을 약속하여 주시옵소서.

우리의 간절한 기도에 응답하여 주시는 하나님!

이 시간 목사님을 통하여 주시는 말씀이 은혜가 되게 하사 우리의 신앙이 뿌리를 내리고 인격이 성숙하며 그리스도의 제자의 한 사람으로 장성하게 하옵소서. 우리를 선하게 인도하옵소서. 우리를 시험에 들지 않게 하시고, 유혹에 빠지지 않게 하시사 선으로 악을 이길 수 있는 힘을 주시옵소서. 우리는 주의 것입니다.

예수님의 이름으로 기도드립니다. 아멘.

2월  **넷째 주**

예배에의 부름(마 11:28-30)

수고하고 무거운 짐 진 자들아 다 내게로 오라 내가 너희를 쉬게 하리라 나는 마음이 온유하고 겸손하니 나의 멍에를 메고 내게 배우라 그러면 너희 마음이 쉼을 얻으리니 이는 내 멍에는 쉽고 내 짐은 가벼움이라 하시니라

   우리의 예배를 기뻐하시는 하나님!
   복된 성일에 우리들의 마음과 정성을 모두 드리옵니다.
   위로부터 내리는 하나님의 은총이 충만하게 하여 주시옵고 우리의 드리는 마음과 정성이 주님을 기쁘시게 하는 예배가 되게 하옵소서. 허망한 세상 일에 마음두지 않도록 잡념을 제하여 주시고 오직 주님과의 생명의 만남이 이루어지는 시간이 되게 하옵소서.
   우리 주 예수님의 이름으로 기도드립니다. 아멘.

나의 묵상

....

....

....

....

참회와 공동 기도

사랑의 하나님!
 주님의 음성을 들으면서도 외면하고 세상의 소리에 귀기울인 우리들입니다. 주님이 지키라 하신 계명을 가볍게 여기고, 메라 하신 멍에는 벗어 버린 채 불충성스럽게 살아왔음을 회개하오니 용서하옵소서.
 죄인이기에 죄에 매여서 헤어나지 못하는 모습을 불쌍히 여겨 주옵소서. 성령의 빛으로 가득 채워 주셔서 어두운 마음을 밝혀 주옵시며 성령의 위로가 심령 가운데 충만하게 하여 주옵소서. 주님을 멀리하며 살아가던 어리석은 삶을 변화시켜 주시옵소서.
 예수님의 이름으로 기도드립니다. 아멘.

사죄 선포(히 8:12)

내가 저희 불의를 긍휼히 여기고 저희 죄를 다시 기억하지 아니하리라

그러므로 주 예수 그리스도 안에 있는 자에게는 결코 정죄함이 없느니라

나의 참회

....
....
....
....

2월 네째주  <예배 기도>

영광을 받으시기에 합당하신 하나님!

지난 한 주간도 우리를 평강하게 하시고 성령 안에서 주님의 형상을 따라 살게 하시니 감사드립니다. 은혜 속에 살아온 우리 무리의 찬송과 영광을 받으시옵소서. 경건하게 주의 품에 안기기를 바라는 우리를 불쌍히 여기시고 긍휼을 베풀어 주옵소서.

이 시간 우리의 어두워진 눈을 밝히사 신령한 것을 보게 하시고, 마비된 영성을 회복시켜 깨끗하고 청결하게 하시며, 진실하지 못한 마음을 바로 잡아 주시옵소서. 우리의 욕심 때문에 감사드리지 못함을 용서하시고 귀가 둔하여 듣지 못함 또한 용서하여 주옵소서. 아버지의 능력으로 우리의 심령을 정결하게 하시사 믿음으로 이 예배를 드리게 하옵소서.

한국 교회를 붙들어 주옵소서. 한국 교회가 진리의 횃불을 높이 들고 나가며 주님의 사랑을 보여주는 교회가 되게 하옵소서. 이제는 '교회 분열' 이라는 악순환의 굴레에서 벗어나게 하시고 서로의 마음 깊은 곳에서 진리와 사랑으로 일치하게 하옵소서.

이 예배를 신령과 진정으로 드리오니 주의 영이 임재하셔서 우리의 예배를 받아 주옵시며 우리에게 충만한 은혜를 내려 주옵소서. 귀한 목사님을 권능의 팔로 붙잡아 주시고 기이한 하늘의 비밀을 깨닫는 영감을 주셔서 오늘도 오묘하신 말씀의 비밀을 우리에게 깨우쳐 알려 주시기에 부족함 없는 신령한 목자로 세워 주옵소서.

예배의 시종을 주님께 부탁드리오며 우리 구주 예수님의 이름으로 기도드립니다. 아멘.

2월 네째주  <졸업 예배 기도>

지식의 근본이 되시는 하나님 아버지!
졸업을 맞이하는 학생들이 특별히 주님 앞에 나와 그동안 지켜 주신 은혜에 감사하며 예배드리게 하심을 감사, 찬송드립니다.
지난 날을 돌이켜 볼 때 좋은 기회를 많이 주셨지만, 이를 잘 활용하지 못하였음을 고백합니다. 자비로운 은총으로 용서하여 주시고, 주께로부터 받은 달란트를 잘 활용하여 풍성한 열매를 맺는 귀한 일꾼들로 결단하게 하여 주옵소서. 달란트를 땅 속에 묻어두고 있는 심령들이 있으면 아직 기회가 주어져 있을 때, 속히 캐내어 성실히 감당할 수 있게 하옵소서. 늦었다고 생각되는 그 시간이 가장 빠른 때임을 깨달아 새로운 각오로 주어진 삶에 충성할 수 있도록 인도하여 주시옵소서.
진학하는 사람들이나 사회로 진출하는 사람들이나 모두 주님의 뜻이 계셔서 그곳으로 보내지는 것이니 각자 삶의 자리에서 주께 충성하며 세상 사람들에게 그리스도의 향기를 풍기는 귀한 일꾼들이 되게 하여 주시옵소서.
은혜가 충만하신 주님!
부모로서 혹은 신앙의 선배로서 성도님들이 졸업생들을 따뜻한 사랑과 기쁨으로 맞이할 수 있도록 인도하여 주시며 이들을 신앙으로 잘 이끌 수 있도록 도와 주시옵소서. 사랑하는 마음으로 저들의 잘못을 꾸짖고, 사랑의 채찍으로 저들을 옳은 길로 인도할 수 있도록 하늘의 지혜를 내려 주시옵소서. 한 영혼을 실족하게 하여 연자맷돌을 달고 물에 빠지게 되는 우를 범치 않도록 도와주옵소서.
이 시간 졸업 예배로 드리는 이 예배를 받아 주시고 졸업생들의 앞길에 한없는 은혜의 축복을 허락하여 주시옵소서. 예수 그리스도의 이름으로 기도드립니다. 아멘.

3월  첫째 주

예배에의 부름(시 22:27-28)

땅의 모든 끝이 여호와를 기억하고 돌아오며 열방의 모든 족속이 주의 앞에 경배하리니 나라는 여호와의 것이요 여호와는 열방의 주재심이로다

역사를 주관하시는 하나님!
절망과 분노 속에 신음하던 이 백성들을 복음으로 깨우쳐 주시고 교회를 세우시사 구원의 공동체로 한 마음 되게 하신 그 사랑을 감사합니다. 오늘 이 예배를 받으시고 우리의 고통을 돌아보시며 이 땅을 새롭게 하옵소서. 이 민족을 회복시켜 주옵소서.
예수님의 이름으로 기도드립니다. 아멘.

나의 묵상

참회와 공동 기도

자비하신 하나님!

짧은 한 주간 동안 어찌 그리 실수가 많았던지요. 불의와 타협하며 하나님의 뜻을 저버린 채 원망하였습니다. 수시로 낙심하고 좌절하였습니다.

우리 민족이 하나님 앞에 바로 서지 못하고 주님의 뜻을 이루지 못한 것을 회개합니다. 여호와께서 이 나라를 지키지 아니하셨으면 우리가 어떻게 설 수 있겠습니까? 스스로 섰다고 생각하는 교만으로부터 우리를 구하여 주시옵소서. 하나님의 인도하심과 베푸신 은혜를 좇아 이 백성이 서로 사랑하며 겸손히 이웃을 섬기고 복음 전파의 사명을 감당하게 하옵소서. 우리의 삶 속에 그리스도의 생명이 약동하게 하옵소서.

예수님의 이름으로 기도드립니다. 아멘.

사죄 선포(히 4:14)

그러므로 우리에게 큰 대제사장이 있으니 승천하신 자 곧 하나님 아들 예수시라 우리가 믿는 도리를 굳게 잡을지어다

그러므로 주 예수 그리스도 안에 있는 자에게는 결코 정죄함이 없느니라

나의 참회

....

....

3월 첫째주  <예배 기도>

천지를 창조하시고 만물을 새롭게 하시는 하나님!

지난 한 주간도 지켜 주시고, 이 거룩한 주일 복된 자리에서 두 손 모아 머리 숙여 기도드리게 하심을 감사드립니다. 이 시간 하나님의 용서와 위로를 믿기에 엎드리오니, 우리 죄를 사하시고 영광을 받으시옵소서.

얼어붙은 대지를 봄 기운으로 녹여 주시듯, 움추린 우리의 심령을 따뜻한 성령의 입김으로 훈훈하게 하여 주옵소서. 새 학년을 시작하고, 새 지도자를 맞이하고, 새 봄을 선물로 주신 하나님의 품 안에서 우리에게 새 삶의 장이 펼쳐지게 하옵소서. 어두운 심령에 주의 따뜻한 빛을 비추어 주시고, 주의 낯을 보며 밝은 생활을 하게 하옵소서. 우리는 빛의 자녀이오니 어두운 유혹에 빠지지 않게 하시고, 어둠의 시험들을 이기게 하옵소서.

겟세마네 동산의 주를 생각하며 우리 모두 깨어 눈물로 기도하고 땀흘려 간구하며 핏방울 같은 진액이 터져 나오는 마음과 뜻과 정성을 다한 기도를 배우게 하옵소서. 십자가를 지고 골고다에 오르시는 주님을 기억합니다. 우리 모두 자기 몫의 십자가를 감당하게 하시고, 주님이 원하시면 언제, 어디라도 갈 수 있는 순종의 신앙을 주시옵소서.

언제나, 어디서나 우리의 찬송에 기쁨이, 우리의 기도에 회개와 간절함이 넘치게 하시며 이것들이 주께 열납되게 하옵소서. 귀한 목사님을 통하여 주시는 말씀에 겸손과 빈 마음으로 은혜받게 하옵소서.

임마누엘 되신 예수님의 이름으로 기도드립니다. 아멘.

3월 첫째주 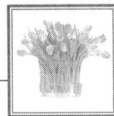 <구역장 권찰 헌신 예배 기도>

생명과 진리가 되신 거룩하신 하나님 아버지!

이 시간 주님께 헌신 예배를 드릴 수 있도록 허락하여 주시며, 자칫 세상의 향락에 빠져 주님도 버리고 믿음도 버리기 쉬운 우리를 믿음의 권속으로 삼아주시니 감사를 드립니다.

우리는 아직 심령이 깨어지지 않아서 자주 넘어지고, 자기 중심적이어서 모든 일들을 우리 마음대로 처리하려는 부족한 죄인들입니다. 이 시간 주님께서 강하게 역사하셔서 우리의 강퍅한 심령을 깨뜨려 주시고 주님의 은혜의 말씀으로 채움받는 시간이 되게 하여 주시옵소서.

자비로우신 주님!

구역장과 권찰들을 인도하시사 맡은 일에 충성을 다하는 선한 일꾼들이 되게 하옵소서. 구역원들과 그 가정의 모든 일들을 관심있게 살펴서 권면과 훈계로 맡은 사역에 충성할 수 있도록 인도하여 주시옵소서. 이들이 맡은 일에 충성하다가 어려움을 당할 때 그것을 기쁘게 감당하게 하시고 피로에 지치거나 건강을 해치는 일이 없도록 도와주시옵소서. 우리가 믿음으로 거저 구원을 얻었사오니 감사함으로 봉사하게 하옵소서.

우리 교회에 속해 있는 모든 구역들이 각 구역장과 권찰을 중심으로 하나로 뭉쳐, 늘 기도에 힘쓰며 전도에 힘써서 주님의 선한 사업에 동참하게 하옵소서. 주님이 보시기에 아름다운 진리의 제단이 되게 하옵소서.

예배의 시종을 주님께 부탁드리오며 예수님의 이름으로 기도드립니다. 아멘.

3월  둘째주

예배에의 부름(시 107:1-3)

여호와께 감사하라 그는 선하시며 그 인자하심이 영원함이로다 여호와께 구속함을 받은 자는 이같이 말할지어다 여호와께서 대적의 손에서 저희를 구속하사 동서남북 각 지방에서부터 모으셨도다

자비하신 하나님!
오직 주님만 바라보며 살게 하시오니 감사합니다.
십자가의 보혈로 정결하게 하신 아버지의 집에서 신령과 진정으로 예배드리옵니다. 날마다 하루하루 우리의 삶이 주님과 동행하는 임마누엘의 삶이 되게 하옵소서. 오늘 이 예배를 통하여 예수 그리스도와 만나며 연합되어지는 은혜의 시간이 되기를 원합니다. 예배를 받으시옵고 하늘의 신령한 것으로 채우소서.
예수님의 이름으로 기도드립니다. 아멘.

나의 묵상

....
....
....
....

참회와 공동 기도

긍휼이 풍성하신 하나님!
당연히 기도해야 할 시간에 기도하지 않았고, 참고 기다려야 할 순간에 분노했던 죄를 용서하여 주옵소서. 조금 선한 일을 한 것에도 칭찬받기를 원했으며, 봉사를 하면서도 하나님의 영광을 드러내기보다는 인간의 욕심을 앞세웠습니다. 죄와 싸우다가 흩어진 마음을 가지고 또 다시 주님 앞에 나왔습니다. 우리 죄를 사하여 주옵소서. 우리의 타락한 죄성을 용서하시사 깨끗한 심령으로 정결하게 하시고 우리 영혼을 맑게 하여 주시옵소서.
예수님의 이름으로 기도드립니다. 아멘.

사죄 선포(갈 2:20)

내가 그리스도와 함께 십자가에 못박혔나니 그런즉 이제는 내가 산 것이 아니요 오직 내 안에 그리스도께서 사신 것이라 이제 내가 육체 가운데 사는 것은 나를 위하여 자기 몸을 버리신 하나님의 아들을 믿는 믿음 안에서 사는 것이라

그러므로 주 예수 그리스도 안에 있는 자에게는 결코 정죄함이 없느니라

나의 참회

_____
_____
_____
_____

3월 둘째주  <예배 기도>

우리를 택하여 자녀로 삼아 주신 하나님!

우리가 지난 일주일을 회고하고, 주실 은혜와 축복을 기다리면서 겸손히 머리 숙였습니다. 이 시간, 우리에게 평강을 주시고 말씀으로 먹여 주시며, 우리를 깨끗하게 하시옵소서. 우리가 아버지 앞에 있사오니 위로하여 주시고, 아픔을 고쳐 주시고, 마음의 상처를 싸매어 주시며, 영적인 힘과 지혜로 새롭게 하여 주시옵소서.

우리에게 부모, 자녀를 위해 일할 가정을 주시고 나라와 겨레를 위해 일할 직장과 생업을 주시고, 주를 위해 일할 직분과 직책을 주심을 감사드립니다.

우리로 하여금 기도하게 하소서. 사랑하게 하소서. 또한 감사하며 살아가게 하소서. 만물을 새롭게 함같이 교만으로 굳어진 우리의 마음을 부드럽게 하여 주시고 불평, 불만으로 무거운 마음을 가볍게 하여 주시며, 아집에 포위된 아성도 무너지게 하옵소서.

우리를 하나님의 형상대로 지으신 창조주 하나님!

이 시간 우리를 새롭게 하사 나의 생각과 아버지의 생각이 하나 되게 하시고, 나의 느낌과 감정이 하나님의 것과 동일하게 하시며, 나의 뜻하는 바가 주님의 뜻에 일치하게 하옵소서.

이 시간, 마음의 문을 열어 놓고 예비하신 은혜를 기다리오니, 하늘의 문을 여시사 아낌없이 채워 주시옵소서. 우리의 육신과 심령이 아울러 안식하게 하시고, 오는 한 주간도 부지런히 일하고, 성실히 책임을 이행하고, 몸바쳐 섬기게 하옵소서. 우리의 예배가 신령과 진정으로 드려지도록 성령으로 인도하시고, 말씀으로 은혜 주시고, 손을 얹어 축복하시옵소서.

예수님의 이름으로 기도드립니다. 아멘.

3월 둘째주  <저녁 찬양 예배 기도>

영원토록 찬송과 존귀와 영광을 받으시기에 합당하신 하나님!
거룩한 날 성전에 모여 예배드리게 하여 주시니 감사를 드립니다. 세상 풍조에 휩싸이지 아니하고 죄의 유혹을 이기게 하시며, 사탄의 시험도 이기게 하시오니 감사하옵나이다. 또한 때를 따라 예배드릴 수 있는 은혜를 주심도 감사하옵나이다.
거룩하신 하나님 아버지!
우리 앞에는 많은 장애물들이 있어서 믿음의 경주를 달리기가 심히도 어렵습니다. 우리를 유혹하여 경건 생활을 하지 못하게 하는 요소들이 너무나도 많습니다. 세상의 빛보다도 더 밝은 생명의 빛을 비추시사 방황하지 않고 바른 길을 걸어가게 하옵소서. 그 생명의 말씀이 우리 마음 속에 충만하여 항상 힘이 있게 하옵소서. 성령께서 충만한 은혜로 역사하사 모든 육체의 소욕을 물리치고 성령의 아름다운 열매를 많이 맺게 하옵소서. 이 교회를 사랑하시사 성도 한 사람 한 사람이 맡은 바 책임을 잘 감당하게 하시고 이로써 은혜 충만한 교회, 사랑 충만한 교회, 기쁨 충만한 교회가 되게 하옵소서.
이 시간, 예배하는 중에 하나님의 음성을 듣기를 원합니다. 생명의 말씀을 잘 깨달아 알게 하시고 신령한 은혜로 충만하게 하옵소서. 우리 목사님에게 영력을 갑절이나 더하여 주시사 새 영의 말씀이 흘러 넘치게 하옵소서. 그리하여 성도들로 하여금 큰 힘을 얻게 하시고 세상을 이기는 삶이 한 주일 동안 잘 이루어지게 하옵소서.
예수님의 이름으로 기도드립니다. 아멘.

3월  세째 주

예배에의 부름(시 147:3-6)

상심한 자를 고치시며 저희 상처를 싸매시는도다 저가 별의 수효를 계수하시고 저희를 다 이름대로 부르시는도다 우리 주는 광대하시며 능력이 많으시며 그 지혜가 무궁하시도다 여호와께서 겸손한 자는 붙드시고 악인은 땅에 엎드러뜨리시는도다

　존귀하신 하나님!
　경배와 영광을 돌립니다. 세상에서 살면서 상처받은 심령들이 쉴 수 있도록 주님의 거룩한 전으로 불러내어 주신 주님께 감사를 드립니다. 죄 가운데 살던 우리가 대속의 은총을 사모하여 이 자리에 모였습니다. 성도의 찬양을 받으시고 진리의 빛 가운데로 인도하옵소서. 성부와 성자와 성령께 영광이 충만하소서.
　예수님의 이름으로 기도드립니다. 아멘.

나의 묵상

....

....

....

....

참회와 공동 기도

영생을 약속하신 하나님!

세상 유혹에 빠져 탕자처럼 방황하고 주님께서 허락하신 은혜를 낭비하지 않도록 도우시옵소서. 버려야 할 것과 끊어야 할 것이 있음을 알면서도 끊지도, 버리지도 못하고 살아온 죄를 용서하여 주옵소서. 교만하여 자기의 의를 드러내며 죄를 정당화하고 남을 원망하고 불평하는 삶을 살았습니다. 오늘 평안하다고 지난날 어려웠던 때를 잊었으며 내가 배부르다고 배고픈 사람을 외면했습니다. 용서의 은총을 베푸시사 십자가 보혈의 능력으로 정결한 몸과 마음으로 거듭나게 하시옵소서. 이후로는 자신의 모든 것을 다 주고 또 주고도 여전히 사랑하여 주시는 주님처럼 살게 하옵소서.

능력의 주 되신 예수님의 이름으로 기도드립니다. 아멘.

사죄 선포(고후 5:17)

그런즉 누구든지 그리스도 안에 있으면 새로운 피조물이라 이전 것은 지나갔으니 보라 새 것이 되었도다

그러므로 주 예수 그리스도 안에 있는 자에게는 결코 정죄함이 없느니라

나의 참회

....
....
....

3월 세째주  <예배 기도>

인애하신 하나님!
　이곳에 모인 모든 심령 위에 은혜의 단비를 내려 주시옵소서. 지난 이레 동안 우리의 몸과 영혼을 지켜 주시사 지금 주의 전에 머리 숙여 기도드리며, 마음과 뜻을 다하여 예배하게 하심을 감사드립니다.
　불신과 불의가 가득 찬 사회에서 한 주간의 삶을 살다가 주의 전을 찾게 하시니 감사합니다. 실망과 낙심, 죄와 허물이 가득했던 한 주간을 겸손히 뉘우치고, 후회스럽게 회개하는 양심으로 주 앞에 머리 숙였사오니, 주여 우리를 불쌍히 여기시고 용서하여 주시옵소서. 주님을 따르라 말씀하신 작은 십자가를 감당하지 못한 것을 용서하시옵소서.
　소망의 주여, 죄악의 밤이 아무리 깊다 하나 주님은 마침내 밝고 깨끗한 아침을 주셨습니다. 불의와 거짓과 죄가 요동하나 우리가 양심의 가책을 받아 신앙을 되찾도록 주님은 우리의 잠자는 심령을 깨워 주셨습니다. 갈 바를 모르던 방랑자 같은 우리를, 주님께서 이 거룩한 처소로 불러 주셨습니다.
　능력이 많으신 주님!
　우리의 마음을 깨끗하게 하시사 주의 영광을 보게 하시고 우리의 입을 정하게 하시사 주의 영광을 찬양하게 하시옵소서. 신령한 귀를 열어 주시사 진리의 말씀을 듣게 하시고, 온 심령이 새롭게 창조되고, 피곤한 육신이 치유받게 하소서. 이 시간 영광과 존귀, 감사와 찬송을 주께 모두 드립니다. 우리를 향하신 선하심과 인자하심을 높이 찬양합니다.
　주의 영광이 이 성전에 충만하기를 비오며 예수님의 이름으로 기도드립니다. 아멘.

3월 세째주  <저녁 찬양 예배 기도>

복의 근원 되시는 창조주 하나님!

이 날은 우리에게 복 주시기 위해 정하신 날임을 믿습니다. 원하옵기는 우리 예배자들의 마음을 평안하게 하시고, 우리 육신이 안식하게 하옵소서.

주님! 우리의 마음과 뜻과 생활을 감찰하여 주시며, 지금 이 저녁 시간 예배의 자리에 나오게 하심을 감사드립니다. 영광과 존귀를 받으시옵소서.

거룩하신 주님!

속된 세상에서 더럽혀진 우리의 마음과 육신을 성결하게 하시옵소서.

진실하신 하나님!

거짓되고 게으른 우리의 언행심사를 용서하시고, 다시 한 주간을 살아갈 때 신실하고 부지런한 삶으로 인도하옵소서.

의로우신 주님!

죄와 허물로 멍든 우리의 양심을 말씀으로 깨끗하게 하옵소서.

새롭게 하시는 주님!

이 시간 우리를 성령과 진리의 말씀으로 거듭나게 하시고 한 주간 날마다 새롭게 동행하여 주시옵소서.

이 따뜻한 봄날에 우리도 온유하고 따뜻한 사랑으로 옷 입혀 주시고 움추린 삶이 기지개를 펴며, 새 생명을 돌이키면서 소생된 심령으로 즐겁고 기쁘게 노래하며 살게 인도하옵소서.

예수님의 이름으로 기도드립니다. 아멘.

3월  넷째 주

예배에의 부름 (히 10:19-20, 22)

그러므로 형제들아 우리가 예수의 피를 힘입어 성소에 들어갈 담력을 얻었나니 그 길은 우리를 위하여 휘장 가운데로 열어놓으신 새롭고 산 길이요 휘장은 곧 저의 육체니라 우리가 마음에 뿌림을 받아 양심의 악을 깨닫고 몸을 맑은 물로 씻었으니 참 마음과 온전한 믿음으로 하나님께 나아가자

   구원의 하나님 아버지!
   심령의 눈을 들어 예수 그리스도의 십자가를 바라봅니다. 우리에게 독생자를 주시어 구원의 길을 열어주신 하나님께 감사드립니다. 광야와 같은 인생길을 걷던 우리들이 이제 십자가 아래에 나와 안식과 평안을 누리게 하옵소서.
   예수님의 이름으로 기도드립니다. 아멘.

나의 묵상

참회와 공동 기도

은혜의 하나님!

위험한 세상에 살며 하나님을 모르는 자처럼 행한 일을 회개합니다. 무거운 짐에 매여 방탕과 실의에 빠진 적도 있었습니다. 많은 하나님의 말씀을 들었으나 말씀따라 살지 못했습니다. 깨달은 대로 살지 못했습니다. 결심대로 살지 못했습니다. 지난날의 교만을 기억하지 마옵시고 주의 자녀들로 겸손하게 하소서. 고집대로 살아온 것을 용서하시고 순종하는 마음을 주시옵소서. 내 뜻대로 행한 모든 잘못을 뉘우치오니 이제 주의 뜻을 따르게 하소서. 진흙 같은 인생을 불쌍히 여기시고 뜻에 맞는 그릇으로 재창조하여 주시사 새롭게 하여 주옵소서. 이 시간, 주님의 십자가 밑에 회개의 심령으로 나왔사오니 우리를 사하시고 정결하게 하옵소서.

예수님의 이름으로 기도드립니다. 아멘.

사죄 선포(시 51:7)

우슬초로 나를 정결케 하소서 내가 정하리이다 나를 씻기소서 내가 눈보다 희리이다

그러므로 주 예수 그리스도 안에 있는 자에게는 결코 정죄함이 없느니라

나의 참회

....

....

....

3월 네째주  <예배 기도>

영원한 생명의 근원이 되신 하나님!
우리들의 영혼이 주를 찬양합니다. 우리의 죄와 허물을 사하시려고 사랑하는 외아들을 세상에 보내시사 십자가로 우리의 죄를 담당하게 하신 그 은혜와 사랑을 감사드립니다. 지나간 한 주간 동안 욕심의 유혹을 따라 어둠의 길을 걷던 우리들입니다. 이러한 우리들에게 영원한 구원이신 주님을 바라볼 수 있도록 주님의 전으로 다시 불러주신 것을 감사드립니다.

자비하신 주님!
우리를 괴롭히는 근심과 걱정의 무거운 짐들을 내려 주옵소서. 이 한 시간, 한 주간 동안의 괴로움을 잊게 하옵소서. 우리의 마음 문을 여시사 주님의 축복을 받게 하옵소서.

교회의 머리가 되시는 주님!
주님이 사랑하시는 이 교회를 축복하여 주옵소서. 당신의 진리를 세상에 빛내며 주님의 구원을 세상에 선하게 하여 주옵소서. 망원경이 천체를 보여주는 것같이 이 교회가 모든 사람에게 인생과 하나님께 대한 분명한 이상을 보여주게 하옵소서. 사랑을 깨달아 봉사하며 큰 인격이 나오는 교회가 되게 하여 주옵소서.

주님, 오늘 이 자리에 우리와 같이 하지 못한 당신의 자녀들이 있습니다. 어디에 있든지 같은 은혜로 채우소서. 기쁠 때나 슬플 때나 새 생명을 주시는 주님을 의지하는 자녀들이 되게 하옵소서. 이 예배를 통하여 모인 무리들이 하나 되게 하시고 교회의 각 지체된 역할을 잘 감당하게 하옵소서.

주께서 주장하여 주실 줄 믿사오며, 이 모든 말씀을 우리 주 예수 그리스도의 이름으로 기도드립니다. 아멘.

3월 네째주  **<저녁 찬양 예배 기도>**

거룩하신 하나님!

복된 성일 아침, 거룩한 성전에서 하나님의 이름을 찬양하며, 주신 은혜와 축복을 감사드립니다. 우리에게 귀한 예배 처소를 주시고, 새 마음으로 경배하며, 새 희망으로 은혜와 말씀과 성령의 충만함을 기다리게 하시니 감사합니다.

용서의 하나님!

곰곰히 머리 숙여 우리 자신의 허물과 죄를 회개합니다. 지난날에 저지른 잘못된 행실과 그릇된 마음을 아시오니 용서하여 주시고, 꺼져 가는 등불 같은 우리 마음의 심지를 돋우어 주시옵소서. 상한 갈대 같은 우리 심신을 강건하게 하여 주시옵소서.

신령과 진정으로 예배드리는 자들을 찾으시는 하나님!

우리를 주의 영으로 새롭게 하시고, 착한 양심과 거짓이 없는 믿음으로 찬양드리게 하옵소서. 주님, 원하옵기는 우리 서로가 사랑할 수 있는 은사를 받아 사랑으로 하나되게 하시고, 말씀과 진리로 날마다 바르게 성장하게 하시며, 주님이 부탁하신 전도와 선교에 나설 수 있도록 성령의 능력을 덧입혀 주시옵소서.

우리를 자녀로 삼으신 아버지께서, 믿음의 일을 할 수 있게 하시고, 사랑의 수고와 봉사도 할 수 있는 인내와 소망을 갖게 하옵소서. 하나님의 은총과 자비를 기다리오니 모든 것을 새롭게 하시는 주님께서 이 시간 우리를 말씀으로 일깨워 주시고 성령으로 거듭나게 하사, 새롭게 변하는 새 봄을 새 마음으로 맞이하게 하옵소서.

예수님의 이름으로 기도드립니다. 아멘.

3월  다섯째주

예배에의 부름(시 116:12-14)

여호와께서 내게 주신 모든 은혜를 무엇으로 보답할꼬 내가 구원의 잔을 들고 여호와의 이름을 부르며 여호와의 모든 백성 앞에서 나의 서원을 여호와께 갚으리로다

구원의 주님!
속죄의 은총을 믿고 아버지 앞에 나왔습니다.
새 생명을 주신 하나님께 영광을 돌립니다.
우리의 예배를 받아 주시옵소서.
아버지께 받은 은혜를 다 갚을 길 없사오나 우리의 구주되심을 믿고 의지합니다. 우리를 천국 백성으로 삼으시고 인도하여 주옵소서.
예수님의 이름으로 기도드립니다. 아멘.

나의 묵상

_____
_____
_____
_____

참회와 공동 기도

십자가를 지신 주님!

주의 사랑과 약속을 받고 살면서도 근심하고 걱정에 싸여 헤어나지 못하고 살아왔습니다. 이 부끄러운 우리의 불신앙을 회개합니다. 십자가의 주님 앞에 회개하는 심령으로 나왔습니다. 주님을 배반했던 철없는 백성을 용서하여 주옵소서. 우리의 믿음 약함과 교만함을 용서하여 주시고 불순종의 죄를 사하여 주옵소서.

주님, 우리를 불쌍히 여겨 주시옵소서. 영원토록 주님을 사모하며 따르는 성도들이 되게 하시옵소서. 원수의 모든 능력을 제어할 권세를 주옵소서. 마귀의 요새를 훼파할 능력을 주옵소서. 우리로 하여금 예수님의 보혈의 능력을 믿고 믿음의 선한 싸움을 싸우게 하옵소서.

예수님의 이름으로 기도드립니다. 아멘.

사죄 선포(사 53:5)

그가 찔림은 우리의 허물을 인함이요 그가 상함은 우리의 죄악을 인함이라 그가 징계를 받음으로 우리가 평화를 누리고 그가 채찍에 맞음으로 우리가 나음을 입었도다

그러므로 주 예수 그리스도 안에 있는 자에게는 결코 정죄함이 없느니라

나의 참회

....

....

3월 다섯째주  <예배 기도>

하늘에 계신 아버지!

낮고 천한 아버지의 자녀들이 드리는 영광과 감사와 찬송을 받으시옵소서. 이 시간, 우리의 눈을 열어 주시사 하늘의 영광을 보게 하시고, 하늘의 문을 여시사 성령의 충만함과 말씀의 은혜를 내려 주시옵소서.

오늘날 너무도 악하고 어려운 시대를 당하여 온전히 신앙을 지키며 살아 나가기 힘들고 답답합니다만 우리를 그대로 버려두지 마시고 주님의 장중에 붙들어 주셔서 세상을 이길 수 있는 힘과 용기를 더하여 주옵소서.

우리의 마음을 보시는 하나님!

우리가 영이신 하나님께 신령한 예배를 드리도록 우리의 마음을 성령으로 감동시키시고 진실을 요구하시는 하나님께 회개하는 양심과 거짓없는 믿음으로 진정한 예배를 드리게 하옵소서. 지난 일 주일 동안 우리의 그릇된 생각을 고쳐 주시고 잘못된 인격을 바로잡아 주시고, 지나친 교만을 겸손하게 하시고, 나약한 삶에 생기가 돋게 하옵소서.

우리의 삶을 주관하시는 하나님!

우리의 잘못된 성격과 인격의 불완전한 것과 입술의 부정한 것과 하나님의 뜻에 어긋났던 모든 생활을 회개하오니 용서하여 주시옵소서. 깨어진 그릇 같은 우리를 이 시간 새롭게 조성하여 주옵소서. 이 예배가 신령과 진리로 드려지기를 원합니다.

우리가 드리는 찬송과 감사로 영광을 받으시고 모인 우리 모두에게 은혜와 축복을 가득 채워 주시기를 바라오며 예수님의 이름으로 기도드립니다. 아멘.

3월 다섯째주  **＜저녁 찬양 예배 기도＞**

거룩하신 주님!

안식과 축복의 주일 저녁, 주님의 고난을 그리며 정숙히 기도를 드립니다. 주님의 고난과 죽음으로써 우리가 구원받고, 믿음으로 주 앞에 예배드릴 수 있는 귀한 특권을 주심을 감사드립니다.

주님의 영이 지금도 우리 속에서 강하게 역사하사 어리석은 것을 지혜롭게, 약한 것을 강하게, 맥빠진 상태에서 의욕과 용기를 얻게 하여 주심을 믿습니다.

아버지 되신 하나님께서 우둔한 자녀를 이 시간도 반겨주심을 감사하오며, 신령과 진정과 찬양으로 예배드리기를 원합니다.

그러나 주님, 어려움을 당한 형제들에 대한 위로와 그들을 위하여 기도하던 마음이 식어진 것과 가난한 자에 대한 사랑의 손길이 굳어지고, 회개와 감사의 눈물이 마르고, 수고와 봉사의 땀구멍이 막혀 있고, 충성하는 피흘림의 상흔이 보이지 않는 우리의 답답하고 무기력하고 초췌한 모습을 용서하여 주옵소서.

주님의 십자가를 바라보는 눈을 새롭게 하옵소서. 삶의 길에 팽개친 작은 십자가를 다시 등에 지고 골고다의 언덕 길을 계속 올라가게 하옵소서. 비워진 기도의 자리도 내 무릎으로 메우게 하시고 주인 없는 예배 좌석도 채우도록 힘쓰게 하여 주시옵소서.

주님을 다시 십자가에 못박는 죄인들이 되지 않도록 이 시간 성령의 기름으로 가득히 부어 주시고 말씀의 위력으로 우리를 새롭게 하여 주시옵소서.

주님의 이름으로 기도드립니다. 아멘!

4월 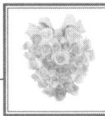 첫째 주

예배에의 부름(시 118:14-17)

여호와는 나의 능력과 찬송이시요 또 나의 구원이 되셨도다 의인의 장막에 기쁜 소리, 구원의 소리가 있음이여 여호와의 오른손이 권능을 베푸시며 여호와의 오른손이 높이 들렸으며 여호와의 오른손이 권능을 베푸시는도다 내가 죽지 않고 살아서 여호와의 행사를 선포하리로다

만물을 새롭게 하시는 하나님!
 이 거룩한 성전에 모여 할렐루야 주의 영광을 찬송하며 예배드리게 하심을 감사합니다. 이 시간, 우리에게 사망과 흑암의 어두운 권세를 이기신 주님을 의지하는 믿음을 주시옵소서.
 부활의 믿음으로, 구원에 대한 감사로 예배하며 우리의 삶의 목적을 새롭게 확인하고 아버지의 뜻에 맞는 인격과 신앙으로 하나님께 영광돌리게 하옵소서. 마음과 힘과 뜻을 다하여 경배드리게 하옵소서.
 예수님의 이름으로 기도드립니다. 아멘.

나의 묵상

참회와 공동 기도

우리를 새롭게 하시는 하나님!
주는 사랑으로 인도하시건만 우리는 버려진 자인 것처럼 낙심했습니다. 주는 우리를 축복의 길로 인도하시고자 하시건만 우리는 그 길을 떠나 다른 길로 나갔습니다. 좀 더 참고 기도했더라면 다른 길이 있었을 것인데 그렇게 하지 못했습니다. 구습을 좇는 옛 사람을 벗어버리고 새 사람의 거룩한 옷을 입혀 주시옵소서. 이전 것은 지나가게 하시고 새 것을 보게 하옵소서. 그리하여 십자가의 신앙을 가진 자로서 새롭게 살게 하옵소서.
예수님의 이름으로 기도드립니다. 아멘.

사죄 선포(고후 4:6)

어두운 데서 빛이 비취리라 하시던 그 하나님께서 예수 그리스도의 얼굴에 있는 하나님의 영광을 아는 빛을 우리 마음에 비취셨느니라

그러므로 주 예수 그리스도 안에 있는 자에게는 결코 정죄함이 없느니라

나의 참회

_____
_____
_____
_____

4월 첫째주 · 종려 주일  <예배 기도>

거룩하신 하나님!

우리 모두에게 쉴 수 있는 안식일을 주시며 하나님을 아버지라 부를 수 있는 특권까지 주시니 감사합니다. 우리는 어리석음 때문에 늘 넘어지고 실족하오니 주님, 우리의 약함을 용서하시며, 주님의 영으로 우리를 감싸 주시옵소서.

자비로우신 하나님 아버지!

이 주간, 주님을 철저히 배우기 원합니다. 나귀를 타고 입성하신 주님의 겸손과 하나님만을 의지하신 주님의 기도, 의인보다 죄인을 위해 살고, 섬김을 받음보다 섬기며 사신 주님의 생애, 만인의 죄를 담당하고 희생의 제물이 되신 주님의 사랑…. 우리들도 그렇게 살기를 원합니다.

이 예배를 통해서 우리들이 평화의 왕이신 주님과 깊은 교제를 나누며 주님의 고귀하신 섬김의 도리를 배우고 본받을 수 있도록 우리의 심령을 진히 주장히여 주시옵소서.

특별히 우리를 사랑하셔서 주님의 귀한 목사님을 단 위에 세워 주셨사오니 목사님의 말씀을 통하여 우리가 변화받아 죽도록 충성하며 주님만을 따르겠노라고 결단하는 시간이 되게 하여 주시옵소서. 이제 더 이상 세상의 거짓된 행복이나 연락과는 상관없는 자로 살게 하옵소서.

십자가에 달려 죽으심으로 죄에서 우리를 구원하여 주신, 주 예수 그리스도의 보혈과 이름의 능력을 믿고 간절히 기도드립니다. 아멘.

4월 첫째주 · 종려 주일 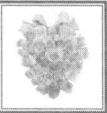 <저녁 찬양 예배 기도>

    천지를 창조하시고 주관하시는 하나님!
    새 봄의 훈기 속에 4월의 첫 주일을 맞이하게 하시고, 거룩한 주일과 장소를 허락하여 주시니 감사드립니다.
    용서의 하나님!
    백번 잘하다가도 한 번 잘못하여, 실언하고 실수하며 실족한, 불쌍한 우리들을 용서하여 주셨음을 믿습니다. 원하옵기는, 우리의 죄에 대하여 완전히 죽게 하시고 주의 의에 대하여 온전히 부활한 새로운 인격과 신앙을 갖춘 변화된 사람들이 되게 하옵소서. 이 시간 하나님의 진리로 우리를 가르쳐 주시고 하늘의 길을 밝히 보여 주시사, 오는 한 주간 그 진리를 잡고 그 길을 걷게 하옵소서.
    이 시간 영광을 받으시고 이 예배가 신령과 진정으로 드리는 제사가 되게 하시고 우리의 일상 생활의 토대가 되어 강퍅해지고 거칠어진 우리의 심령을 순화시키는 윤활유가 되게 하옵소서. 우리 모두를 하나님의 영으로 뜨겁게 감동시켜 주시사 말씀으로 은혜받고 새로운 각오와 결심으로 신앙의 무장을 하게 하옵소서.
    하나님이 친히 단 위에 세워 주신 목사님을 주께서 성령의 권능으로 붙들어 주시사 그 입의 말씀을 듣는 우리의 마음이 하나님께로 향하게 하시며 생활의 지침으로 삼게 하옵소서. 예배를 기쁘게 흠향하여 주시고 성령의 불길로 태우사 거룩한 산 예배가 되게 하옵소서.
    임마누엘 되시는 주의 이름으로 기도드립니다. 아멘.

4월  **둘째 주**

예배에의 부름(고후 4:8, 10)

우리가 사방으로 우겨쌈을 당하여도 싸이지 아니하며 답답한 일을 당하여도 낙심하지 아니하며 우리가 항상 예수 죽인 것을 몸에 짊어짐은 예수의 생명도 우리 몸에 나타나게 하려함이라

부활의 주님!
안식의 복을 허락하심을 감사합니다.
졸지도 주무시지도 않으시며, 우리를 눈동자와 같이 아끼고 지켜주시는 하나님의 은혜에 감사하여 찬양과 영광을 드립니다.
이 시간 우리로 영적 예배를 드리게 하시고 진리의 말씀을 깨닫게 하시며, 새로운 사람으로 거듭나게 하옵소서. 우리의 예배를 받으시사 성령으로 하나 되게 하시고 영광 중에 우리를 축복하소서.
예수님의 이름으로 기도드립니다. 아멘.

나의 묵상

참회와 공동 기도

용서의 하나님!

세상이 어둡다고 탓하지 말게 하시고 세상에 만연한 죄악의 물결이 높다고 하나님을 원망하는 일이 없도록 도우소서. 다른 이들을 섬겨야 할 우리가 섬김을 받으려고 하고 칭찬을 받으려고만 합니다. 우리의 한 주간이 성도답지 못했던 모든 것을 용서하여 주옵소서. 진리를 안다고 하는 교만, 오래 믿었다고 하는 연조의 자랑, 감당하지 못한 직분의 태만, 이 모두를 용서하여 주옵소서.

우리의 의지와 노력으로 할 수 없는 성품이 변화되기를 원하오니 우리의 심령 위에 뜨거운 성령으로 채워 주셔서 삶의 개혁이 일어나게 하옵소서.

예수님의 이름으로 기도드립니다. 아멘.

사죄 선포(느 9:17하)

오직 주는 사유하시는 하나님이시라 은혜로우시며 긍휼히 여기시며 더디 노하시며 인자가 풍부하시므로 저희를 버리지 아니하셨나이다

그러므로 주 예수 그리스도 안에 있는 자에게는 결코 정죄함이 없느니라

나의 참회

....
....
....

4월 둘째주 · 고난 주간  <예배 기도>

자비로우신 하나님!
주의 진실하심과 인자하심이 영원 불변하심을 믿습니다. 우리 같은 인생에게 주 예수 그리스도를 믿어 새 생명을 얻게 하시는 인자하심과 그 약속이 영원하고 진실함을 인하여 감사드립니다.

사랑의 주님!
주님은 우리를 죄악 가운데서 구원하시기 위해 십자가에 달리는 수치와 고난을 당하셨건만, 우리는 주님의 구원의 은혜를 잊고 유다처럼 주님을 배신하고 살았음을 고백합니다. 떨리는 심령으로 회개하는 우리들을 용서하여 주시고 한없는 은혜로 텅빈 우리의 가슴을 채워 주시옵소서. 우리에게 최후의 승리를 얻기까지 주님의 십자가를 사랑하며 험한 십자가를 붙드는 아름다운 믿음을 허락하여 주시옵소서.

친히 고난을 담당하신 주님!
이 험한 세상에서 교회들이 한 마음 한 뜻이 되어 복음의 증인으로서의 역할을 잘 감당하며 주님의 가신 길을 따르는 역사에 동참할 수 있게 하여 주시옵소서. 우리가 주께 헌신함으로써 믿지 않는 사람들과 믿음이 약한 성도님들이 다 주를 믿으며 주를 찬양하게 하옵소서. 주님을 따르는 길이 아무리 고달프고 괴로울지라도 참 생명이 되시는 주님을 기쁨으로 따르게 하옵소서.

이 예배가 주님께 헌신하기로 결단하는 예배가 되게 하시며 주님이 당하신 고난의 의미를 가슴 속 깊이 느낄 수 있는 귀한 예배가 되게 하옵소서.

우리를 죄악에서 구원하시어 하나님의 귀한 자녀로 삼으시기 위해 고난당하신, 거룩하신 우리 주 예수 그리스도의 이름으로 기도 드립니다. 아멘.

4월 둘째주 · 고난 주간  <청년회 헌신 예배 기도>

주님을 앙망하는 자에게 힘을 주시는 하나님 아버지!

우리 청년들에게 젊음과 패기를 주시고 오직 주님을 위해 사용할 수 있는 지혜를 주셔서, 오늘 이렇게 우리들이 심령을 새롭게 하여 주님께 헌신을 다지는 귀한 예배로 모이게 하시니 감사를 드립니다. 젊음의 근원이 되시는 주님께 우리의 삶을 겸손히 내어맡기게 하옵소서.

우리 청년 회원들이 학업으로 혹은 직장 생활로 항상 분주해 있으며 또한 세상 재미에 휩쓸려 죄악된 길로 빠져 들어가기 쉬우니, 주님 안에서 누리는 평안과 희락이 세상의 연락보다 더 값지고 소중하다는 것을 깨달아 알게 하옵소서.

우리 중에 아직도 주님을 영접하지 못한 회원들이 있습니까? 마음 문을 활짝 열어놓고 기쁘게 주님을 맞이할 수 있는 은총을 허락하여 주시옵소서. 피곤한 자에게 능력을 주시며 무능한 자에게 힘을 더하여 주시는 여호와 하나님을 앙망함으로 새 힘을 얻어 세상 속으로 힘차게 전진해 들어갈 때, 세상의 악한 권세들이 그 앞에서 다 엎드러지는 놀라운 역사가 일어나게 하여 주시옵소서.

주님, 우리 교회를 반석 위에 세운 집처럼 튼튼하게 세워 주옵소서. 특별히 이 시간 주 앞에 헌신 예배를 드리는 청년들과 모든 성도들이 주님의 목사님을 통해서 우리에게 내려 주시는 진리의 말씀을 듣고 새 힘을 얻어 달음박질하여도 곤비하지 아니하고 걸어가도 피곤하지 않는 강한 믿음의 자녀가 되도록 주님의 능력의 오른팔로 붙들어 주시옵소서.

능력과 힘을 주시는 우리 주 예수 그리스도의 이름으로 기도드립니다. 아멘

4월  셋째 주

예배에의 부름(시 118:24, 합 2:20)

이 날은 여호와의 정하신 것이라 이 날에 우리가 즐거워하고 기뻐하리로다 오직 여호와는 그 성전에 계시니 온 천하는 그 앞에서 잠잠할지니라

복의 근원이 되시는 하나님 아버지!

감사와 영광을 올립니다. 복된 주일을 통하여 우리 영혼 깊숙한 곳에 예수님의 피가 가슴 뜨겁게 흐르는 시간이 되게 하여 주시옵소서. 이 예배를 드리는 가운데 함께 하여 주시사 영광받아 주시옵소서.

이 시간 드리는 우리의 예배가 성령 충만한 예배가 되어 하나님을 만나는 생명의 만남이 이루어지게 하옵소서.

예수님의 이름으로 기도드립니다. 아멘.

나의 묵상

참회와 공동 기도

전능하신 사랑의 하나님!
　우리의 마음이 세상에 흔들리고 속된 것에 빠질 때가 많습니다. 주는 건강한 물질을 주셨건만 우리는 방종의 기회로 삼았고 주를 위해 사용하지 못했습니다. 우리 마음의 어두운 그림자를 다 제하여 주시고 어두움에 매이지 않도록 부활의 능력을 더하여 주옵소서. 항상 새 마음으로 주를 섬기고 부활의 증인으로 살아가게 하옵소서.
　우리의 마음이 하나님께 대해 닫혀 있거나 소홀한 부분이 있으면 깨닫게 하여 주시옵소서. 눈이 있어도 보지 못하고 귀가 있어도 듣지 못하는 자가 되지 않게 하옵소서.
　예수님의 이름으로 기도드립니다. 아멘.

사죄 선포(시 85:2-3)

주의 백성의 죄악을 사하시고 저희 모든 죄를 덮으셨나이다(셀라) 주의 모든 분노를 거두시며 주의 진노를 돌이키셨나이다

그러므로 주 예수 그리스도 안에 있는 자에게는 결코 정죄함이 없느니라

나의 참회

_____

_____

_____

4월 세째주 · 부활 주일 <예배 기도>

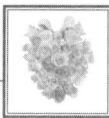

 죽음 권세를 깨뜨리신 전능하신 하나님 아버지!
 여호와께 찬양과 경배를 드리옵니다. 무덤 문을 여시고 다시 부활하신 승리의 날을 맞아 주님께 경배하고 기쁨의 찬송을 올려드립니다.
 우리는 죽음의 세력에 종노릇하고 있었습니다. 그러나 주님의 부활을 믿는 자는 죽어도 다시 살 줄 믿습니다. 죽음의 위협이 우리에게는 끝내 통하지 않는 담대한 믿음을 허락하여 주옵소서.
 목사님께서 우리에게 말씀으로 자세히 풀어 주실 때 부활의 위대한 삶 속으로 뛰어드는 용기를 허락하시고 부활의 체험을 할 수 있게 하옵소서. 자신을 죽임으로써 더 큰 자신을 되돌려 받을 수 있다는 사실을 깨닫고 겸손히 봉사할 수 있게 하옵소서. 부활 신앙으로 이 민족을 하나로 만들어 주옵소서. 다시 살 수 있는 믿음의 사람들로 나설 수 있게 하옵소서.
 말씀을 대언하실 목사님을 능력의 손으로 붙들어 주시고 성령으로 역사하여 주셔서 권세있는 말씀으로 우리의 온 심령을 채울 수 있게 하옵소서. 우리는 그 말씀을 아멘으로 화답하며 부활의 확실한 증거를 심령 깊이 새겨 넣을 수 있게 하옵소서.
 찬양으로 영광 돌리는 성가대의 정성을 받으시기를 원하오며 이 모든 말씀을, 죽음을 여시고 부활하신 예수님의 이름으로 기도드립니다. 아멘.

4월 세째주 · 부활 주일  <저녁 찬양 예배 기도>

생명의 근원이 되시는 부활의 하나님!

이 날은 우리에게 복 주시기 위해 정하신 날임을 믿사오니, 원하옵기는 우리 예배자들의 마음을 평안하게 하시고 우리의 영혼과 육신이 새롭게 거듭나게 하옵소서. 우리의 마음을 아시고 생활을 감찰하여 주시며 지금 이 예배의 자리에 나와 주님의 부활하심을 기뻐하게 하시니 감사드립니다.

우리에게 부활을 믿는 확신을 주시옵고, 죽었던 대지에 새 생명을 허락하시는 것 처럼 우리에게도 새 생명을 허락하옵소서. 동토같이 얼어붙은 우리의 마음 밭에 새 생명이 움트게 하옵시고 철의 장막같이 닫혀졌던 우리 마음에 부활의 주님을 맞이함으로 새롭게 하옵소서.

주여! 송장같이 굳어진 나의 육신, 나의 죽은 삶을 소생하게 하옵소서. 부활의 동산에 피었던 꽃 같은 화사함과 지저귀는 새의 기쁨과 날아다니는 나비 같은 화평한 마음으로 이 부활 주일, 예배를 드리오니 주여! 영광을 받으시옵소서.

거룩하고 진실하신 주여!

속된 세상에서 더럽혀진 우리의 마음과 육신을 성결하게 하옵소서. 거짓되고 게으른 우리의 언행심사를 용서하시고 신실하고 부지런한 삶으로 인도하옵소서.

이 따뜻한 봄날에 온유하고 따뜻한 사랑으로 우리를 옷 입혀 주시고 움추린 삶이 기지개를 펴며 새 생명을 들이키면서 소생된 심령으로 즐겁고 기쁘게 노래하게 인도하옵소서.

예수님의 이름으로 기도드립니다. 아멘.

4월  넷째 주

예배에의 부름(빌 4:6-7)

아무것도 염려하지 말고 오직 모든 일에 기도와 간구로 너희 구할 것을 감사함으로 하나님께 아뢰라 그리하면 모든 지각에 뛰어난 하나님의 평강이 그리스도 예수 안에서 너희 마음과 생각을 지키시리라

   나의 반석이요, 구원이신 하나님!
   이 시간 잠잠히 하나님만 바라봅니다. 사람이나 세상의 어떤 것을 의지하게 될 때 그 어떤 문제도 해결할 수 없음을 깨닫습니다. 오직 하나님을 나의 구원자로 바라보게 하시고 우리의 문제를 하나님께만 가지고 나아가게 하옵소서.
   우리로 하여금 주님을 찾게 하시고 주님을 의지하게 하심을 감사드립니다. 우리기 어떠힌 상횡에 있든지 주님을 위해 실도록 하시며 현재 처한 환경이나 욕심 때문에 세상적인 삶에 연연하지 않도록 도우소서.
   이 시간 진실한 가운데 영적 예배를 드릴 수 있도록 은혜를 베풀어 주옵소서. 예수님의 이름으로 기도드립니다. 아멘.

나의 묵상

참회와 공동 기도

우리의 죄악을 뉘우치게 하시는 하나님!

후회하면서도 같은 죄를 반복하여 사는 미련함을 용서하여 주옵소서. 우리가 세상을 향해 눈을 돌리는 순간 주님을 잊어버린 때가 너무나 많습니다. 우리로 하여금 구원의 밧줄을 잡을 수 있도록 도와 주옵소서. 바로 지금 회개하게 하옵시고 순종으로 헌신하게 하옵소서. 넓고 쉬운 죄의 길을 버리고 진실함을 좇아 살게 하옵소서. 교만과 허위, 부정, 부패와 기만이 앞서는 시대 속에서 주님께서 찾으시는 단 한 명의 진실한 자의 삶을 살 수 있도록 도와주옵소서. 우리의 상한 마음과 간구를 아시오니 고쳐 주시고 위로하여 주옵소서. 우리와 함께 하여 주옵소서.

예수님의 이름으로 기도드립니다. 아멘.

사죄 선포(엡 1:7)

우리가 그리스도 안에서 그의 은혜의 풍성함을 따라 그의 피로 말미암아 구속 곧 죄사함을 받았으니

그러므로 주 예수 그리스도 안에 있는 자에게는 결코 정죄함이 없느니라

나의 참회

_____

_____

_____

4월 네째주 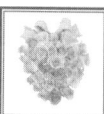 <예배 기도>

　인간을 창조하시고 늘 바른 길로 인도하시는 하나님 아버지!
　주님의 은혜와 사랑을 감사하며 경배와 찬송을 드리옵니다. 부족하고 죄많은 인생이지만 오늘 주님 앞에 예배하는 모든 주의 백성들과 함께 한 마음으로 주께 기도드리오니 우리의 기도가 하늘 문을 여는 귀하고 빛나는 천국 열쇠가 되게 하옵소서.
　그러나 주님, 천국에 소망을 두고 주님과 몸된 교회를 사랑하며 봉사해야 할 우리가 세상의 분주함으로 주의 일에 무관심했습니다. 주님의 기대를 외면했습니다. 잎만 무성한 무화과처럼 열매가 없었습니다. 성령님이여, 도와 주시옵소서. 주님이 주시는 참된 자유와 평강을 맛보는 감격을 주옵소서. 은혜를 가로막고 있는 모든 불순물들을 제거하여 주옵소서. 주님의 십자가를 의지하여 회개하오니 우리로 하나님께 합당한 제물이 되게 하옵소서. 험하고 힘들 때 십자가를 지고 가신 주님을 바라보는 믿음을 주옵소서. 이 믿음이 큰 역사를 이루도록 주님이 함께 하여 주옵소서.
　거룩하신 하나님 아버지!
　우리 교회를 축복하셔서 항상 진리의 말씀이 살아 움직이게 하옵소서. 말씀의 충만한 은혜로 늘 채워지게 하옵소서. 이 시간도 귀한 말씀을 증거하실 목사님께 크신 능력을 허락하옵소서. 그리하여 그 귀한 말씀이 뿌려질 때 놀라운 역사가 일어나게 하옵소서. 아직까지 주의 말씀이 전파되지 못한 곳도 있사오니 그 어두운 땅에 한 줄기 밝은 빛으로 임하시옵소서.
　말씀으로 성육신하신 예수님의 이름 받들어 기도드립니다. 아멘

4월 네째주  <저녁 찬양 예배 기도>

  천지만물을 창조하시고 주재하시는 주 여호와 하나님!
  귀한 주일 저녁, 주 앞에 나와서 경배와 찬양을 드리게 하여 주신 은혜를 진실로 감사드립니다. 하나님이 창조하신 만물들이 겨울 잠에서 깨어나서 활동을 시작하듯이 우리의 신앙도 새롭게 솟아나게 하여 주시옵소서. 봄비 같은 성령의 단비를 내려 주시사 메마른 심령이 해갈하게 하옵소서. 우리 영혼에 따사로운 주의 자비와 사랑을 베푸시사 우리로 용서받고, 풍요한 삶을 누리게 하옵소서.
  능력의 주님!
  우리 교회가 세상에 그리스도의 복음을 전할 때마다 믿지 않던 심령들이 다 주를 믿고 따르는 놀라운 구원의 역사가 일어나게 하여 주시옵소서. 우리 교회가 주님의 빛을 가리지 않고 더 밝은 빛을 발할 수 있도록 주께서 인도하여 주시옵소서. 반석 위에 세운 집처럼 세찬 파도와 풍랑에도 결코 흔들리지 않고 굳세게 진리의 말씀만을 증거하는 진리의 제단이 되게 하여 주시옵소서.
  이 시간, 이 예배를 통해서 우리의 심령이 새롭게 거듭나는 축복을 허락하여 주시옵소서. 예배에 참석한 모든 심령들이 은혜를 충만히 받고 돌아갈 수 있도록 주께서 지켜 주시옵소서. 말씀을 증거하실 목사님을 성령으로 강하게 붙들어 주시기를 바랍니다. 우리의 예배가 하나님께 영광이 되고 성령으로 감동되는 귀한 시간이 되게 하시며, 그 예배를 통하여 우리를 새롭게 하여 주시기를 원하옵니다.
  예수님의 이름으로 기도드립니다. 아멘.

5월  첫째 주

예배에의 부름(마 19:14, 막 10:15하)

어린 아이들을 용납하고 내게 오는 것을 금하지 말라 천국이 이런 자의 것이니라, 누구든지 하나님의 나라를 어린아이와 같이 받들지 않는 자는 결단코 들어가지 못하리라

영광과 존귀를 받으시기에 합당하신 하나님!
거룩한 날 성전에 모여 예배드리게 하시니 감사드립니다. 이 아침에 신령한 은혜를 베풀어 주셔서 예배하는 중에 하나님의 음성을 듣기 원합니다.
오 주님, 우리에게 주님의 축복을 받을만한 준비된 그릇을 허락하여 주옵소서. 숨겨진 죄악으로부터 우리를 깨끗하게 하시며 작은 정성과 친절을 늘 어디에서나, 누구에게든지 베풀게 하옵소서.
예수님의 이름으로 기도드립니다. 아멘!

나의 묵상

....
....
....
....

참회와 공동 기도

긍휼과 자비가 풍성하신 하나님 아버지!

우리는 아버지 앞에 다 죄인들입니다. 우리에게 소중한 자녀들을 주셨건만 본이 되지 못한 채 우리의 잘못과 어리석음을 답습하게 하였습니다. 이 모든 죄를 참회하며 고백하는 우리들을 독생자 예수 그리스도의 십자가 공로로 용서하여 주시고, 이 예배를 통하여 생명의 말씀으로 빛을 받게 하옵소서. 성령의 크신 능력을 얻게 하여 주시옵소서.

예수님의 이름으로 기도드립니다. 아멘.

사죄 선포(요일 3:16, 18-19)

그가 우리를 위하여 목숨을 버리셨으니 우리가 이로써 사랑을 알고 우리도 형제들을 위하여 목숨을 버리는 것이 마땅하니라 자녀들아 우리가 말과 혀로만 사랑하지 말고 오직 행함과 진실함으로 하자 이로써 우리가 진리에 속한 줄을 알고 또 우리 마음을 주 앞에서 굳세게 하리로다

그러므로 주 예수 그리스도 안에 있는 자에게는 결코 정죄함이 없느니라

나의 참회

5월 첫째주 · 어린이 주일  **<예배 기도>**

 자녀를 기업과 상급으로 주신 주 여호와 하나님!

 영광과 존귀를 돌려 드립니다. 어린 아이들을 귀하게 여기시고 맞이하여 주셨던 것처럼 저희의 기도를 들어주옵소서.

 이 험하고 죄악된 세상에 우리 아이들이 물들지 않고 주님에 대한 믿음을 간직하게 하옵소서. 세상의 모든 사람들이 그들에게서 새롭게 빛나는 믿음을 바라보고 마음에 감동을 받아 주를 믿게 하여 주옵소서.

 사랑과 은총의 주님!

 어린 자녀들을 양육하는 부모들에게 주님의 사랑과 지혜를 충만히 채워 주시옵소서. 그리하여 주께서 맡기신 자녀를 신앙으로 양육하기에 조금도 부족함이 없게 하옵소서. 건강하게 자라야 할 자녀들이 부모의 허영과 사치 속에서 멍들어 가고 있습니다. 우리에게 사무엘을 주님께 바친 한나와 모세를 신앙으로 양육한 요게벳의 신실한 믿음을 허락하여 주시옵소서. 부모들에게 스스로 자녀를 잘 양육할 수 있다는 교만을 버리고 자녀 양육을 주께 맡기는 겸손함을 주시옵소서.

 주님께서 우리 교회를 사랑하시사 특별한 뜻이 계셔서 이 곳에 세워 주셨사오니, 우리 교회가 세상 사람들과 어린 아이들에게 주님의 복음을 전하는 터전이 되게 하옵소서. 어린이 주일을 맞이하여 새로운 믿음의 결단을 할 수 있는 귀한 은총을 허락하여 주시옵소서. 우리 교회가 한 마음으로 주께 찬양드리는 귀한 역사가 일어나게 하옵소서.

 어린 아이와 같은 믿음을 귀하게 여기시는 예수님의 이름으로 간절히 기도드립니다. 아멘.

5월 첫째주 · 어린이 주일  <저녁 찬양 예배 기도>

온 천하 만물로 찬양을 받으시기에 합당하신 주 하나님!
오늘도 거룩한 성일을 맞이하여 새벽 미명부터 저녁 늦은 이 시간까지 주 앞에 나와 예배드릴 수 있도록 허락하여 주신 은혜를 감사드립니다. 이 예배를 통해서 우리가 참된 희락을 맛보며 참다운 소망을 발견할 수 있게 하여 주시옵소서. 우리가 부활하신 주님의 새 생명을 지니고 기쁨으로 아버지께 나와 건강한 몸과 마음으로 예배드리게 하시니 진정으로 감사드립니다. 우리 모두 지난 날의 은혜를 감사하면서도 하나님의 뜻대로 살지 못한 것을 용서받게 하시고 우리의 현실 생활 속에 성령으로 인도하심을 믿고 힘을 얻는 승리의 생활을 하게 하옵소서. 내일과 영원을 향한 소망을 지니고 살아갈 의지를 더하여 주시옵소서.
고마우신 주님!
주께서 뜻이 계셔서 예수 그리스도의 참된 터 위에 우리 교회를 세워 주셨사오니, 하늘의 영광과 베푸신 축복이 사랑과 함께 넘치게 하여 주시옵소서. 그리하여 세상에서 방황하던 심령들이 다 교회에 나와서 쉼과 평안을 얻으며, 죄 가운데 빠져있는 심령들이 죄사함을 받고 구원을 얻는 구원의 방주가 되게 하여 주시옵소서. 성령의 인도하심과 말씀의 교훈을 기다립니다.
원하옵기는 우리의 삶이 이웃의 비방거리가 되지 않게 하시고 우리의 기도에 사단의 유혹이 없게 하시며, 이 시간 진실한 가운데 영적 예배를 드릴 수 있게 하옵소서.
예수님의 이름으로 기도드립니다. 아멘.

5월  둘째 주

예배에의 부름(엡 6:1-3)

자녀들아 너희 부모를 주 안에서 순종하라 이것이 옳으니라 네 아버지와 어머니를 공경하라 이것이 약속있는 첫 계명이니 이는 네가 잘 되고 땅에서 장수하리라

    이 거룩한 주일 주님을 찾게 하시고 주님을 의지하게 하심을 감사드립니다. 우리를 성결하게 하시사 주님의 영광을 찬송하게 하시고 우리의 마음을 겸손하게 하시사 은혜받게 하옵소서. 우리는 주님의 사랑을 받을 만한 자격이 없는 자들임에도 불구하고 하나님은 우리에게 구원과 사랑을 주시니 감사드립니다.
    우리 모두에게 아버지 하나님의 뜻을 깨닫게 하시고 우리를 향한 자비와 사랑을 감사하게 하옵소서. 반석 같은 믿음과 성령이 충만한 열성으로 우리를 채워 주시옵소서. 우리를 날로 새롭게 변화시키시는 주님께서 괴롭고 어려운 우리의 인생 역경 중에서도 늘 함께 동행하여 주실 줄 믿습니다.
    예수님의 이름으로 기도드립니다. 아멘!

나의 묵상

참회와 공동 기도

은혜가 풍성하신 사랑의 하나님!

우리는 주님의 은혜에 합당하지 못한 삶을 살아가는 부끄러운 자들입니다. 부모님께 효도하고 자녀들을 정성껏 보살피는 일에도 게을렀습니다. 기쁨으로 감사드려야 할 부모님께 근심과 눈물을 드린 것을 용서하여 주옵소서. 몸된 교회를 위해서 봉사하고 충성하기에도 게을렀습니다.

육신이 연약하고 부족한 우리들을 불쌍히 여기사 용서하여 주옵소서. 사랑을 실천하는 사람으로 살아가게 하옵소서.

예수님의 이름으로 기도드립니다. 아멘!

사죄 선포(시 32:5)

내가 이르기를 내 허물을 여호와께 자복하리라 하고 주께 내 죄를 아뢰고 내 죄악을 숨기지 아니하였더니 곧 주께서 내 죄의 악을 사하셨나이다

그러므로 주 예수 그리스도 안에 있는 자에게는 결코 정죄함이 없느니라

나의 참회

_____
_____
_____
_____

5월 둘째주 · 어버이 주일  **<예배 기도>**

　사랑이 많으신 하나님 아버지!
　육신이 약하여 원하는 대로 실천하지 못하였으며, 의지가 약하여 선한 일을 이루지 못하였으며, 마음이 약하여 유혹에 빠지고, 신앙이 든든하지 못하여 시험을 이기지 못하였음을 용서하옵소서.
　우리의 어지러운 마음을 깨끗하게 하시고 착잡한 심정을 정리하여 주시고 의심에 찬 심리를 튼튼한 확신으로 바꾸어 주옵소서. 비뚤어진 길을 달려가는 생활을 바로 잡아 주시옵소서.
　크고 부드러운 손으로 늘 감싸주시는 주님!
　주님의 손길이 늘 은혜와 축복이 됨을 믿습니다. 우리의 눈과 귀와 마음을 주님의 손길로 붙잡아 주셔서 위기와 어려움을 극복해 나갈 수 있도록 도와 주옵소서. 모든 일들을 아버지께서 주관하시고 다스리심을 믿습니다. 상황에 따라 변하는 믿음이 아니라 변하는 상황 속에서도 변치 않는 믿음으로 주님이 주시는 축복을 누리도록 인도하옵소서. 심한 오해와 막막한 상황 속에서도 주님만을 바라보게 하옵소서.
　주님 없이는 살 수 없사오니 소망의 빛을 비추어 주사 주를 가까이 따르게 하시고, 주님을 떠나선 아무것도 되는 일이 없사오니 이 시간 주님을 더 가까이 따라가게 하옵소서. 죄악이 많은 세상을 승리하며 살 수 있는 지혜를 주시고 불신 이웃과의 어울림에서 지녀야 할 덕과 인격을 이 시간 갖추어 주시옵소서.
　이제 정성으로 예배드리겠사오니 성령으로 우리를 인도하시고 진리로 이끄시옵소서. 구원의 감격이 심령들 위에 골고루 내려지는 은혜의 시간이 되게 하옵소서. 예배 시간 근심과 걱정이 변하여 기쁨과 감격이 되게 하시고 성령의 도우심을 경험하게 하옵소서.
　우리 주 예수 그리스도의 이름으로 기도드립니다. 아멘.

5월 둘째주 · 어버이 주일  **<저녁 찬양 예배 기도>**

우리 각자의 주가 되시며 가정의 주가 되시는 하나님!
진실한 마음과 영적인 예배를 드리오니 영광과 감사를 받으시옵소서. '네 부모를 공경하라'는 첫째 되는 계명을 허락하신 하나님의 말씀을 기억합니다. 그러나 저희의 무례함과 이기심으로 그렇게 행하지 못하였음을 고백하오니 용서하여 주시옵소서. 우리의 태도를 변화시키사 부모를 공경하며 하나님을 경외하는 자들이 되게 하옵소서.

태초부터 계셔서 직접 가정 공동체를 세우신 하나님!
우리가 나기 전에 우리 부모님이 계셨고 우리 부모님이 있으시기 전에 하나님이 계셔서 우리 가정을 이루게 하셨음을 믿습니다. 우리가 이 시간 하나님 아버지를 믿는 신앙과 부모님을 공경하고 사랑하는 정성을 모아 예배드리오니 받으옵소서.

믿음의 주가 되시는 하나님!
우리들에게 신앙적인 부모를 모시게 하신 하나님의 은혜를 감사하오며 저들로부터 믿음이라는 금보다 귀한 유산을 온전히 전수받게 하심을 감사합니다. 우리 세대에 이 값진 유산을 귀중히 간직하여 신앙적인 가정을 이루다가 우리 자녀들에게 다시 물려 줄 수 있는 경건한 우리들이 되게 하옵소서. 그리하여 우리와 우리의 가정은 영원히 하나님을 섬기며 주님이 함께 하시는 임마누엘의 가정이 되게 하옵소서.

예수님의 이름으로 기도드립니다. 아멘!

5월  셋째 주

예배에의 부름(요 4:23-24)

아버지께 참으로 예배하는 자들은 신령과 진정으로 예배할 때가 오나니 곧 이때라 아버지께서는 이렇게 자기에게 예배하는 자들을 찾으시느니라 하나님은 영이시니 예배하는 자가 신령과 진정으로 예배할지니라

자비하신 하나님!

우리 모두에게 은총과 축복을 베풀어 주시기를 바랍니다. 그래서 영광 중에 나타나는 거룩한 예배가 되게 하여 주시옵소서. 하루가 시작될 때에 은혜를 주시며 하루가 끝날 때에도 은총을 부으사 우리 삶의 평안을 주시오며 안식을 주사 다시금 하나님의 돌보심을 감사하게 하옵소서. 우리의 마음이 깨끗하여져서 구속의 노래를 부르고 은혜받은 마음으로 감사, 찬미하게 하옵소서. 우리 입으로, 우리 마음으로, 영으로 주님을 친양하게 하옵소서.

이 시간 주님의 보혈로 완전히 변화되고 정결하게 하옵소서. 그래서 하나님이 받으시는, 하늘에서 성령의 불이 내리는 예배가 되게 하옵소서.

예수님의 이름으로 기도드립니다. 아멘.

나의 묵상

참회와 공동 기도

긍휼이 풍성하신 하나님!

우리를 모든 허물과 죄에서 건져 주옵소서. 아직도 근심과 걱정에서 헤어나지 못하는 불신앙과 주께서 맡기신 사명을 충실히 감당하지 못한 죄를 용서하여 주옵소서.

이제는 눈을 들어 주님의 뜻이 어디에 있는지 찾게 하시고 진리를 알지 못하는 영혼들의 구원을 위해 기도하게 하옵소서. 주님께서 행하시는 일을 바라보게 하옵소서. 죄와 악이 가득한 세상에서 검게 물든 심령을 막아 주시고 붉게 얼룩진 우리의 마음을 흰 눈과 같이 깨끗하게 하여 주옵소서. 고달픈 생활에서 피곤해진 육신을 안식하게 하시며 상처받아 멍든 심신을 위로하여 주옵소서.

예수님의 이름으로 기도드립니다. 아멘!

사죄 선포(욜 2:13)

너희는 옷을 찢지 말고 마음을 찢고 너희 하나님 여호와께로 돌아올지어다 그는 은혜로우시며 자비로우시며 노하기를 더디하시며 인애가 크시사 뜻을 돌이켜 재앙을 내리지 아니하시나니

그러므로 주 예수 그리스도 안에 있는 자에게는 결코 정죄함이 없느니라

나의 참회

5월 셋째주 · 총동원 주일  <예배 기도>

창조주 하나님 아버지!

주님께 찬양을 드리옵니다. 새 사람이 되어서 몸과 마음과 뜻과 정성을 다하여 주님을 따르며 주님께 헌신하는 믿음의 식구들이 되게 인도하여 주시옵소서. 영육간에 축복을 얻는 놀라운, 성령의 역사가 일어나게 하옵소서.

오늘, 총동원 주일을 맞이하여 우리 교회 성도들의 인도로, 혹은 자진해서 이 자리에 나와 우리와 함께 예배드리는 분들이 있습니다. 아직은 주님을 알지 못하고 교회나 예배에 대해서 서먹서먹하고 당황되지만, 나중된 자가 먼저 된다고 하신 주님께서 그들의 심령에 역사하시어 주님을 사모하는 믿음과 주님을 따르는 열심을 주시고, 믿음 약한 자가 믿음 강한 자로 변화 되는 놀라운 변화가 일어나게 하옵소서.

주님, 이 예배를 통해서 모든 심령들이 말씀으로 무장되게 하옵소서. 마음에 상처를 받아 괴로워 하고 있는 심령들이 있으면 주께서 그 마음을 위로하여 주시고 기쁨의 잔치에로 초대하여 주시옵소서. 물질이 없어 힘든 심령들에게는 필요한 만큼의 물질을 주옵소서. 육신의 고통으로 괴로워 하는 심령들에게는 육신의 강건함을 허락하시사 모두 다 이 아름다운 잔치에로 인도하여 주시옵소서.

주님, 이 시간 우리가 몸으로만 기뻐할 것이 아니라 심령으로 기뻐하게 하시며 목사님을 통해서 주시는 귀한 말씀을 우리의 심령 깊이에 새겨서 마음이 움직여지게 하옵소서. 말씀으로 세상을 정복해 나갈 수 있게 하옵소서.

오늘 하루도 주께서 함께 하여 주셔서 주님 안에서 누리는 기쁨과 환희가 얼마나 큰 것인지를 우리가 깨닫게 하여 주시옵소서.

우리 주 예수님의 이름으로 기도드립니다. 아멘.

5월 세째주 · 총동원 주일  <저녁 찬양 예배 기도>

거룩하신 하나님!

속되고 죄 많은 영혼들을 사랑하사 거룩하고 신령한 축복의 자리에 초대하여 주시며 용납하여 주시고 하나님의 자녀로 삼으시사 예배드리게 하시니 감사드립니다. 탕자같이 멀리 떠나 방황하던 우리들을 다시 모아 주시고, 불순종의 아들 같던 우리를 이렇게 순한 양같이 머리 숙여 겸손히 기도하게 하시니 감사드립니다.

지혜와 능력의 주님!

이 시간 분주한 삶에서 잃어버린 사랑의 기쁨을 되찾게 하시고 불신으로 받은 상처를 싸매어 주시옵소서. 사람의 물결 속에 잃어버렸던 우리 믿음의 현주소를 찾게 하시옵소서. 무절제함과 게으름에 버려진 의욕과 소망을 되찾고 분주함으로 잃은 기도의 시간, 불평 속에 사라진 감사, 불만 속에 묻혀진 찬송을 이 시간 회복시켜 주시옵소서.

주님! 우리들의 평안함에 빠져서 잊고 있었던 북한 동포들을 기억합니다. 이기적인 삶 때문에 멀어진 이웃의 형제·자매를 기억합니다. 100년 전 평양에서 일으키셨던 믿음의 불길을 오늘에도 동일하게 허락하시사 그곳에서 하나님을 알지 못한 채 죽어가는 내 형제·자매들에게 하루 속히 하나님을 만나게 되는 은혜를 허락하여 주시옵소서. 또한 이웃에 있는 이들을 사랑으로 대하게 하시며 생활과 기도로 전도하게 하옵소서. 잃은 자를 찾으시기를 기뻐하시는 하나님께서 우리의 삶과 기도를 통하여 죽어가는 자를 구원하실 줄 믿습니다.

예수 그리스도의 이름으로 기도드립니다. 아멘.

5월  **네째 주**

예배에의 부름(호 6:1, 3)

오라 우리가 여호와께로 돌아가자 여호와께서 우리를 찢으셨으나 도로 낫게 하실 것이요 우리를 치셨으나 싸매어 주실 것임이라 그러므로 우리가 여호와를 알자 힘써 여호와를 알자 그의 나오심은 새벽 빛 같이 일정하니 비와 같이, 땅을 적시는 늦은 비와 같이 우리에게 임하시리라

　우리들을 구원하신 주님!
　주님의 참사랑과 은혜에 감사를 드립니다. 오늘 거룩한 주일, 이 시간 주의 자녀들이 주님 앞에 나와 예배를 드리오니 기뻐 받아 주시옵소서. 우리들의 삶 전체가 진실한 예배가 되기를 원합니다. 우리들로 하여금 주의 삶을 본받아 살게 하옵소서.
　이 시간 주의 은혜로 충만하게 하옵소서. 주님을 사랑합니다.
　우리 주 예수님의 이름으로 기도드립니다. 아멘!

나의 묵상

....
....
....

참회와 공동 기도

자비하신 주님!

주님은 우리에게 소중한 것들을 많이 주셨건만 우리는 그것들을 소홀히 낭비했고 오히려 아무것도 받지 못한 자처럼 살았습니다. 형제·자매의 작고 사사로운 일도 믿지 못하고 의심하는 우리의 모습을 봅니다. 사단이 주는 불신에 속아서 다른 사람의 마음을 상하게 하며 괴롭게 한 죄를 회개합니다. 우리로 하여금 주님의 사랑을 실천하게 하옵소서. 도저히 용납할 수 없는 대상부터 우리가 사랑할 수 있게 하옵소서. 다른 사람의 마음을 상하게 한 일이 있다면 먼저 찾아가 용서를 구할 수 있는 용기를 허락하여 주옵소서.

예수님의 이름으로 기도드립니다. 아멘!

사죄 선포(골 2:6-7)

그러므로 너희가 그리스도 예수를 주로 받았으니 그 안에서 행하되 그 안에 뿌리를 박으며 세움을 입어 교훈을 받은대로 믿음에 굳게 서서 감사함을 넘치게 하라

그러므로 주 예수 그리스도 안에 있는 자에게는 결코 정죄함이 없느니라

나의 참회

_____

_____

_____

_____

5월 네째주  <예배 기도>

한결 같은 은혜와 사랑으로 평안을 허락하시는 주님!

우리들이 주님의 성전에 모여 부족한 정성이나마 모두어 예배를 드리게 하시니 감사드립니다.

먼저 우리의 더러워진 입술을 뜨거운 숯불로 지져 주시고 맑은 물로 씻어 주옵소서. 우리의 어두워진 눈을 밝게 하시사 하늘 나라를 바라보게 하옵소서.

하나님께서 이 시간 이 자리를 위하여 예정하시고 준비하셨던 하늘의 축복을 충만히 내려 주옵소서. 그리하여 우리들 마음의 문을 활짝 열게 하시고 하늘의 축복을 받는 시간이 되게 하옵소서.

주님께서 귀히 쓰시는 목사님을 세우시사 말씀을 증거하게 하셨사오니 인간의 연약함들은 모두 십자가 뒤에 묻어 주시고 성령의 두루마기를 입히시사 말씀의 능력을 주시옵소서. 주님의 피로 값주고 세우신 이 교회가 말씀이 충만한 교회가 되게 하사 주님의 사랑을 본받아 사랑이 식어가는 이 세대에 사랑의 빛을 나타내게 하시옵소서. 어두워가는 이 세대에 사랑의 빛을 밝히 나타내게 하옵소서.

또한 우리의 조국을 위하여 기도합니다. 우리의 조국을 불쌍히 여기시고 사랑하여 주시며 주님의 품에 보호하시사 평안함을 주시옵소서. 위정자들의 마음을 주장하사 그들에게 하나님을 두려워하는 마음, 내 나라, 내 민족을 진심으로 사랑하는 마음을 주시옵소서. 온 국민이 말씀으로 깨어 일어나 내 나라와 민족을 위하여 기도하게 하여 주시옵소서.

이 예배의 시간과 순서를 성령께서 축복하여 주시길 바라오며 예수님의 이름으로 기도드립니다. 아멘.

5월 네째주  <저녁 찬양 예배 기도>

거룩하신 아버지 하나님!

아버지의 자녀들이 한 자리에 모여 찬송과 영광을 드리고자 합니다. 이 모인 중에 성령을 내리시사 성결하게 하옵소서. 높은 곳에 계시면서도 낮은 자를 하감하시는 주님이시기에, 낮고 천한 우리가 회개하는 마음으로 기도하오니 용서하여 주시고, 은혜를 사모하게 하여 주시옵소서. 겸손히 비오니 우리에게 필요한 지혜와 힘과 권능을 은사로 내려 주시옵소서.

지금까지 이 죄 많은 백의 민족을 사랑으로 지켜 주시고, 피로 물들었던 이 삼천리 금수강산을 자비로운 손길로 보호하여 주시사 오늘도 신앙의 자유 속에 이 시간과 이 자리를 지키게 하여 주심을 진심으로 감사드립니다.

환난 중에서도 계속해서 우리를 구원하여 주시고 시련 속에서 우리를 단련시켜 주시옵소서. 나라의 어려운 불황 속에서도 계속 인내하게 하시고 혼란 속에서도 계속 평강하게 하여 주시옵소서. 세상에 가득한 불의와 죄악 속에서도 우리 모든 믿는 자들이 하나님을 사랑함으로 믿음을 굳건히 지키게 하옵소서.

우리는 주의 피조물입니다. 이 시간 주의 형상으로 거듭나게 하여 주시기를 비오며, 우리를 시험에 들지 않게 하시고 유혹에 빠지지 않게 보전하여 주시사 믿음으로 원수 마귀를 이기고 선으로 악을 이길 수 있는 힘을 주시옵소서. 그리하여 하는 일마다 잘하였다고 칭찬받는 승리의 결말을 얻게 인도하옵소서.

예수님의 이름으로 기도드립니다. 아멘.

5월  **다섯째주**

예배에의 부름(겔 11:19-20)

내가 그들에게 일치한 마음을 주고 그 속에 새 신을 주며 그 몸에서 굳은 마음을 제하고 부드러운 마음을 주어서 내 율례를 좇으며 내 규례를 지켜 행하게 하리니 그들은 내 백성이 되고 나는 그들의 하나님이 되리라

 모든 만물을 새롭게 하시며 인도하시는 하나님!
 우리로 하여금 복된 성일, 주님만을 향한 믿음 속에 거하게 하시고 주님의 은총 속에서 계속 자랄 수 있게 하옵소서. 주의 성령께서 우리의 예배와 삶을 친히 인도하여 주시고 우리의 모든 생활을 보호하여 주사 우리의 삶을 통해 영생의 기쁨과 하늘의 복을 누리게 하옵소서.
 예수님의 이름으로 기도합니다. 아멘!

나의 묵상

참회와 공동 기도

은혜의 하나님!

지난 일주일 우리의 본분을 다하지 못한 죄를 고백합니다. 불신 앙적인 생각, 성도답지 못했던 말과 행동을 회개합니다. 주님의 형상대로 지음받은 우리들이 병들고 삐뚤어져 하나님과 상관없는 자로 살았습니다. 죄에 짓눌려 탄식하며 살았습니다. 다른 사람의 눈에 있는 티는 보면서도 내 눈의 들보는 보지 못했습니다. 우리 마음 가운데 있는 깊은 악과 교만을 제거하여 주옵소서. 하나님의 사랑으로 인쳐 주시고 다시는 죄와 상관없는 자로 살아가게 하옵소서.

예수님의 이름으로 기도드립니다. 아멘!

사죄 선포(엡 4:32)

서로 인자하게 하며 불쌍히 여기며 서로 용서하기를 하나님이 그리스도 안에서 너희를 용서하심과 같이 하라

그러므로 주 예수 그리스도 안에 있는 자에게는 결코 정죄함이 없느니라

나의 참회

_____
_____
_____
_____

5월 다섯째주 · 성령 강림 주일 <예배 기도>

　보혜사 성령님을 보내신 하나님!
　우리의 마음을 감동하게 하신 은혜와 사랑을 감사드립니다. 오순절 날 다락방에 모여서 기도하던 무리들에게 약속하신 보혜사 성령을 부어 주셨던 것처럼 지금 우리에게도 찾아 오셔서 뭇 심령들이 주님을 찬양하게 하옵소서. 우리의 심령을 괴롭히는 온갖 죄악들과 악한 권세들을 성령의 불로 다 살라버리사 우리의 심령을 흰눈처럼 깨끗하게 하여 주시오며 악령이 틈타지 못하도록 성령께서 지켜 보호하여 주시옵소서.
　우리 교회가 성령 충만, 말씀 충만, 은혜 충만한 제단이 되게 하시며 우리 모두에게 성령의 충만함을 주셔서 죄악으로 가득차 있고 병들어 있는 세상에 주님의 복음을 증거하여 세상을 정결하고 깨끗하게 변화시키는 귀한 직분을 담당하게 하옵소서. 진정 한 알의 밀알이 되어 세상에 구원의 소식을 전파하고 만인에게 구원의 기쁨을 가져다 주는 놀라운 역사가 일어나게 하여 주시옵소서. 그리하여 모든 심령들이 주님의 몸된 교회로 나와서 성령으로 임하시는 주 하나님을 기쁘게 맞이할 수 있도록 이끌어 주시옵소서.
　주님의 말씀을 대언하실 목사님을 친히 인도하셔서 그 입술을 통하여 나오는 말씀이 뜨거운 은혜의 말씀, 성령 충만한 말씀이 되게 하시며 그 말씀을 듣는 우리의 가슴이 감동 되게 하옵소서. 믿음이 약한 심령에게 확고한 믿음과 시험 중에 있는 심령에게 이길 수 있는 확신을 주셔서, 더욱더 굳건한 믿음으로 무장할 수 있도록 도와 주시옵소서. 성령께서 우리의 예배 가운데 임재하셔서 이 예배를 친히 인도하여 주시기를 바랍니다.
　우리를 구원하신 예수 그리스도의 이름으로 기도드립니다. 아멘.

5월 다섯째주 · 성령 강림 주일  <저녁 찬양 예배 기도>

오늘의 주인이 되시는 주님!

이날을 정하여 안식하게 하시고, 우리가 축복받도록 창조하신 섭리를 감사합니다. 지난 이레 동안 우리의 영육이 평강하게 하여 주시고 이땅에 평화를 주시며 이렇게 평안히 예배드릴 수 있는 자유를 주심을 감사드립니다.

이 시간 숨겨진 죄를 용서하시고 저지른 죄악을 사하여 주시옵소서. 우리에게 잘못한 모든 사람의 그릇된 마음과 행위도 아울러 용서하여 주옵소서. 우리의 모든 죄와 허물을 용서하여 주시옵소서.

용서의 하나님 아버지!

우리의 죄를 주님의 십자가에서 회복시키사 새롭게 변화받게 하셨사오니 그 은혜를 입은 우리의 모습이 거룩하게 하여 주시옵소서. 이 시간 새로운 성령으로 새 사람의 인격을 형성시켜 주옵소서. 초대 교회 성도들 가운데 거하시며 직접 역사하셨던 성령님을 오늘 우리에게도 허락하실 줄 믿습니다. 우리가 늘 성령 안에서 거하게 하시며 성령으로 거듭나게 하옵소서.

이 예배 시간 성령을 사모하며 말씀의 은혜를 기다립니다.

예수님의 이름으로 기도드립니다. 아멘.

6월  첫째주

예배에의 부름(고후 5:17-18)

그런즉 누구든지 그리스도 안에 있으면 새로운 피조물이라 이전 것은 지나갔으니 보라 새 것이 되었도다 모든 것이 하나님께로 났나니 저가 그리스도로 말미암아 우리를 자기와 화목하게 하시고 또 우리에게 화목하게 하는 직책을 주셨으니

우주 만물을 섭리로 주관하시는 아버지 하나님!
거룩한 날을 구별하여 주시고 우리가 예배드릴 수 있도록 인도하여 주신 하나님의 섭리를 경배하고 찬송드립니다. 이 시간 우리들이 주님 앞에 성령의 인도를 따라 십자가를 붙들고 왔사오니 모든 죄를 사하고 정결하게 하여 주실 줄 믿습니다. 오늘 이 예배를 통하여 변화산상의 모습이 재현되는 감격을 주시옵소서. 아름다운 천국을 바라보며 믿음의 경배를 드리니 열납하여 주시옵고 위로부터 내려오는 신령한 복을 허락하여 주시옵소서.
우리 주 예수 그리스도 이름으로 기도드립니다. 아멘.

나의 묵상

참회와 공동 기도

긍휼이 풍성하신 하나님!
하나님께서 진정 싫어하시는 것이 거짓과 위선임을 압니다. 그러나 부끄럽게도 우리의 삶이 외식과 위선으로 얼룩져 있음을 고백합니다. 내면의 경건이 아니라 겉모양의 경건으로 치장했던 우리의 어리석음을 긍휼히 여겨 주옵소서. 믿노라고 하면서도 새 사람으로 변화되지 않았습니다.
　오늘 이 시간에 새 영과 새 마음을 부어 주옵소서. 사람의 마음이 아닌 하나님의 마음으로, 진정 하나님 앞에 두렵고 떨림으로 우리의 구원을 이루어 나가도록 도와 주시옵소서.
　예수님의 이름으로 기도드립니다. 아멘.

사죄 선포(벧전 2:10)

너희가 전에는 백성이 아니더니 이제는 하나님의 백성이요 전에는 긍휼을 얻지 못하더니 이제는 긍휼을 얻은 자니라

그러므로 주 예수 그리스도 안에 있는 자에게는 결코 정죄함이 없느니라

나의 참회

....
....
....
....

6월 첫째주  **<예배 기도>**

　자비하시고 거룩하신 아버지 하나님!
　주님 앞에 나아와서 모두 함께 예배를 드릴 수 있도록 은총을 허락하시오니 감사합니다.
　험한 세상을 살아가는 우리들에게는 어려운 일, 괴로운 일, 힘겨운 일이 많사오나, 걸음마다 일마다 때마다 지켜 주시고 인도하여 주셔서 큰일없이 매사를 감당하게 하심을 감사드립니다. 악한 마귀가 우리들의 영혼을 삼키려고 우는 사자와 같이 두루 찾아 다니는 이 때에 우리들의 영혼을 지켜 주옵소서.
　우리들은 넘치는 은혜와 사랑의 품 속에서 지난 한 주일 동안 살았습니다. 그러나 주님 말씀대로 살지 못하였습니다. 마음에서 원하는 것은 행하여지지 않고 원치 않는 것이 행하여졌던 지난 주간이었습니다. 이렇게 나약한 우리들인지라 주님을 기쁘시게 하기보다 섭섭하게 행한 것이 많았습니다. 지난 한 주간 지은 우리들의 잘못을 용서하시고 십자가의 보혈로 정하게 씻어 주옵소서. 그리하여 주님 앞에 상달되는 제물이 되게 하옵시고, 응답 되어지는 갈멜산의 제단이 되게 하옵소서.
　오늘도 우리들에게 크신 은혜를 내려 주옵소서. 말씀을 전하시는 우리 목사님에게 권능과 능력을 주시어 피곤하지 않게 하시고 갈급한 양떼들에게 생명수를 먹이는 귀한 목자가 되게 하여 주옵소서. 하나님의 놀라운 은혜도 함께 하시사 목마른 양떼를 생명수로 채워 주옵소서. 그리하여 온 성도들에게 힘과 용기가 되게 하시고 마음에 평화와 기쁨과 사랑이 넘치게 하옵소서.
　예수님의 이름으로 기도드립니다. 아멘

6월 첫째주  <저녁 찬양 예배 기도>

거룩하신 하나님 아버지여!

하나님의 이름이 찬양을 받으시기에 합당하고 진실함과 의로움이 홀로 하나님께만 있으시니 찬양을 드립니다. 우리 교회에 계속해서 사랑의 물결이 여울지게 하여 주시옵소서.

이 패역한 시대에 우리가 경건한 생활을 하지 못하였음을 용서하옵소서. 불의가 가득한 사회에서 의롭게 살지 못하고 악이 팽배한 세상에서 선하게 살지 못하였음을 고백합니다. 이 어둡고 캄캄한 현실에 빛이 되어 살지 못하였음과 구석구석 썩고 부패해가는 곳에서 소금의 역할을 하지 못한 것을 널리 용서하옵소서.

우리 속 사람을 보시는 하나님!

예배를 드리는 우리의 몸가짐과 마음이 통일 되고 일치 되어 우리의 마음이 주께 예배드리기에 합당하게 하시고, 우리의 찬송이 주의 기뻐하시는 바가 되게 하옵소서. 우리의 기도가 주께 들려지게 하옵소서.

능력의 주님!

이 시간에 약한 우리를 강하게 하시고 편벽된 우리를 너그럽게 다듬어 주시옵소서. 기형적인 인격을 성숙하게 재조정하여 주시고 육으로만 사는 우리를 성령으로 거듭나게 하옵소서. 우리로 사람을 가까이 하고 사랑하게 하옵시고 죄인들을 하나님께로 가까이 인도하게 하옵소서. 그리하여 이 땅에 하나님의 나라를 이룩하는 데 충성을 다하게 하옵소서.

거룩하신 예수님의 이름으로 드립니다. 아멘.

6월  둘째주

예배에의 부름(시 22:23상, 27-28)

여호와를 두려워 하는 너희여 그를 찬송할지어다 땅의 모든 끝이 여호와를 기억하고 돌아오며 열방의 모든 족속이 주의 앞에 경배하리니 나라는 여호와의 것이요 여호와는 열방의 주재심이로다

능력의 주 하나님 아버지!
이 시간 주님 앞에 온 성도들이 모여 거룩한 주일 예배를 드립니다. 우리의 찬송과 기도를 주께서 기뻐 받아 주시고 오늘의 예배가 주님의 뜻대로 드리는 온전한 예배가 되게 하여 주시옵소서. 우리의 심령이 주님 앞에 새롭게 변화되게 하여 주시사 강하고 담대한 믿음으로 세상을 이기며 살아가게 하옵소서.
오 주님! 우리의 믿음이 확장되게 하옵소서. 우리의 기도의 영역이 확장되게 하여 주옵소서. 이 시간 성령께서 우리의 몸과 마음과 영을 주관하여 주시옵소서.
우리 주 예수 그리스도의 이름으로 기도드립니다. 아멘.

나의 묵상

참회와 공동 기도

긍휼이 풍성하신 하나님!

하나님 앞에서는 그릇 행하면서도 다른 사람들 앞에서는 의로운 척 교만했던 위선을 용서하옵소서. 세상의 모든 염려와 슬픔과 부끄러운 욕심을 주님의 십자가에 내려놓습니다. 보혈로 속량하시고 그 크신 능력으로 역사하시사 과거의 죄악은 십자가에 묻고 새 사람이 되게 하옵소서. 말씀으로 거듭나게 하시고 항상 기뻐하는 생활을 하게 하옵소서. 깨끗하고 진실된 마음으로 설 수 있게 하시며 겉사람은 후패하여 가나 속사람은 날마다 강건하여 지게 하옵소서. 예수님의 이름으로 기도드립니다. 아멘.

사죄 선포(사 6:7)

그것을 내 입에 대며 가로되 보라 이것이 네 입에 닿았으니 네 악이 제하여졌고 네 죄가 사하여졌느니라 하더라

그러므로 주 예수 그리스도 안에 있는 자에게는 결코 정죄함이 없느니라

나의 참회

_____
_____
_____
_____

6월 둘째주  **<예배 기도>**

사랑과 은혜로 한 주간을 인도하신 하나님!

그 받은 바 은혜와 베푸신 축복을 감사하여 주님 앞에 나왔사오니, 이 시간 임재하시어서 신령한 은혜로 더하여 주시옵소서. 우리를 불쌍히 여기사 회개하고 통회하는 마음을 주장하시고 그 마음에 믿음을 주셔서 받은 은혜를 기억하며 주신 말씀에 순종하는 삶이 되게 하옵소서. 끊임없는 사탄의 유혹을 이길 힘을 주옵시고 육신의 욕망을 물리칠 용기를 주옵소서.

이 시간에 우리의 입술을 모두어 하나님께 영광을 돌리고자 하오니 기뻐 받아 주시옵소서. 어두웠던 마음을 밝게 하시사 그 마음을 가지고 세상 속에서 빛의 역할을 감당하게 하옵소서.

사랑의 하나님!

이 자리에 머리 숙인 모든 성도들에게 임하셔서 믿음이 약한 심령에게는 강하고 담대한 믿음으로 채워 주시고 생의 목표를 잃고 방황하는 가운데에서 기도하는 심령에게는 하나님의 인도함을 깨닫는 귀한 시간이 되게 하옵소서. 질병 중에 있는 심령을 치료하시고 말씀에 갈급하고 굶주린 심령들에게는 생명의 양식으로 채워 주옵소서.

오늘도 주님의 말씀을 들고 단에 서신 목사님을 성령의 검으로 무장시켜 주셔서 그 입술을 통해 나오는 말씀이 우리의 심령과 골수를 쪼개고도 남을 말씀이 되게 하여 주시옵소서.

예배의 모든 순서 순서 위에 성령님께서 함께 하시며 참여한 모든 심령들이 은혜받고 돌아갈 수 있게 역사하여 주옵소서.

우리 주 예수 그리스도의 이름 받들어 기도드립니다. 아멘.

6월 둘째주  ⟨저녁 찬양 예배 기도⟩

찬송과 영광을 받으실 하나님!

이 거룩한 날, 주의 전에 우리를 모아 주시고 은혜를 기다리며 예배드리게 하시니 감사합니다. 주께서 이 자리에 임재하셔서 우리를 구원하시고 이 시간 한 심령도 그저 왔다 그저 돌아가는 심령들이 없게 하옵소서.

변치 않으시는 사랑의 하나님!

하나님의 변치 않는 약속을 다시금 확신하며 주의 푯대를 향하여 백성으로서 약속된 길을 걷게 하시사 하나님 앞에 설 때에 의의 면류관, 승리의 면류관이 우리의 것이 되게 하옵소서. 항상 주의 뜻을 분별하며 주의 충성스러운 증인들이 되게 하시고 더욱 힘찬 신앙의 걸음을 걷게 하시옵소서.

오늘도 주님의 몸된 교회를 섬기시는 우리 목사님께 크신 은혜를 내리셔서 목숨이 다하는 날까지 오직 주님께만 헌신, 봉사하실 수 있도록 동행하여 주시옵소서. 영육간의 건강 또한 지켜 주시고 그 가정이 화평하게 하옵소서. 특별히 말씀의 검으로 무장시켜 주셔서 목사님의 입술을 꿰뚫고 나오는 말씀이 우리의 심령과 골수를 쪼개고도 남을 능력의 말씀이 되게 하여 주시옵소서.

너그러우신 하나님!

저지른 죄가 많으면서도 회개치 아니하고 성경 읽지 않으며 간구하지 아니하고 성실치 못하여 부지런히 섬기지 못했음을 용서하옵소서. 만물보다 거짓된 우리를 진실하게 하시고 부패한 우리를 새롭게 하옵소서.

예수님의 이름으로 기도드립니다. 아멘.

6월  셋째 주

예배에의 부름(사 58:8하-11)

네 의가 네 앞에 행하고 여호와의 영광이 네 뒤에 호위하리니 네가 부를 때에는 나 여호와가 응답하겠고 네가 부르짖을 때에는 말하기를 내가 여기 있다 하리라 만일 네가 너희 중에서 멍에와 손가락질과 허망한 말을 제하여 버리고 주린 자에게 네 심정을 동하며 괴로와 하는 자의 마음을 만족케 하면 네 빛이 흑암 중에서 발하여 네 어두움이 낮과 같이 될 것이며 나 여호와가 너를 항상 인도하여 마른 곳에서도 네 영혼을 만족케 하며 네 뼈를 견고케 하리니 너는 물 댄 동산 같겠고 물이 끊어지지 아니하는 샘 같을 것이라

    살아서 역사하시는 하나님!
  오늘도 주님의 성소를 찾았습니다. 온전한 기쁨을 갖고 살아야 할 것이로되 육신이 약하고 영혼이 쇠하여 심한 갈증을 느끼며 살아가고 있습니다. 원하옵나니 지난 날 경험했던 모든 고통에서 우리를 풀어 주시옵고 귀한 생명수를 주사 해갈하게 하옵소서
  예수님의 이름으로 기도드립니다. 아멘.

나의 묵상

참회와 공동 기도

회개하는 자를 용서하시는 하나님!

이 시간 우리 모두가 하나님 앞에 용서받기를 원합니다. 우리가 진실한 마음으로 서로간의 잘못과 그릇됨을 용서하오니 우리를 용서하옵소서. 말로 저지른 실언과 손으로 지은 실수와 잘못된 행보와 실족한 삶을 모두 사하여 주시옵소서. 우리 서로가 사랑으로 하나 되게 하시고 말씀과 진리로 날마다 바르게 성장하게 하옵소서. 주님이 부탁하신 전도와 선교에 힘 쓸 수 있도록 성령의 능력으로 덧입혀 주시옵소서. 인내로써 소망을 이뤄가는 거룩한 자녀가 되게 하옵소서.

예수님의 이름으로 기도드립니다. 아멘.

사죄 선포(골 1:13-14)

그가 우리를 흑암의 권세에서 건져내사 그의 사랑의 아들의 나라로 옮기셨으니 그 아들 안에서 우리가 구속 곧 죄사함을 얻었도다

그러므로 주 예수 그리스도 안에 있는 자에게는 결코 정죄함이 없느니라

나의 참회

....
....
....
....

6월 세째주 · 총력 전도 주일  **<예배 기도>**

　사랑의 하나님 아버지!
　우리를 사랑하사 하나님의 자녀로 선택하시고 복된 성일, 주의 전으로 불러주신 은혜를 찬양합니다. 죄인들을 속죄하여 주셔서 감사합니다. 그 결과로 죄와 사망으로부터 해방과 자유를 얻게 된 사실을 찬양합니다.
　이 예배 시간 저희 교회를 통하여 죄인의 마음을 열어 주시고 주님을 찬송하게 하시며, 새롭게 하사 구원을 이루어 주옵소서. 총력 기도, 전도 기간입니다. 전하고 기도하게 하옵소서. 우리의 주위에 있는 모든 사람들에게 더욱 하나님의 영광을 분명하게 보여주는 빛이 되게 하셔서 기도와 전도의 열매가 풍성히 열리게 하옵소서.
　우리 속에 도사린 정욕과 탐욕, 위선과 교만 그리고 나태함과 무관심의 죄악을 도말하여 주옵소서. 우리가 남을 받아들이지 못하고 있거나 용서하지 못하는 비굴함이 없도록 용기로 무장시켜 주옵소서.
　목사님을 통하여 주시는 말씀으로 우리를 은혜와 진리 가운데 인도하옵소서. 또한 예배를 돕는 성가대 위에 성령께서 은혜를 주셔서 저들이 부르는 찬양이 온 성도님들의 심령에 감화 감동되어 기쁨으로 가득 찰 수 있도록 주장하여 주시옵소서.
　하나님 아버지시여!
　우리에게 의에 주리고 목마른 영적 갈증을 주시옵소서. 주님께 항상 구하는 힘을 주옵소서. 또한 구하고 찾는 실천이 항상 따르게 하옵소서.
　예수님의 이름으로 기도드립니다. 아멘

6월 세째주 · 총력 전도 주일  **〈저녁 찬양 예배 기도〉**

우리와 함께 하시는 소망의 하나님!

지금 우리가 거룩한 성전에 모여 겸손히 머리 숙여 기도할 때 우리와 함께 하옵소서. 우리를 성결하게 하여 주시고 은혜를 받을 만한 마음을 조성하여 주시옵소서.

모든 일을 선하게 인도하시는 주여!

우리의 죄악된 마음과 거짓된 심령을 솔직하고 진실하게 하시옵소서. 닫혀진 마음을 역시사 주의 빛으로 환하게 하시고 감추어진 허물과 죄를 끄집어 내시사 용서함 받기를 원합니다. 어지럽고 착잡한 우리의 생각과 의지를 정리하여 주시사 바르고 정돈된 인격을 지니게 하옵소서. 우리의 삶이 주님의 풍부한 생명으로 인도받게 하옵소서. 헤아릴 수 없는 주님의 부요하심이 항상 충만하게 하옵시며 참된 주님의 자녀로서 말씀의 종이 되게 하옵소서.

각 사람에게 이 나라를 아끼는 마음을 더욱 부어 주시사 분단된 조국을 위하여 기도하게 하시사 하나님의 권능으로 통일을 이룩할 수 있게 하옵소서. 열심있는 많은 일꾼들을 키우는 데 앞장서게 하옵소서. 주님의 교회가 부흥되게 하시며 피곤한 영혼들에게 안식을 부여할 수 있게 하옵소서.

주님, 우리의 못다한 일들을 용서하여 주옵소서. 열심있는 성도들로 인하여 이 땅이 젖과 꿀이 흐르는 땅이 되게 하옵소서. 이 땅의 백성을 인도하여 주시옵기를 간절히 기도합니다. 요란한 세상에서 고요하게, 풍파 많은 세상에서 잔잔하게, 죄악 속에서 성결하게, 불의 속에서 의롭게, 거짓 속에서 진실하게, 불신 속에서 신뢰하며 살 수 있는 우리가 되게 하옵소서.

예수님의 이름으로 기도드립니다. 아멘.

6월  **넷째 주**

예배에의 부름(시 138:1-2)

내가 전심으로 주께 감사하며 신들 앞에서 주께 찬양하리이다 내가 주의 성전을 향하여 경배하며 주의 인자하심과 성실하심을 인하여 주의 이름에 감사하오리니 이는 주께서 주의 말씀을 주의 모든 이름 위에 높게 하셨음이라

고마우신 하나님!
지난 일주일을 건강하게 지내게 하시고 믿음 안에서 살게 하심을 감사합니다. 오늘, 거룩한 이날 약속하신 축복을 기다리며 예배드리도록 하나님의 백성과 함께 있게 하심 또한 감사하옵니다.
진리의 성령을 사모하는 각 사람의 심령 위에 채워 주시사 깊은 은혜의 세계로 인도하여 주옵소서. 이 시간도 성령 충만함으로 덧입혀 주옵소서. 온전히 붙들어 주옵소서. 주님의 뜻을 보게 하시고 주의 음성을 듣게 하옵소서. 성령의 열매를 맺게 하옵소서.
예수님의 이름으로 기도드립니다. 아멘.

나의 묵상

참회와 공동 기도

은혜의 하나님 아버지!

이 민족으로 하여금 하나님을 공경하는 백성들로 삼아주옵소서. 사치와 방종으로 교만한 이 땅이 주님의 음성과 채찍 앞에 회개하고 주님 앞으로 돌아오게 하옵소서. 한국 교회를 보혈로 씻어 정결하게 하옵소서. 물량주의와 안일주의에 빠져있는 병든 사회를 위해 회개하며 기도합니다. 다시 한 번 참회하고 통회하는 회개의 운동이 일어나게 하옵소서. 오순절의 성령 운동이 일어나게 하옵시며 성령의 역사하심에 따라 낡은 것은 버리고 살아있는 복음을 전파하게 하옵소서.

예수님의 이름으로 기도드립니다. 아멘.

사죄 선포(롬 5:9)

그러면 이제 우리가 그 피를 인하여 의롭다 하심을 얻었은즉 더욱 그로 말미암아 진노하심에서 구원을 얻을 것이니

그러므로 주 예수 그리스도 안에 있는 자에게는 결코 정죄함이 없느니라

나의 참회

_____
_____
_____
_____

6월 네째주  **<예배 기도>**

주린 자에게 좋은 것으로 배불리시는 하나님 아버지!

우리들이 무엇이관대 이토록 사랑하여 주시며 귀하게 여겨 주셔서 하나님과 교제하게 하시니 감사를 드립니다. 우리를 그대로 버려두지 마시고 주님의 장 중에 붙들어 주셔서 세상을 이길 수 있는 힘과 용기를 더하여 주옵소서.

우리는 순종하지 못함으로 인해서 아무런 체험도 없고 확신에 거하지도 못하곤 합니다. 하나님께서는 오래 참고 기다리시는데 우리는 금방 의심하고 좌절하며 끝내 방황합니다. 우리에게 성숙하고 참된 신앙을 허락하여 주셔서 언제 어디에서나 주님의 십자가 군병들로서 담대히 선한 싸움을 싸워 나갈 수 있게 인도하옵소서. 우리 시대가 주의 손에 달려 있사오니 민족을 긍휼히 여겨 주옵소서. 허리가 잘려져 나간 이 민족의 아픔을 외면치 마시고 주님의 진리의 말씀에 순종함으로 통일을 이루게 하여 주옵소서.

우리 교회를 기억하시고 참되게 부흥 발전할 수 있게 인도하여 주옵소서. 복음의 빛 가운데서 올바로 성장해 나갈 수 있게 하옵소서. 진리의 횃불을 높이 들고 나가며 주님의 사랑을 보여주는 교회가 되게 하옵소서.

이 시간 드리는 예배를 신령과 진정으로 드리오니 주의 영으로 임재하여 주셔서 이끌어 주시고 받아 주옵시며, 우리에게 말씀의 충만한 은혜를 부어 주옵소서. 우리가 마음의 그릇을 비우고 성령의 감동에 따라 진리로 심령을 채우기에 부족함이 없도록 인도하옵소서.

예배의 시종을 주님께 부탁드리오며 우리 구주 예수님의 이름으로 기도드립니다. 아멘.

6월 네째주  <저녁 교사 헌신 예배 기도>

우리를 교사로 불러주셔서 주님의 복음을 가르치는 자들로 삼아주신 하나님 아버지!
 귀한 직분을 주셔서 주님께 헌신하며 주님의 몸을 세울 수 있도록 인도하신 사랑에 찬양과 감사를 드립니다. 이 시간, 우리 교사들을 한 자리에 모아 주셔서 주님의 사업에 동참하는 동역자로서 헌신을 다짐하게 하시니 감사를 드립니다.
 지난 날의 죄악들은 성령의 불로 태워 도말하여 주시고 정결한 마음으로 맡겨주신 직분을 잘 감당하는 귀한 종들이 되게 하옵소서. 우리들이 교사로서 어린이에게 신앙의 모범을 보여주지 못할 때 그 어린이들은 상처받고 낙심에 빠지기 쉬우니 우리가 주님의 십자가만을 붙들고 나아감으로 그들에게 신앙의 본을 보이게 인도하옵소서. 특별히 각 주일 학교를 담당하시는 부장 선생님과 각 교사들의 건강을 지켜 주셔서 지치는 일이 없도록 하시고 맡은 일이 힘들고 어려울 때마다 주님의 십자가의 날개 아래서 쉼을 얻게 하옵소서.
 주님, 우리 교회가 교육에 힘을 써서, 내일에 우리 교회를 어깨에 짊어지고 나갈 2세들을 신앙으로 양육하여 주님의 일꾼으로 성장할 수 있도록 돕는 일에 앞장서게 하옵소서. 먼저 우리 교사들을 믿음으로 덧입혀 주시고 우리들의 심령을 주님의 사랑으로 가득 채워 주셔서, 우리 입술을 통해 나오는 사랑의 말씀으로 어린 심령들이 믿음 안에서 자라며 사랑 안에서 거듭나게 하옵소서.
 이 시간 주님의 말씀을 가지고 단에 서신 목사님께 능력의 전신갑주를 입혀 주셔서 그 말씀으로 우리 심령을 사로잡아 주시사 우리가 교사로서의 직분을 잘 감당할 수 있는 믿음을 새롭게 다짐하는 시간이 되도록 허락하여 주시옵소서.
 예수님의 이름으로 기도드립니다. 아멘.

7월  첫째 주

예배에의 부름(시 98:1-2, 4)

새 노래로 여호와께 찬송하라 대저 기이한 일을 행하사 그 오른손과 거룩한 팔로 자기를 위하여 구원을 베푸셨도다 여호와께서 그 구원을 알게 하시며 그 의를 열방의 목전에 명백히 나타내셨도다 온 땅이여 여호와께 즐거이 소리할지어다 소리를 발하여 즐거이 노래하며 찬송할지어다

고마우신 하나님 아버지여!
우리가 하나님을 아바 아버지라고 부를 수 있는 아들과 딸들이 되게 하여 주심을 감사드립니다. 주실 축복과 기업의 약속을 믿음으로 바라보게 하사 소망 중에 살게 하옵소서. 주신 은혜에 비하면 우리가 드리는 감사가 너무 적습니다. 베풀어 주신 자비와 긍휼에 비하면 우리의 사랑이 너무 모자랍니다. 늘 부족함으로 살아가는 우리를 용서하옵소서.
이 시간 우리의 감사와 찬송을 받으소서. 신실하신 아버지의 은혜와 축복을 기다리오며 예수 그리스도의 이름으로 기도드립니다. 아멘.

나의 묵상

참회와 공동 기도

구원의 하나님!

우리는 거짓과 위선이 가득차고 불의와 모순이 가득찬 세상에 살고 있기에 어디까지가 참이고 어디까지가 선이며, 어디까지가 하나님의 뜻이고 인간의 뜻인지 분간하지 못하는 경우가 허다합니다. 우리의 무지를 긍휼히 여겨 주시옵소서. 우리가 구별할 것을 구별하고 찾아야 할 것을 찾게 하시고 알아야 할 것들을 알게 하셔서 내 소원대로만 살지 않게 하옵소서. 하나님 앞에서 가장 진실한 신앙의 열매를 맺는 축복된 백성이 될 수 있기를 원합니다.

예수님의 이름으로 기도드립니다. 아멘.

사죄 선포(롬 6:22)

이제는 너희가 죄에서 해방되고 하나님께 종이 되어 거룩함에 이르는 열매를 얻었으니 이 마지막은 영생이라

그러므로 주 예수 그리스도 안에 있는 자에게는 결코 정죄함이 없느니라

나의 참회

....

....

....

7월 첫째주 · 교회 설립 기념일  <예배 기도>

교회의 머리가 되시며 각 지체들에게 합당한 일을 맡기심으로써 선을 이루시는 주님!

주님의 귀한 말씀 위에 우리 교회를 이 곳에 세워 주시고 주님의 복음을 등불로 삼아 지역을 밝히는 일에 앞장서게 하시니 감사합니다.

주님의 일에 전폭적으로 헌신하지 못했던 우리들의 모습을 긍휼히 여기사 용서하여 주시고 오늘 이 귀한 예배를 통하여 처음의 믿음으로 돌아갈 수 있는 은혜를 허락하여 주옵소서. 우리 교회가 구원의 방주로서의 사명을 성실히 감당하여 주님의 구원 사역에 동참하게 하시며 영혼 구원의 터전이 되게 하옵소서.

이 시간에 특별히 간구하옵기는 우리 교회가 양적으로, 질적으로 부흥·발전하여 하나님께 영광을 돌리며 믿는 우리의 가슴 속에는 기쁨이 넘치게 하옵소서. 특별히 이 시간 성령의 불길로써 악한 심령을 태우사 정결하게 하시고 성령의 능력으로 우리의 심령을 채우사 새롭게 변화시켜 주시옵소서.

우리 교회의 부흥·발전을 위해 애쓰시며 양떼들을 양육하시기 위해 헌신하는 목사님을 주님께서 친히 붙들어 주시며 크신 상급으로 축복하여 주시옵소서. 삶에 희망을 주는 능력의 시간이 될 줄 믿습니다.

이 예배를 통해서 처음 믿음을 되찾고 다시금 주님을 사모하는 열정으로 불타오르는 놀라운 이적을 베풀어 주옵소서. 아직까지 미참한 성도들의 발걸음을 보호하셔서 함께 은혜를 나눌 수 있도록 인도하여 주시기를 간절히 바랍니다.

교회를 사랑하시는 예수님의 이름으로 기도드립니다. 아멘.

7월 첫째주 · 교회 설립 기념일　<저녁 찬양 예배 기도>

　오 신실하신 하나님!
　주의 영광을 찬양하며 우리가 지난 주간 받은 모든 은혜에 감사하는 마음으로 뜻과 정성을 합하여 신령한 예배를 드리게 하옵소서.
　주님, 주님께서는 우리의 입 속에 송이꿀보다도 더 단 말씀을 넣어 주셨건만 우리의 심령이 더러워져서 이 달콤한 말씀을 삼킬 줄 모르고 내뱉곤 했습니다. 우리의 심령이 죄악된 곳에 빠져 있어서 구원의 길을 밝혀주는 진리의 말씀을 멀리하였습니다. 주님께서 우리들의 심령을 정결하게 하여 말씀의 달콤한 향내를 즐겁게 맡으며 진리의 길을 기꺼이 따르는 믿음의 권속들이 되게 하여 주옵소서.
　특별히, 마음 가운데 믿음의 확신이 없는 성도들에게는 말씀을 통하여 확고한 믿음으로 덧입혀 주시고, 시험과 고난 중에 있는 성도들에게는 어려움을 이겨 나가는 비법을 깨우쳐 주시며, 질병으로 고생하는 성도들에게는 인간의 생사화복을 주관하시고 죽은 자도 능히 살리시는 전능하신 하나님을 영접할 수 있도록 도와주옵소서.
　자비하신 주님!
　비옵기는, 우리의 교만한 마음을 겸손하게 하여 주옵소서. 거짓에 찬 입술을 진실하게 하시고 허영과 다툼으로 행한 생활을 변화시켜 주옵소서. 또한 형제·자매에게 영광과 칭찬을 돌리는 낮은 자의 삶이 되게 하옵소서. 이 시간 주의 영이 냉냉한 우리 마음에 뜨거움을 주시고, 주의 말씀으로 빈 속을 채우시며 주의 위로로 힘을 얻어 하나님의 은혜가 우리의 심령에 충만하게 하옵소서.
　예수님의 이름으로 기도드립니다. 아멘.

7월  둘째주

예배에의 부름(시 143:8, 10)

아침에 나로 주의 인자한 말씀을 듣게 하소서 내가 주를 의뢰함이니이다 나의 다닐 길을 알게 하소서 내가 내 영혼을 주께 받듦이니이다 나를 가르쳐 주의 뜻을 행케 하소서 주의 신이 선하시니 나를 공평한 땅에 인도하소서

소망 가운데 즐거움을 주시는 주님!
 이 거룩한 예배에 임재하시어 우리들의 찬양과 경배를 받아 주시니 무한 감사드립니다. 이 예배를 통하여 몸과 마음이 새로와지는 감격을 주실 줄 믿습니다. 이제 우리들이 생활하는 현장에서 주님의 자녀됨을 나타내면서 살겠습니다. 빛과 소금의 역할을 감당하면서 살겠습니다. '의인은 믿음으로 살리라'고 하셨사오니 믿음으로 살게 하옵소서. 이 시간 천지 만물을 운행하시는 주님을 찬양합니다.
 예수 그리스도의 이름으로 기도드립니다. 아멘.

나의 묵상

_____
_____
_____
_____

참회와 공동 기도

자비하신 하나님!

게으르고 나태한 가운데 주님의 뜻을 이루지 못함을 불쌍히 여겨 주옵소서. 지난 한 주간의 생활은 자랑할 것이 없습니다. 부끄러운 삶의 형편을 용서하여 주옵소서. 믿음없이 살아온 우리의 삶을 고백하며 간절히 주님의 이름 앞에 참회하오니 탕자 같은 우리를 영접하여 주시고 우리를 다시 의롭게 하여 주옵소서. 어리석고 연약하게 살아온 우리들을 성령으로 감싸 주시며 성결하게 하옵소서.

주님 저희의 어디를 보아도 부족하오니 이 모든 허물과 죄에서 우리를 건지시고 자비와 긍휼을 베풀어 주옵소서.

예수님의 이름으로 기도드립니다. 아멘.

사죄 선포(수 1:9하)

마음을 강하게 하고 담대히 하라 두려워 말며 놀라지 말라 네가 어디로 가든지 네 하나님 여호와가 너와 함께 하느니라

그러므로 주 예수 그리스도 안에 있는 자에게는 결코 정죄함이 없느니라

나의 참회

_____

_____

_____

_____

7월 둘째주  <예배 기도>

고마우신 하나님 아버지!

이 거룩한 성일 아침, 우리에게 정성스런 마음을 주시사 이 날을 거룩하게 지키며 주의 전을 사모하여 나아와 예배드리게 하심을 감사합니다. 우리를 향한 하나님의 진실하심을 믿기에 이 시간도 구원의 확신을 갖고 나옵니다. 주의 지켜주심과 도우심을 경험하였기에 감사하는 마음을 주 앞에 드립니다. 주의 선하심과 인자하심이 지극하심을 아옵기에, 우리의 마음과 뜻을 모아 주의 영광을 높이 찬양드립니다.

우리를 용서하시는 아버지여!

아버지 앞에 있는 우리의 양심은 돌아온 탕자와 같사오니 우리의 회개하는 마음과 뉘우치는 음성을 들으사 용서하여 주시옵소서. 이 시간도 세상적인 시험에 들지 않게 주 앞에 나왔사오니 하늘의 만나로 먹여 주시고 주의 평안으로 채워 주시옵소서. 어리석게 범죄하였던 날과 행실들을 기억하지 마시고 사하여 주옵소서. 금년도 남은 반년을 보람있고 의미있게 살 수 있는 믿음과 강한 의지를 주시옵소서.

오늘 우리에게 필요한 말씀으로 채워 주시고 하루라도 온 성도 가운데 서로 사랑으로 따뜻한 교제가 이루어지게 하여 주시옵소서. 충분히 안식하며 주의 기쁘신 뜻대로 살게 하옵소서.

이 시간 주의 영이 우리 마음을 주관하사 신령한 예배를 드리게 하시고 진실한 마음을 주사 진정한 예배를 드리게 하옵소서.

예수님의 이름으로 기도드립니다. 아멘.

7월 둘째주  **<저녁 찬양 예배 기도>**

상한 갈대도 꺾지 아니하시는 하나님!

육신의 생활과 물질 추구의 생활 현장에서 상하고 찢긴 아버지의 자녀들이 하나님의 성전에 모였나이다. 당신의 자녀들을 불쌍히 여기시고 상한 마음들을 싸매어 주사 위로하여 주시옵소서.

꺼져 가는 등불도 끄지 아니하시는 하나님!

패역하고 죄 많은 세상의 속된 환경 속에서 이즈러지고 허약해진 심령들이 거룩하신 당신 앞에 묵묵히 머리 숙여 기도드리오니, 우리의 갈급한 마음을 시원하게 하시고 허약해진 믿음의 심지를 북돋아 주시고 소생시켜 주시사 우리 마음의 잔이 넘쳐 흐르게 하여 주옵소서.

위로와 자비의 하나님!

피곤한 삶에 모처럼 얻은 안식이오니, 우리의 마음을 강건하게 하여 주소서. 분주한 삶 속에서 얻은 귀한 시간이오니, 우리의 심령을 평강하게 하여 주시옵소서. 속화된 세상에서 격리시켜 불러 모아 주신 거룩한 이 자리오니 주여, 우리에게 말씀으로 채워 주시고 성령으로 충만하게 하사 사모하는 은혜와 축복을 가득 부어 주시옵소서.

우리의 찬송을 받으사 영광을 얻으시옵소서. 우리의 회개를 받으시사 용서하여 주옵소서. 우리의 기도를 들으시사 응답하여 주옵소서. 우리의 마음과 뜻과 정성을 드리오니 받아 주시옵소서.

예수 그리스도 이름으로 기도드립니다. 아멘.

7월  셋째 주

예배에의 부름(호 10:12)

너희가 자기를 위하여 의를 심고 긍휼을 거두라 지금이 곧 여호와를 찾을 때니 너희 묵은 땅을 기경하라 마침내 여호와께서 임하사 의를 비처럼 내리시리라

자비하신 하나님 아버지!

감사와 영광을 오직 하나님께 드립니다. 하나님의 사랑으로 예수 그리스도를 보내 주셔서 우리를 죄와 사망에서 구원하여 주심을 감사합니다.

이 시간도 예수 그리스도의 피의 복음으로 구원받아 주님의 발등상 앞에 나왔습니다. 우리의 마음과 몸을 조아리고 주님께 경배드리고자 합니다. 성령님께서 친히 인도하여 주옵소서. 한 사람도 마음이 흐트러지시거나 헛된 예배를 드리는 자가 없게 하옵소서. 성삼위 하나님께서 영광받아 주실줄 믿습니다.

예수님의 이름으로 기도드립니다. 아멘.

나의 묵상

참회와 공동 기도

생명의 주인이 되시는 하나님 아버지!

우리의 무능과 부족함을 회개합니다. 주님을 향하는 이 사랑을 감싸 주옵소서. 주님의 뜻을 저버리고 살아온 지난 날들을 회개하오니 도말하여 주사 오늘의 결단이 우리를 이끌어가는 믿음이 되게 하옵소서. 후회하는 마음들의 허전함을 말씀으로 채워 주시사 주님을 새롭게 영접하는 계기로 삼아 주옵소서.

가정에서 적극적인 말씀의 실천자가 되게 하옵소서. 교회에서 봉사의 순교자가 되는 길을 가겠습니다. 이제 새로운 믿음의 자녀로 소금이 되고 빛이 되는 길을 골라 가렵니다. 주님의 권능의 손을 잡고 일어서기를 원합니다. 붙잡아 주시옵소서.

예수 그리스도의 이름으로 기도드립니다. 아멘.

사죄 선포(눅 21:34)

너희는 스스로 조심하라 그렇지 않으면 방탕함과 술취함과 생활의 염려로 마음이 둔하여지고 뜻밖에 그날이 덫과 같이 너희에게 임하리라

그러므로 주 예수 그리스도 안에 있는 자에게는 결코 정죄함이 없느니라

나의 참회

_____

_____

_____

7월 세째주  <예배 기도>

　무더운 삼복 더위 속에 우리의 건강과 가정의 평강을 지켜 주시는 하나님 아버지!
　감사와 찬송을 올려 드립니다. 지난 이레 동안 우리의 사언행을 주관하사 믿음 안에 살게 하여 주시고, 우리를 보존하사 이 시간 주의 백성들이 함께 하나님께 예배드릴 수 있는 자 된 것을 감사하며 고요히 머리 숙여 은혜를 기다리오니, 말씀으로 훈계하시고 성령으로 새롭게 거듭나게 하시며 삶에 의욕을 갖게 하옵소서.
　용서의 아버지여!
　내 입으로 말한다고 함부로 한 언어 생활을 용서하옵소서. 내 것으로 내가 산다고 하여 이기적으로 살아온 것을 용서하옵소서. 나의 몸은 내 것이라 하여 무절제하고 무질서하게 살아온 것을 용서하옵소서. 남의 일에 간섭하지 않는다 하여 이웃에 무관심하고도 도움의 손길을 펴지 못하고 위하여 기도하지 않은 것을 용서하옵소서. 논밭의 오곡백과가 이 여름을 지내야 수확의 풍성한 가을을 맞이하듯 우리도 이 여름을 참고 지내어 열매맺는 사람이 되고 성숙할 것을 믿습니다.
　주님! 이 여름을 짜증내지 않고 유쾌한 기분으로 살게 하시고 맡겨진 일들을 미루지 않고 열심히 섬기게 하소서.
　치유의 하나님!
　추웠던 겨울을 생각하고 이 무더운 여름을 감사히 여기고 이기며 살게 하옵시고 아팠던 때를 기억하며 이 건강한 때에 부지런히, 열심히 살게 하옵소서. 실패의 경험을 상기하며 오늘의 평강과 형통함을 소중히 여기는 값진 삶을 살아가게 하옵소서.
　예수님의 이름으로 기도드립니다. 아멘.

7월 세째주  **<저녁 찬양 예배 기도>**

　영광과 감사를 받으시기에 합당하신 하나님!
　거룩한 주일, 주의 이름으로 구속받은 선남·선녀들이 아버지의 집에 모여 영광을 돌리옵니다. 지난 일을 생각하면 모든 것이 하나님의 뜻대로 되어졌음을 깨달은 거룩한 백성의 감사를 받아 흠향하여 주시옵소서.
　주님, 이제 우리를 성결하게 하옵시고 우리의 예배가 신령과 진정으로 드려지게 하옵소서. 오늘 우리에게 필요한 말씀으로 채워 주시고 오늘 하루라도 교우 상호간에 따뜻한 교제가 이루어지게 하옵소서. 오늘 하루 충분히 안식하며 주의 기쁘신 뜻대로 살아가게 하옵소서.
　우리를 죄와 사망에서 구원하여 주신 주님!
　주를 믿는다고 하지만 의심하며 회의적으로 살아온 우리들에게 확신을 주시옵소서. 주의 말씀과 계명대로 살지 못한 우리를 이 시간 제사보다 기뻐하시는 순종의 덕으로 채워 주시옵소서. 미련한 지혜와 약한 의지를 고집하며 살아온 우리들을 힘있는 성령으로 능력있게 하시고 강하게 하옵소서. 우리가 하나님을 만날 만한 때에 찾았사오니 지금 오시사 내 마음에 거하시고 우리 가정과 교회에 항상 함께 하시사 임마누엘이 되시옵소서.
　이제 우리의 정성을 모아 드리는 예배가 아버지에게 기쁨이 되고 우리에게 축복이 되게 하옵소서.
　예수님의 이름으로 기도를 드립니다. 아멘.

7월  넷째 주

예배에의 부름(렘 33:2-3)

일을 행하시는 여호와 그것을 지어 성취하는 여호와 그 이름을 여호와라 하는 자가 이같이 이르노라 너는 내게 부르짖으라 내가 네게 응답하겠고 네가 알지 못하는 크고 비밀한 일을 네게 보이리라

우리를 창조하여 주신 하나님!
우리 마음에 하나님의 영을 보내사 이 시간 귀한 성전에 모여 예배드리게 하심을 감사합니다. 창조적인 삶을 살 수 있는 근본이 주님께 있음을 고백합니다. 주님께서 들려주시는 음성을 바로 듣고 그 음성에 순종하는 믿음을 주옵소서. 주님께서 허락하신 삶을 하나님의 소명으로 귀히 여길 줄 아는 진정한 용기를 허락하여 주옵소서.
우리의 예배를 받으시고 영광을 받으시고 우리 모두에게 하늘의 축복과 있어야 할 은혜를 가득히 내려 주시옵소서.
예수님의 이름으로 기도드립니다. 아멘.

나의 묵상

참회와 공동 기도

우리의 모든 생활을 통촉하시는 하나님!

죄 많은 우리를 의롭다 여겨 주신 망극한 자비와 긍휼을 감당치 못하였음을 용서하여 주시고 회개하는 심정으로 돌아온 탕자 같은 우리를 반겨 주시며, 입이 거칠고 마음이 지저분하고 행위가 바르지 못한, 궤도를 벗어난 우리 모두를 용서하옵소서.

이 시간 우리의 영혼을 어루만져 주시사 새롭게 하시고 잘못된 마음을 고쳐 주시옵소서. 수다한 거짓과 숨은 죄악과 저지른 죄들을 용서하시고 사유하여 주시옵소서. 외로운 마음에 위로를, 병든 몸에 건강을, 불안한 마음에 평온을, 불신앙의 심령에 확신을, 메마른 영혼에 단비를, 절망한 가슴에 소망을 안겨 주시옵소서.

예수님의 이름으로 기도드립니다. 아멘.

사죄 선포(벧후 3:9)

주의 약속은 어떤 이의 더디다고 생각하는 것 같이 더딘 것이 아니라 오직 너희를 대하여 오래 참으사 아무도 멸망치 않고 다 회개하기에 이르기를 원하시느니라

그러므로 주 예수 그리스도 안에 있는 자에게는 결코 정죄함이 없느니라

나의 참회

_____

_____

_____

7월 네째 주  <예배 기도>

거룩하신 아버지!

우리에게 자녀의 특권을 주시고 죄없다 용서하시며 의롭다 인정하시는 하나님 아버지의 은혜를 감사합니다.

길을 잃고 헤맨 한 마리의 양처럼 주님의 곁을 떠나 방황하고 다녔으나 십자가의 보혈로 우리를 깨끗하게 하여 주시며 우리들이 지은 모든 죄를 성령의 불로 태워 도말하여 주시옵소서. 다시 한 번 새롭게 하옵소서. 주님의 은혜를 사모하여 갈급한 심령으로 이 제단에 나와 꿇어 엎드려 비는 성도님들에게 한없는 은혜의 축복을 내려 주시옵소서.

이 험한 세상에서 세상 사람들에게 복음을 전할 때 강건한 믿음을 주시사 낙심하지 않게 하시며 어려운 일을 당할 때마다 주님의 십자가를 더 굳세게 붙잡아 조금도 흔들림이 없게 하여 주시옵소서. 주님! 슬픔과 고통 가운데 있는 심령들에게 위로와 평안을 허락하사 더욱더 주님을 사모할 수 있도록 인도하여 주시옵소서.

은혜가 풍성하신 하나님 아버지!

아버지의 은혜 가운데 우리 교회가 날로 부흥·발전하며 성령으로 충만하게 하여 주시옵소서. 기도의 불이 꺼지지 않는, 희락과 화평이 넘쳐나는 주님의 귀한 제단이 되게 하옵소서. 좌절과 낙심에 빠져있는 심령들에게 새로운 희망과 위로를 주는 놀라운 은혜를 허락하여 주시옵소서. 이 예배를 주께서 기쁘게 흠향하여 주시고 홀로 영광받아 주시옵소서.

거룩하신 우리 주 예수 그리스도의 이름으로 기도드립니다. 아멘

7월 네째주  **〈저녁 찬양 예배 기도〉**

평강의 하나님!

지난 한 주간 우리의 영과 육이 평강하게 하여 주심을 감사합니다. 우리의 죄악과 허물을 도말하소서. 지난 한 주간 여러 곳에서, 여러 모양과 복잡한 삶 속에서 저지른 우리의 잘못을 용서하옵소서. 낮고 천한 우리를 아버지의 전으로 모아 주시고 예배드리게 하시니 감사합니다. 높은 데 계셔도 낮은 마음과 겸손한 품성을 가진 자를 찾으시는 하나님이시오니 우리를 불쌍히 여기시고 긍휼히 보시옵소서.

의로우신 하나님!

우리의 불의함을 용서하여 주옵소서. 불의한 우리의 작은 믿음을 의롭게 여겨주심을 감사합니다. 우리에게 큰 믿음을 더하여 주옵소서. 이 시간 우리를 새롭게 하여 주시사 마음도 새롭게 하시고 생활도 날마다 새로와지게 하옵소서.

신령과 진리로 예배하는 자를 찾으시는 하나님!

우리가 영적인 예배를 드리고 진실한 예배를 드릴 수 있도록, 성령으로 인도하시고 마음과 뜻과 정성을 집중시켜 주시옵소서. 이 시간 우리의 마음을 지켜 주시옵소서. 하나님은 거룩하시오니 죄 많고 속된 세상에서 더러워진 우리의 마음과 영혼을 이 시간, 머리 들기 전에 성결하게 하옵소서. 영광과 찬송을 받으시기에 합당하신 하나님께서 우리의 예배를 받으시고 영광을 거두시옵소서. 우리 모든 믿는 자들의 아버지가 되신 하나님께 드리는 이 예배가 축복을 받을 만한 예배가 되게 하옵소서.

예수님의 이름으로 기도드립니다. 아멘.

8월 첫째 주

예배에의 부름(시 134:2-3)

성소를 향하여 너희 손을 들고 여호와를 송축하라 천지를 지으신 여호와께서 시온에서 네게 복을 주실지어다

우리의 중심을 감찰하시는 하나님!

이 시간 예배드리는 우리의 몸과 마음이 한 마음, 한 뜻이 되게 하시고 주께 예배드리기에 합당하게 하옵소서. 우리의 찬송이 주님의 기뻐하시는 바가 되게 하시고 우리의 기도가 하늘 보좌에 들려지게 하옵소서. 이 시간 우리와 함께 하시사 신령과 진리로 예배드릴 수 있게 하옵소서.

예수님의 이름으로 기도드립니다. 아멘.

나의 묵상

_____

_____

_____

참회와 공동 기도

사랑의 하나님!

주님을 믿고 사랑한다고 하면서도 주님의 영광을 위해 살지 못하였던 지난 날을 참회합니다. 하나님 앞에 엎드려 용서를 구하오니 거칠고 메마른 심령 위에 은혜의 단비를 내려 주시옵소서. 주님을 따르는 자들은 자기를 부인하고 제 십자가를 져야 한다는 말씀처럼 우리도 참 제자가 되게 하옵소서. 또한 성령이 우리를 도우사 기쁨으로 말씀을 받게 하시고 말씀에 순종하여 살게 하여 주시옵소서.

믿음과 소망과 사랑이 자라게 하심을 감사드리며 예수 그리스도 이름으로 기도드립니다. 아멘.

사죄 선포(벧전 1:18-19)

너희가 알거니와 너희 조상의 유전한 망령된 행실에서 구속된 것은 은이나 금같이 없어질 것으로 한 것이 아니요 오직 흠없고 점없는 어린양 같은 그리스도의 보배로운 피로 한 것이니라

그러므로 주 예수 그리스도 안에 있는 자에게는 결코 정죄함이 없느니라

나의 참회

_____

_____

_____

_____

8월 첫째주  <예배 기도>

전지 전능하신 하나님 아버지!

감사와 찬송과 영광을 돌리옵니다. 세상에 사는 우리 인생들을 돌보사 구원을 베푸시고 주님의 사랑 아래 보호하여 주시니 감사드립니다.

자비가 풍성하신 사랑의 하나님 아버지!

예수님께서 흘려주신 십자가의 보혈을 의지하옵고 이 시간 머리 숙였사오니 우리의 죄를 용서하여 주옵소서. 진실로 죄를 떠난 삶을 살도록 더욱 노력하며, 하나님이 기뻐하시는 삶을 살아갈 수 있게 하여 주옵소서. 꼭 해야할 일을 이 핑계 저 핑계로 회피한 것을 회개합니다. 우리에게 굳센 믿음을 주셔서 세상의 어떤 유혹과 시험이 몰려와도 넘어지지 아니하도록 붙들어 주옵소서.

예배드리는 귀한 시간, 이 성전이 성령으로 충만하게 하시고 주의 은혜를 새롭게 체험하게 하옵소서. 우리 교회가 물에 빠져 허우적대는 불쌍한 영혼들을 향해 구원의 줄을 내리게 하옵소서.

우리 목사님도 더욱더 강건하게 하옵소서. 날마다 성령의 능력으로 새 힘을 얻어 우리에게 말씀을 주실 때에 우리가 은혜받고 문제 해결도 받게 하옵소서.

우리들은 믿음을 굳게 지키는 자가 되어 주님 오시는 날까지 충성된 일꾼의 사명을 감당하게 하옵소서. 우리 모두가 주님 앞에 설 때에 착하고 충성된 종이라는 칭찬을 들을 수 있게 하옵소서.

이 예배가 하나님께는 영광이요 우리들에게는 은혜의 시간이 되게 하옵소서.

예수님의 이름으로 기도드립니다. 아멘

8월 첫째주  **〈저녁 찬양 예배 기도〉**

삶에 희망을 주시는 하나님!

슬픔을 기쁨으로 변화시켜 주시고 괴로움을 희락으로 변화시켜 주시는 자비하심을 믿습니다. 우리는 우리의 인생을 전폭적으로 주님께 드리지 못하고 이리 갈까 저리 갈까 망설이며 방황하고 있습니다. 나약한 우리를 주님의 장중에 붙들어 주셔서 믿음의 파수꾼이 되게 하옵소서.

내가 곧 길이요 진리요 생명이라고 말씀하신 주님!

아직도 옳은 길과 참 진리와 생명을 알지 못하여 어두운 그늘 속을 헤매며 고통당하는 심령들에게 밝은 빛을 주옵소서. 온 백성들이 죄의 종노릇 하던 것에서 해방되어 기쁘게 주님을 찬양할 수 있도록 은혜를 베풀어 주옵소서.

주님의 참된 터 위에 우리 교회를 세워 주시고 죄 중에 헤매던 우리를 주님의 자녀로 삼아주신 그 깊으신 뜻을 헤아려, 주님을 믿지 않는 사람들에게 날마다 복음을 증거하는 귀한 믿음의 일꾼들이 되게 하옵소서. 먼저 우리의 건강을 지켜 주셔서 달음박질쳐도 곤비치 않게 하시고 생명의 양식으로 우리 심령을 채워 주셔서 시련 속에서도 굴하지 않고 꿋꿋하게 믿음을 지켜나가는 지혜를 주시옵소서.

오늘도 주님의 말씀을 증거하시기 위해 단 위에 서신 우리 목사님께 능력의 전신갑주를 입혀주셔서 그 입술을 통해 나오는 말씀의 검으로 우리의 악한 심령을 쪼개 주시고 성령의 불로써 우리의 더러워진 심령을 태우사 정결하게 하여 주시옵소서. 올 때는 안타깝고 답답한 심정으로 왔지만 돌아갈 때는 기쁨이 충만한 마음으로 돌아갈 수 있도록 주님께서 인도하여 주시옵소서.

우리 구주 예수님의 이름으로 기도드립니다. 아멘.

8월 둘째주

예배에의 부름(시 1:1-3)

복 있는 사람은 악인의 꾀를 좇지 아니하며 죄인의 길에 서지 아니하며 오만한 자의 자리에 앉지 아니하고 오직 여호와의 율법을 즐거워 하여 그 율법을 주야로 묵상하는 자로다 저는 시냇가에 심은 나무가 시절을 좇아 과실을 맺으며 그 잎사귀가 마르지 아니함 같으니 그 행사가 다 형통하리로다

하나님 아버지, 무덥고 짜증나는 어려운 시간을 보냅니다. 주 앞에 예배드리는 가운데 시원하게 하시옵소서. 우리가 이 땅에 살면서 주님으로 인해 복있는 삶을 살게 하시고 날마다 말씀과 성령으로 자라게 하시니 감사합니다. 우리의 봉사가 늘고 사랑과 믿음이 자라고 소망이 자라는 것이 하나님의 뜻임을 고백합니다. 우리들의 삶이 겸손하게 하옵소서.

하늘 양식으로 영육을 강건하게 하시는 하나님 아버지의 은혜를 생각하며 권태롭고 짜증나는 무더운 날씨 속에서도 주님의 은혜를 찬양하게 하옵소서. 우리의 찬송과 영광을 받으시옵소서.

우리 주 예수 그리스도의 이름으로 기도하옵나이다. 아멘.

나의 묵상

참회와 공동 기도

용서의 하나님 아버지!

어버이가 자녀들을 용서하듯이 우리의 부족함을 용서하시니 감사드립니다. 우리에게 새 힘과 지혜를 주시사 옳은 길을 따라 바로 살게 하옵소서. 하나님의 신으로 충만하게 하시사 착하고 진실하고 성실한 그리스도인이 되게 하옵소서. 회개하지 못하는 마음과 중단된 기도, 인색해진 감사의 생활, 그리고 지키지 못한 제자리, 다하지 못한 책임을 이행할 수 있도록 우리 자신을 회복, 소생시켜 주시옵소서. 십자가의 보혈로 속량하시고 그 크신 사랑으로 새롭게 하옵소서.

예수님의 이름으로 기도드립니다. 아멘.

사죄 선포(렘 50:20)

나 여호와가 말하노라 그 날 그 때에는 이스라엘의 죄악을 찾을지라도 없겠고 유다의 죄를 찾을지라도 발견치 못하리니 이는 내가 나의 남긴 자를 사할 것임이니라

그러므로 주 예수 그리스도 안에 있는 자에게는 결코 정죄함이 없느니라

나의 참회

....
....
....
....

8월 둘째주  **<예배 기도 >**

하늘 양식으로 영육을 강건하게 하시는 하나님 아버지!

무더운 날씨 속에서도 주님의 은혜를 생각하며 주님 제단으로 불러 주심을 감사드립니다. 우리는 지난 날 세상 일로 주님을 멀리하며 하나님의 사랑과 은총을 잃어버린 삶을 살았습니다. 우리의 생각이 더럽고 악할 때가 너무나 많았음을 고백합니다. 하루에도 말씀대로 살았는가 가만히 생각해 보면 주님 앞에 너무도 부끄러울 뿐입니다. 이 시간 우리의 예배 가운데 함께 하시사 우리를 용서하시고 우리의 연약한 영혼을 받아 주시옵소서.

우리를 새롭게 하심으로 찬양받으시는 하나님!

이제 주님 앞에 텅빈 인생으로 나왔습니다. 주님만이 우리 삶의 힘이 되심을 고백합니다. 주님만이 인도자 되심을 찬양합니다. 주님이 아니면 소망도, 살 길도 없는 우리임을 고백합니다. 이 시간도 죄를 씻음받고 감사와 감격에 찬 예배를 드리게 하옵소서.

하나님과 우리 사이를 가로막고 있는 모든 죄악을 예수님의 보혈로 소멸시켜 주옵소서. 우리 모든 권속들에게 새로운 은혜를 주시고자 불러 주셨사오니 그 은혜의 잔치에 참여하는 우리 모두가 기쁨으로 하나 되게 하옵소서. 세상 어두움에 떨지 않고 새 힘을 얻어 승리의 길을 가게 하옵소서. 여러 가지 문제를 주 안에서 해결받는 기쁨을 주옵소서.

예배 시간 하늘 문을 넓게 여시사 충만한 주의 능력이 온 영혼을 적시게 하옵소서.

우리 주 예수님의 이름으로 기도드립니다. 아멘.

8월 둘째주  <저녁 찬양 예배 기도>

이 민족을 축복하시고 우리를 지켜 주신 하나님!
지난 한 주간 우리와 함께 하여 주셨음을 감사하오며, 믿음 안에서 말씀대로 생활하도록 인도하시니 감사합니다. 인자하신 음성과 부드러운 손길로 우리를 위로하여 주시옵소서. 우리 모두가 이 시간 하나된 마음으로 예배를 드리게 하시고 한 성령으로 새롭게 되어 진리이신 주의 말씀을 듣게 하옵소서. 말씀을 듣고 그대로 지켜 행하는 지혜를 주옵소서. 이 나라, 이 민족이 살 길은 오직 주님만을 의지하는 것임을 아오니 우리에게 주님을 의지할 수 있는 믿음을 주옵소서.

특별히 이 시간 하나님께 드리는 이 예배가 세상에 사랑을 전하며 이 땅에 의로우신 주님을 증거하겠노라고 다짐하는 결단의 예배가 되게 하옵소서. 이 예배를 통해서 주님이 우리 백성을 귀하게 여기시며 우리 나라를 사랑하신다는 긍지를 우리 마음 속에 심어 주시옵소서. 진정한 애국과 애족은 주님을 믿는 믿음에서 생겨난다는 것을 알게 하옵소서. 이 시간에도 귀한 말씀을 성령의 역사하심에 따라 준비하시고 단 위에 서신 목사님을 당신의 권능의 오른 팔로 붙잡아 주셔서 강퍅한 우리의 마음을 주의 길로 예비할 수 있는 능력의 말씀으로 인쳐 주옵소서.

우리의 죄악을 깨끗하게 도말하시는 주여!
우리의 때묻은 심령을 성령의 힘으로 성결하게 하여 주시고 이그러진 인격을 바르게 하여 주시사 우리의 믿음에 더 큰 믿음을 더하여 주옵소서. 이 시간 우리의 찬송과 감사를 받으시옵소서. 하늘의 뜻을 가르쳐 주시고 삶의 지혜를 더하여 주시옵소서.

지금도 우리 민족과 동행하여 주셔서 우리 민족을 늘 살펴주시는 예수 그리스도의 이름으로 기도드립니다. 아멘.

8월  세째 주

예배에의 부름(시 34:8-9)

너희는 여호와의 선하심을 맛보아 알지어다 그에게 피하는 자는 복이 있도다 너희 성도들아 여호와를 경외하라 저를 경외하는 자에게는 부족함이 없도다

　목마른 백성에서는 물을 주시며 굶주린 백성에게는 만나를 주시는 하나님!
　이 아침 예배를 통하여 하나님의 크신 사랑을 더욱 체험하도록 도와 주옵소서. 우리 마음에 소망을 심어주시고 한 사람 한 사람에게 각기 필요한 말씀을 들려 주시옵소서.
　우리의 귀를 열어 주의 말씀을 듣게 하시며 우리의 마음을 열어 주의 말씀 앞에 결단하게 하여 주시옵소서. 우리의 드리는 예배가 하나님께는 영광이 되고 우리 모두에게는 은혜가 되게 하옵소서.
　예수님의 이름으로 기도드립니다. 아멘.

나의 묵상

참회와 공동 기도

긍휼이 풍성하신 하나님!

이 시간 우리의 모습 이대로 주님 앞에 내어놓습니다. 우리의 삶과 생각이 더럽고 악할 때가 많았습니다. 믿음으로 살기보다는 염려했고 기도하기보다는 근심했습니다. 잎만 무성한 무화과처럼 무엇이 있을 것 같이 보였지만 실속이 없고, 열매가 없었습니다. 주님을 실망시킬 때도 한두 번이 아니었습니다. 지난 날의 잘못을 용서하여 주시옵소서. 지금 이 순간, 진정으로 하나님을 사모하는 시간이 되게 하시옵소서. 우리의 모든 죄악을 예수 그리스도의 보혈로 소멸시켜 주시옵소서.

예수님의 이름으로 기도드립니다. 아멘.

사죄 선포(시 103:8-9)

여호와는 자비로우시며 은혜로우며 노하기를 더디 하시며 인자하심이 풍부하시도다 항상 경책지 아니하시며 노를 영원히 품지 아니하시리로다

그러므로 주 예수 그리스도 안에 있는 자에게는 결코 정죄함이 없느니라

나의 참회

....
....
....
....

8월 세째주  **<예배 기도>**

사랑이 풍성하신 하나님!

진심으로 감사와 영광을 돌립니다. 지난 주간도 우리들을 지켜 주시고 복된 오늘을 주신 것을 감사합니다. 죽어야 마땅할 우리들을 살려 주시고 좌절할 수밖에 없는 상황 가운데서도 산 소망을 주시니 감사합니다. 이 시간 우리들이 드리는 예배가 참으로 하나님의 은혜와 사랑에 감격하여 드리는 기쁨의 산 제사가 되게 하여 주시옵소서.

우리의 지난 날은 너무나도 얼룩져 있었습니다. 세상에 마음이 흔들릴 때도 있었고 속된 것에 마음을 빼앗길 때도 있었습니다. 주님의 기대대로 살지 못했습니다. 하나님이 부여하신 사명에 불충성 했습니다. 땅에 떨어지는 한 알의 밀알이 되지 못했습니다.

믿음의 산 제사를 받으시는 하나님 아버지!

주님만 의지하고 나온 우리들입니다. 십자가의 사랑을 더욱더 깨닫는 시간이 되기를 원합니다. 오늘 이 예배를 통하여 우리의 영혼이 고침받고 소생되며 능력받는 시간이 되게 하옵소서. 그 피가 맘 속에 큰 증거가 되게 하옵소서. 하나님과 교통하는 시간에 되게 하옵소서.

교회의 중심이 되시는 주님!

우리 교회가 반석 위에 세운 집이 되기를 원합니다. 온 성도들이 하나님 중심, 말씀 중심, 교회 중심으로 살게 하옵소서.

새 생명을 허락하신 예수님의 이름으로 기도드립니다. 아멘.

8월 세째주  <저녁 찬양 예배 기도>

방황하던 우리를 불러 자녀로 삼아주신 사랑의 아버지 하나님!
세상에서 죄에 종노릇하던 우리를 자녀로 삼아 주시고 거룩한 주일을 온전히 주께 바쳐 예배드릴 수 있도록 인도하여 주신 주님께 감사를 드립니다.
하나님 나라가 가까운 줄을 알지 못하고 제 뜻대로 살아가는 이 어리석은 죄인들을 용서하여 주시사 때의 임박함을 알게 하시고 늘 깨어 기도하는 믿음도 허락하여 주시옵소서. 본분을 망각하였다면 회개하고 돌이킬 수 있도록 인도하여 주셔서 마지막 날에 심판을 면할 수 있도록 지켜 주시옵소서.
잎사귀를 내고 싹이 나면 여름이 가까운 줄 알라고 하신 주님의 말씀을 명심하여, 이 무더운 여름철에 우리의 심령이 나태해지거나 게을러지지 않도록 주께서 붙들어 주시옵소서. 늘 깨어 기도함으로 주님이 오실 날을 지혜롭게 준비하여 신랑 되신 주님과 함께 혼인 잔치에 들어가는 신부들이 되게 하옵소서.
더위로 인하여 짜증나고 피로하기 쉬운 이 하절기에 주님의 말씀으로 우리 심령을 채우고 싶어서 이렇게 주님 전으로 나왔으니 우리를 주장하시사 해갈을 원하는 심령들에게는 생명수로 채워 주시고 은혜를 사모하는 심령들에게는 은혜의 단비를 부어 주시며 주님의 날개 아래에서 안식을 얻게 하여 주시옵소서.
목사님의 귀한 말씀을 듣고 돌아갈 때는 우리 마음이 가벼워져서 기쁨으로 충만하게 하옵소서. 주께서 예배를 주장하여 주시고 돌아가는 발걸음도 지켜 보호하여 주실 줄 믿사오며 우리 주 예수님의 이름 받들어 기도드립니다. 아멘.

8월  네째 주

예배에의 부름(행 1:8 눅 24:49)

오직 성령이 너희에게 임하시면 너희가 권능을 받고 예루살렘과 온 유대와 사마리아와 땅 끝까지 이르러 내 증인이 되리라 볼지어다 내가 내 아버지의 약속하신 것을 너희에게 보내리니 너희는 위로부터 능력을 입히울 때까지 이 성에 유하라 하시니라

우리의 영을 만족케 하시는 하나님!

모든 감사와 찬송과 영광을 하나님께 돌려 드립니다. 지난 한 주간 육신의 건강, 가정의 평강, 나라의 안보와 교회의 화평을 허락하시고 부흥·성장하게 하여 주심을 감사합니다.

오늘도 보혈의 능력을 힘입고 나왔사오니 주님의 보혈로 우리의 썩어진 영혼이 소생 되게 하시고 하나님의 마음을 기쁘시게 하여 드리는 시간이 되게 하옵소서. 성령님이시여, 우리의 마음에 역사하시옵소서.

예수님의 이름으로 기도드립니다. 아멘.

나의 묵상

참회와 공동 기도

용서의 하나님!

아버지의 눈에 거슬린 우리의 삶을 용서하여 주시옵소서. 아버지의 뜻에 어긋났던 우리의 행위를 용서하여 주시고 아버지의 사랑에 배반된 우리의 우둔하고 어리석은 마음을 용서하옵소서.

이 시간 우리의 얼굴이 주를 향하여 뻔뻔스럽지 않게 하시고 우리의 마음이 주 앞에 교만하지 않게 하옵소서. 회개하고 간구하는 우리의 심령에 거짓이 없게 하시사 신령과 진정으로 향기로운 예배를 드리게 하옵소서.

예수님의 이름으로 기도드립니다. 아멘.

사죄 선포(롬 6:14)

죄가 너희를 주관치 못하리니 이는 너희가 법 아래 있지 아니하고 은혜 아래 있음이니라

그러므로 주 예수 그리스도 안에 있는 자에게는 결코 정죄함이 없느니라

나의 참회

_____

_____

_____

8월 네째주  **<예배 기도>**

찬송을 받으시기에 합당하신 여호와 하나님 아버지!

복된 성일, 주님의 존전에 나와 경배와 찬양과 영광을 돌려드립니다. 세상에 지친 영혼들, 수고와 고생의 짐들은 다 내려 놓습니다. 우리의 죄와 불신앙적인 모든 모습을 회개하오니 부족한 죄인들을 주의 보혈로 씻어 주시고 정결하게 하옵소서.

진정 영·육이 소성할 수 있는 은혜 주시기를 사모합니다. 하나님께 드려지는 산 제물이 되게 하옵소서. 악한 원수 마귀가 우리를 집어 삼키려고 문 앞에 엎드려 틈을 엿보는 이때에 오늘도 주의 진리로 인도하여 주옵시고 마음의 눈을 열어 주의 영광을 보게 하옵소서. 온전히 주를 찾게 하옵소서.

바쁘다는 핑계로 주를 의지하는 생활이 나태하거나 게으르지 아니하도록 늘 우리를 일깨워 주옵소서. 행여나 교만히 행한 것이 있으면 용서하시고 온전한 마음으로 주를 위해 헌신하게 하옵소서.

성삼위 하나님!

예배드리는 시간 시간 세상이 줄 수 없는 신령한 은혜로 우리와 함께 하시옵소서. 위로하시는 성령의 충만한 은총을 허락하여 주옵소서. 참된 안식의 축복을 누리게 하옵소서.

우리 교회가 세상에, 또 우리가 속한 지역에 생명을 주는 교회가 되게 하옵소서. 다시 오실 주님을 기다리며 주를 기쁘시게 하는 교회로 세워 주옵소서. 우리 모든 성도들이 주의 교회를 통하여 축복의 반열에 참여하는 자들이 되게 하옵소서.

오늘도 성령으로 새롭게 하여 주실 줄 믿사오며 우리 주 예수 그리스도의 이름으로 기도드립니다. 아멘.

8월 네째주  <저녁 찬양 예배 기도>

거룩하신 하나님!
택하여 구원을 받게 하사 영생의 축복을 받은 아버지의 거룩한 백성들이 이 거룩한 성전에 모여 신령과 진리로 예배드리고자 하오니, 이제 우리를 성령으로 거룩하게 하옵소서. 지난 날의 우리의 죄를 사하여 주시고 우리의 허물을 가리워 주시사 의의 옷을 입혀, 예배드리기에 합당한 형상으로 거듭나게 하옵소서.

우리 교회를 주 안에서 성장하게 하시사 봉사하게 하시니 감사합니다. 이 시간 성령으로 충만하게 하시고 말씀에 순종하며 교회와 그리스도에 충성하게 하옵소서. 우리 모두가 마음과 뜻을 합하여 자랑스런 교회를 이루고 모범적인 일들을 하게 하사 이 땅 위에 하나님의 나라와 의가 이루어지게 하는 참 그리스도의 교회가 되게 하옵소서.

하나님 아버지, 주님의 부름을 받은 우리 목사님을 늘 말씀으로 무장시켜 주셔서 모든 어려움을 말씀으로 능히 이기게 하시며, 건강을 덧입혀 주셔서 주님을 향해 걸어가도 곤비치 않고 달음박질쳐도 피곤치 않도록 인도하여 주시사 목사님의 길을 주님께서 친히 예비하여 주시옵소서. 우리들이 몸과 마음과 정성을 다하여 주님 앞에 제단을 쌓았사오니 우리들이 드리는 이 제사를 기쁘게 열납하여 주시며 우리들의 심령을 은혜의 생수로 가득 채워 주시옵소서.

주님께서 뜻이 계셔서 우리 교회에 여러 기관들을 세워 주셨사오니 각 기관들이 맡은 바 직분에 충성함으로 주님께 큰 영광을 돌릴 수 있도록 인도하여 주시고 특별히 찬양으로 예배를 돕는 성가대 위에도 주님께서 함께 하여 주셔서 그들의 입술을 통해 나오는 찬양이 하나님께는 영광을 드리고 세상 사람들에게는 평화의 소식을 전하는 신앙 고백이 되게 하옵소서.

예수님의 이름으로 기도드립니다. 아멘.

8월  다섯째주

예배에의 부름(계 4:8하)

거룩하다 거룩하다 거룩하다 주 하나님 곧 전능하신 이여 전에도 계셨고 이제도 계시고 장차 오실 자라

영원토록 거룩하신 하나님!
우리를 사랑하사 믿음으로 구원을 얻게 하시고 택하여 아버지의 자녀가 되게 하시사 이 거룩한 주일 아버지의 집에서 예배드리게 하심을 감사드립니다.
이 시간 우리의 찬송과 감사를 받으시사 영광이 하늘과 땅에 충만하게 하옵소서. 우리가 드리는 예배가 하나님께는 영광이 되고 우리 모두에게는 은혜가 되게 하옵소서.
예수님의 이름으로 기도드립니다. 아멘.

나의 묵상

참회와 공동 기도

의로우신 하나님 아버지!

그리스도인이면서도 세상의 어리석은 자들과 같은 방법으로 살기를 꺼리지 않았고 때로는 세상을 능가하여 수단과 방법을 가리지 않고 나의 이익만을 살핀 죄를 고백하오니 용서하여 주시옵소서. 복음으로 거듭난 후에도 성결의 삶을 살지 못했음을 고백합니다.

이제는 착한 행실과 의로움으로 모든 면에서 하나님의 의를 드러내며 그리스도 안에서 높은 품성을 갖게 하옵소서. 내가 행한 불의를 회개하고 죄악에 물들기 쉬운 마음을 제어하는 용기와 담대함을 허락하여 주옵소서.

예수님의 이름으로 기도드립니다. 아멘.

사죄 선포(시 147:2-3)

여호와께서 예루살렘을 세우시며 이스라엘의 흩어진 자를 모으시며 상심한 자를 고치시며 저희 상처를 싸매시는도다

그러므로 주 예수 그리스도 안에 있는 자에게는 결코 정죄함이 없느니라

나의 참회

_____

_____

_____

8월 다섯째주  <예배 기도>

진리와 생명되신 아버지 하나님!

주님의 은혜와 사랑을 감사드립니다. 거룩한 주님의 날, 하나님의 전에 나와 우리의 마음과 몸을 드리게 하시니 감사드립니다.

주님은 우리들을 위해 십자가의 고통을 받으셨건만 우리들은 앞에 놓인 작은 십자가도 지기 싫어서 피하였던 지난 날들을 참회합니다. 주님의 보혈로 우리의 죄를 정결하게 하시고 일어나 주님을 향해 달려나갈 새로운 용기를 허락하여 주옵소서. 찬송과 기도로 성령의 은혜와 도우심을 간구하는 심령 위에 흡족한 은혜를 베풀어 주옵소서! 하늘 문을 열어 주옵소서!

하나님이 귀하게 들어 쓰시는 담임 목사님의 가정과 심령에 평강이 넘치게 하시고 성령의 권능으로 인도하여 주옵소서. 말씀을 선포하실 때에 말씀이 성령의 검이 되어서 우리의 심령과 골수를 찔러 쪼개고 변화되는 생명의 만남을 허락하여 주시옵소서. 병든 사회, 병든 인간, 상한 심령들이 말씀을 듣는 중에 신유의 역사를 체험하기 원합니다. 에스겔 골짜기의 새 생명의 바람이 불어 이 지역 이 민족의 심령 속에 역사할 줄 믿습니다.

시간 시간 신령과 진정으로 드리는 산 제사가 되게 하시고 지난 날의 허망한 일들을 기억지 말게 하시며 믿음의 심지가 견고하여서 죄를 이기고 세상을 이기며 주의 일에 힘쓰는 사명자가 되게 도와 주시옵소서. 오늘도 구원받은 감격 속에서 믿음으로 시작하고 기도로 시작하고 찬양으로 시작하는 귀한 시간, 복된 시간이 되도록 인도하옵소서.

예수님의 이름으로 기도드립니다. 아멘.

8월 다섯째주  **<저녁 찬양 예배 기도>**

고마우신 하나님!

이 거룩한 성일을 지키어 주의 전을 사모하여 나와 찬양드리게 하심을 감사합니다. 우리를 향한 하나님의 진실하심을 믿기에 이 시간도 구원의 확신을 갖고 나옵니다. 주의 지켜 주심과 도우심을 한 주간도 경험하였기에 감사하는 마음을 주 앞에 드립니다.

주님의 나라는 말에 있지 아니하고 능력에 있다고 하셨사오니 우리 교회가 실제로 주님을 위해서, 세상에 대하여 복음과 진리로 봉사하는 교회가 되게 하시며 불의와 거짓으로 가득찬 세상에 정의와 주님의 사랑을 보여줄 수 있는 교회가 되게 하옵소서.

우리의 심령을 감찰하시는 아버지 하나님!

지난 한 주간 아쉬웠던 경건한 삶을 회복하게 하시고 이 시간 주의 참 제자로 교훈받게 하시며 아버지의 참 자녀로의 온전한 인격이 갖추어지게 하옵소서. 아버지의 신으로 우리의 심령을 채워 주시사 주신 멍에와 십자가를 능히 담당할 수 있게 하시고 맡은 일을 성실히 이행하며 책임을 다하여 이 여름을 알차게 살아갈 수 있는, 흔들리지 않는 인격과 변함없는 믿음을 심어 주시옵소서.

이 시대에 만연된 물질만능주의와 물량주의의 늪에서 헤어나올 수 있게 하시며 인간적인 기준의 그릇된 축복주의에서도 벗어나게 하셔서 하나님께서 주시는 참된 복락과 은혜를 깨닫고 사모하게 하여 주옵소서. 그리하여 우리 교회가 복음의 빛 가운데서 올바로 성장해 나갈 수 있게 하옵소서.

항상 땀 흘리시며 성실히 살아감에 모범이 되신 예수 그리스도의 이름으로 기도드립니다. 아멘.

9월  첫째 주

예배에의 부름(시 23:1-3)

여호와는 나의 목자시니 내가 부족함이 없으리로다 그가 나를 푸른 초장에 누이시며 쉴 만한 물가로 인도하시는도다 내 영혼을 소생시키시고 자기 이름을 위하여 의의 길로 인도하시는도다

사랑의 주님!

우리들에게 주님을 알 수 있는 믿음을 주셨으니 감사드립니다. 이 믿음으로 드리는 우리의 신앙 고백을 받아 주옵소서. 이 시간 우리가 한 마음으로 모여 예배드리게 하시니 영광과 찬양을 주님께 올려 드립니다. 주님의 교회 모든 성도들에게 믿어 믿음에 이르게 하시고, 믿음의 능력으로 살게 하여 주옵소서.

주님의 교회와 성도들을 사랑하시사 이 시대를 분별하여 주님의 영광을 나타내는 복음의 증거자가 되게 하옵소서. 우리의 모습은 약하지만 주의 능력이 우리를 통하여 함께 역사하심을 믿습니다. 기도와 말씀 안에서 순종하는 자세로 감당하게 하옵소서.

예수 그리스도 이름으로 기도드립니다. 아멘!

나의 묵상

참회와 공동 기도

전능하신 하나님!

주께서는 모든 것을 익히 아시오며, 우리의 마음 속까지도 꿰뚫어 보시는 하나님이심을 믿습니다. 우리가 받고 있는 미혹, 방황, 변덕, 마음의 갈등 등을 누구보다도 주께서는 낱낱이 다 알고 계심을 믿습니다.

우리가 믿음에서 떠나 미움으로 가득차 있으며, 맡은 일에 태만하여 절망과 낙심에 잠겨 있을 때마다, 주님은 "네가 어찌하여 여기 있느냐" 하시며 일깨워 주시고 새 힘을 주신 것을 기억하고 감사합니다. 새로 거듭나게 하시며 우리 속에 그리스도의 형상이 이루어지게 하옵소서.

예수님의 이름으로 기도드립니다. 아멘.

사죄 선포(사 1:18)

여호와께서 말씀하시되 오라 우리가 서로 변론하자 너희 죄가 주홍 같을지라도 눈과 같이 희어질 것이요 진홍 같이 붉을지라도 양털같이 되리라

그러므로 주 예수 그리스도 안에 있는 자에게는 결코 정죄함이 없느니라

나의 참회

9월 첫째주  **<예배 기도>**

자비하시고 거룩하신 아버지 하나님, 감사합니다.

이레 중 첫날을 구별하셔서 거룩하고 복된 성일을 맞이하게 하시고 예배하게 하시니 감사합니다. 수고에 지친 몸을 쉬게 하시고 죄로 상한 영혼을 소생하게 하심을 믿습니다.

아버지께서 사랑하는 믿음의 가정들이 주님 앞에 모여 아버지의 이름을 찬송하며 공손히 머리 숙여 예배드립니다. 이 시간 친히 임재하신 하나님께서 이 예배를 기뻐 받으시옵고 신령과 진정으로 드리는 산 제사가 되게 하옵소서. 기쁨의 찬송과 감사의 기도가 쉬지 않고 주님의 축복이 떠나지 않게 하사 주를 기쁘시게 하는 은혜의 교회로 세워 주옵소서.

죄와 허물 가운데 살아온 우리들은 주님의 영광보다는 자기의 영광을 구하기에 급급하였고 주님의 뜻에 순종하기 보다는 자신의 욕심에 복종하였습니다. 주님을 사랑한다고 하면서도 하나님의 나라를 추구하기 보다는 이 세상의 이득을 얻기에 분주했습니다. 이 모든 허물진 생활을 회개하오니 주님의 피로 깨끗이 씻으시고 청결한 마음과 진실한 영으로 새롭게 하옵소서.

특별히 말씀을 통하여 믿음이 자라나게 하시며 전도에 힘써 많은 곡식을 추수하게 하시고 서로 돕고 위하면서 하나님 나라의 백성으로 훈련되게 하옵소서.

항상 말씀을 전하시는 우리 목사님에게 권능과 능력을 주시어 피곤하지 않게 하시고 가정과 건강도 지켜 주셔서 온전히 몸된 교회와 성도들을 위하여 일할 수 있게 하옵소서.

예배의 시작과 끝을 주님께 맡기오며 예수님의 이름으로 기도드립니다. 아멘.

9월 첫째주  **<성가대 헌신 예배 기도>**

우리의 찬송 중에 임하시는 여호와 하나님!

한 뜻과 한 목소리로 구원의 주님께 찬양을 드리옵나이다. 미천한 우리를 불러 주님의 자녀로 삼아 주시고 귀한 달란트를 주사 주님께 봉사할 수 있도록 허락하시니 감사합니다.

특별히 이 시간 성가대원으로 하여금 주님께 헌신하겠노라고 맹세하는 결단 예배를 드릴 수 있도록 허락하여 주신 주님의 한없는 은혜에 감사드립니다. 우리에게 아름다운 목소리를 허락하여 주셔서 주님께 아름다운 찬송을 드릴 수 있도록 인도하여 주신 은혜에 감사드립니다. 우리의 받은 달란트를 헛된 일에 사용하지 않게 하시고 열심히 주님께 충성하는 일에 사용할 수 있도록 도와 주시옵소서.

아직도 주님께서 우리를 성가대원으로 불러 사용하시는 뜻을 알지 못하는 대원들이 있으면 그 심령에게 찾아가셔서 주님의 뜻을 분별할 줄 아는 지혜를 주시옵소서.

성가대의 일을 주관하는 성가대장과 지휘자, 반주자에게도 주님께서 크신 은혜를 베풀어 주시고 건강을 지켜 주셔서 성가대를 이끌어가는 데 조금도 어려움이 없도록 인도하여 주시옵소서. 우리 교회에서 언제나 감사와 찬송이 울려퍼지게 하옵소서.

이 시간 함께 예배드리는 온 성도들의 심령에 주님을 찬양하는 은혜가 가득 채워지게 하시고 주님께 헌신하는 믿음으로 충만하게 하옵소서.

오늘도 우리를 지켜 보호하여 주시고 우리와 동행하여 주시는 우리 구주 예수 그리스도의 이름으로 기도하옵나이다. 아멘.

9월  둘째주

예배에의 부름(사 55:1-2)

너희 목마른 자들아 물로 나아오라 돈 없는 자도 오라 너희는 와서 사 먹되 돈 없이, 값없이 와서 포도주와 젖을 사라 너희가 어찌하여 양식 아닌 것을 위하여 은을 달아 주며 배부르게 못할 것을 위하여 수고하느냐 나를 청종하라 그리하면 너희가 좋은 것을 먹을 것이며 너희 마음이 기름진 것으로 즐거움으로 얻으리라

나의 힘이 되신 여호와 하나님!
　복된 성일, 예배드림을 허락하여 주시는 주님을 찬양합니다. 이 시간 예배드림 속에 함께 하여 주시사 영광받아 주시옵소서. 길 잃은 양 같은 무리를 위하여 목자되어 주심을 감사드립니다.
　교회와 성도들이 주님의 능력과 사랑으로 충만하게 하옵소서. 강한 능력을 더하시사 말씀을 듣는 자마다 회개의 가슴이 열리게 하시옵고, 말씀을 들을 때마다 주의 크신 권능이 나타나게 하여 주옵소서.
　우리 주 예수 그리스도의 이름으로 기도드립니다. 아멘.

나의 묵상

참회와 공동 기도

자비하신 주님!

주님의 말씀을 받아 새롭게 결단하고 세상에 나갔지만 여러 일로 상처받고 흩어진 마음을 가지고 또 다시 주님 앞에 나왔나이다.

상처난 심령을 가지고 나온 죄인을 긍휼히 여겨 주시옵소서. 이 모든 죄악에서 건져 주시옵기를 기도하옵나이다. 십자가의 보혈로 속량하시고 크신 능력으로 새롭게 하여 주시옵소서.

예수님의 이름으로 기도드립니다. 아멘.

사죄 선포(시 91:9-10)

여호와는 나의 피난처시라 하고 지존자로 거처를 삼았으므로 화가 네게 미치지 못하며 재앙이 네 장막에 가까이 오지 못하리니

그러므로 주 예수 그리스도 안에 있는 자에게는 결코 정죄함이 없느니라

나의 참회

_____

_____

_____

_____

9월 둘째주  **<예배 기도>**

지혜의 근원이 되시는 하나님!

황무지와 같은 이곳에 아름다운 복음의 열매가 맺히게 하시니 감사와 찬송을 드립니다. 분주한 세상 소리에 주님의 음성을 듣지 못했고 화려한 세상 환경에 영의 눈이 어두웠습니다. 이 시간 주님께 왔사오니 몸도 마음도 영혼도 씻어 주시옵소서. 지금 드리는 이 예배가 습관과 형식을 벗어나 신령과 정성으로 드리는 영적인 예배가 될 수 있도록 도와 주옵소서. 미련하고 우둔한 우리를 용서의 팔로 안아 주실 줄 믿습니다.

우리에게 십자가의 사랑을 주셨던 주님!

이제는 용서받기 보다는 용서하며 살겠습니다. 남을 탓하기 전에 먼저 스스로의 마음을 정화하게 하옵소서. 이 참회의 기도를 받아 주시고 사죄의 은총을 베풀어 주옵소서. 주님의 말씀을 들을 수 있는 열린 귀를 주옵소서. 사탄의 유혹을 이기고 믿음에 굳게 서게 하옵소서.

우리 목사님을 붙들어 주시사 가는 곳마다 성령의 불길을 일으키시고 이 시대에 주시는 하나님의 음성을 선포하게 하옵소서. 가정에 평강을 허락하시고 저희 교회에 날마다 믿는 무리가 많아지게 하옵소서. 우리의 몸도 마음도 영도 하나 되게 하시고 겸손과 진실로 하나님이 기뻐 받으시는 예배를 드리게 하옵소서.

우리에게 성령의 능력을 주셔서 죄악과 마귀를 이기게 하시고 자신의 혈과 육을 이기게 하옵소서. 성령님이시여, 도와주시옵소서. 영광과 존귀를 우리 주님 홀로 받으시옵소서.

예배의 향기가 보좌에 올라가기를 간절히 소원하오며 예수님의 이름으로 기도드립니다. 아멘.

9월 둘째주  <저녁 찬양 예배 기도>

　공중의 나는 새에게도 깃들 곳을 마련하여 주시고 들의 백합화도 입히시는 자비로우신 하나님 아버지!
　우리를 주님의 자녀로 삼아 주셔서 주님을 경외할 수 있도록 인도하여 주시니 감사합니다. 우리들에게 세상에서 찢긴 심령의 위로를 받을 수 있도록 은혜를 베풀어 주시니 진정 감사드립니다. 우리 모두 주님의 은혜와 사랑을 나누고 베푸는 귀한 믿음의 권속들이 되게 하여 주옵소서.
　주님, 이렇게 천고마비의 계절을 맞아 그동안 나태하고 게을렀던 심령들에게 다시금 강건한 믿음을 허락하여 주시옵소서. 특별히 이 시간 간구하옵기는 온 가족이 하나님을 모르는 가운데 혼자서만 신앙 생활을 하는 성도들이 있사오니, 그들의 간구하는 소리를 들으시사 그 가정에 구원의 은총을 허락하여 주옵소서.
　우리 주변에는 주님이 주시는 평안을 맛보지 못하고 사단의 유혹에 빠져서 허우적거리는 가련한 인생들이 많이 있습니다. 그들을 사망의 음침한 골짜기에서 생명의 길로 인도하여 주시며 주님 안에 거할 수 있도록 인도하여 주셔서 세상 모든 사람들이 다 주님의 전에 올라와 한 목소리로 주님께 찬양하게 하옵소서.
　주님, 오늘도 주님의 몸된 교회를 섬기랴 주님이 맡겨주신 양떼를 먹이시랴 동분서주하시는 우리 목사님을 주님의 장 중에 붙들어 주셔서 늘 피곤하지 않게 하옵소서.
　우리들이 드리는 이 예배를 주께서 기쁘게 받아주시며 우리의 심령을 한없는 은혜로 채워 주시기만을 간절히 빌고 원하오며 우리 주 예수 그리스도의 이름으로 간절히 기도드립니다. 아멘.

9월  세째주

예배에의 부름(벧전 2:9)

오직 너희는 택하신 족속이요 왕 같은 제사장들이요 거룩한 나라요 그의 소유된 백성이니 이는 너희를 어두운 데서 불러 내어 그의 기이한 빛에 들어가게 하신 아름다운 덕을 선전하게 하려 하심이라.

거룩하신 하나님!
우리를 거룩하게 하사 거룩한 백성 중에 거하게 하시고 거룩한 성전에서 예배드리게 하심을 감사합니다. 우리를 왕 같은 제사장으로 세워 주시고 주님 앞에 나올 수 있는 자격과 특권을 주신 것을 감사드립니다.
우리가 이 시간 영광을 하나님께 돌리오며 지난 날의 받은 모든 은혜를 감사하오니 이 시간도 새롭게 되기를 원합니다. 주께 우리의 몸과 마음과 뜻과 정성을 다해 예배드리오니 받으시옵소서. 영광 중에 임재하시사 우리 각 사람을 만나 주옵소서. 오늘 우리들의 예배에 성령의 연합이 일어나고 주의 사랑으로 서로 사랑함이 있게 하옵소서. 더욱 주께 영광이 되게 하옵소서.
예수님의 이름으로 기도드립니다. 아멘.

나의 묵상

참회와 공동 기도

우리를 지으시고 통촉하시는 하나님!
　삶의 현장에서 저지른 모든 잘못을 용서하옵소서. 거짓이 많은 세태 속에서 진리의 허리띠를 든든히 매지 못하였으며 불의한 세상에서 그 나라와 그 의를 구하지 못하였습니다. 불신이 팽배한 세상에서 신실한 언행으로 일관하지 못한 우리의 삶을 용서하옵소서. 성령의 불로 우리의 원치 않는 죄성과 정욕과 숨은 악을 태우시사 그리스도의 보혈로 깨끗하게 하옵소서.
　예수님의 이름으로 기도드립니다. 아멘.

사죄 선포(렘 32:38-41)

그들은 내 백성이 되겠고 나는 그들의 하나님이 될 것이며 내가 그들에게 한 마음과 한 도를 주어 자기들과 자기 후손의 복을 위하여 항상 나를 경외하고 내가 그들에게 복을 주기 위하여 그들을 떠나지 아니하리라 하는 영영한 언약을 그들에게 세우고 나를 경외함을 그들의 마음에 두어 나를 떠나지 않게 하고 내가 기쁨으로 그들에게 복을 주되 정녕히 나의 마음과 정신을 다하여 그들을 이 땅에 심으리라

　그러므로 주 예수 그리스도 안에 있는 자에게는 결코 정죄함이 없느니라

나의 참회

_____
_____
_____

9월 셋째주  <예배 기도>

전능하신 하나님 아버지!
이 작은 무리가 주님의 성전에 모여서, 우리의 마음과 정성을 다하여 하나님 아버지께 찬양과 기도로 감사와 예배를 드리오니 기쁨으로 받아 주시옵소서.
우리가 주님의 지체로서, 주님의 몸된 교회를 위하여 마땅히 해야 할 일을 다 하지 못하였음과 열심으로 섬기는 일을 다 하지 못하였음과 의롭게 살지를 못하였음을 참회하오니 우리를 긍휼히 여겨 주시옵고 용서하여 주시옵소서. 우리의 소망을 날로 새롭게 하여 주시사 아버지를 기쁘시게 하는 삶이 되어서 우리를 대하는 사람마다 아버지의 사랑을 맛보게 하옵소서.
교회 안에 있는 기관 기관에 복을 내려 주시사 하는 일마다 아버지께 영광을 돌리게 하여 주시옵고 일하는 모든 사람들에게 만복을 내려 주시사 아버지의 뜻하심과 크신 경륜을 체험하게 하여 주시옵소서.
오늘 강단에 서서 우리에게 말씀을 전하시는 목사님에게 권능과 지혜로 함께 하셔서, 그 하시는 말씀으로 우리를 깨치며 우리에게 은혜와 기쁨과 소망을 가지게 하여 주시옵소서. 목사님에게 아버지께서 내려 주시는 은혜에 은혜를 더 하여 주시고 그 가정에 만복을 내려 주시옵소서.
우리가 정성을 모두어 한 마음으로 드리는 이 기도를 기쁨으로 받아 주시기를 우리 주 예수 그리스도의 이름으로 간절히 기도드립니다. 아멘.

9월 세째주 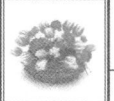 <학생회 헌신 예배 기도>

　우리를 사랑하시사 주님의 자녀로 삼아주시고 주님을 경외하는 지식을 주신 하나님 아버지!
　어리석은 자로 지혜롭게 하시고 약한 자로 강하게 하시며 우둔한 자로 총명하게 하시어 진리에 거할 수 있도록 인도하여 주심을 감사드립니다. 특히 이 시간, 우리 학생들이 주님 앞에 나와서 헌신 예배를 드릴 수 있도록 허락하여 주시니 더욱 감사합니다.
　주님, 주께서는 자신의 목숨을 버려 우리를 자녀로 삼아주시기까지 사랑하여 주셨지만, 우리는 그 값없이 주시는 사랑을 깨닫지 못하고 불평하며, 제멋대로 살면서 주님을 원망하곤 하였나이다. 완악한 우리의 심령을 부드럽게 변화시켜 주시고 하나님 중심적인 삶으로 바꾸어 주시옵소서.
　우리는 혈기에 휩싸여 부모님이나 교회 어른들의 교훈 듣기를 거절하고 교만하게 제멋대로 살아가곤 하였습니다. 우리 맘대로 되지 않을 때 부모님에게 반항하며 주님을 미워하곤 하였습니다. 우리들에게 겸손한 마음을 허락하옵소서. 주님의 진리의 말씀을 앞세우는 믿음을 덧입혀 주시고 십자가의 군병이 되어 싸우는 선한 전사로서의 사명을 잘 감당하게 하옵소서. 세상적인 유혹에 빠지지 않는 지혜로운 자가 되어 겸손히 주님의 뜻에 따르는 귀한 주님의 자녀가 되게 하옵소서.
　우리가 목사님의 말씀을 듣고 오묘한 진리의 말씀을 깨달아 그 말씀에 순종하면서 살아가는 현명한 학생들이 되게 하시며, 특별히 이 헌신 예배를 드림으로 우리 심령이 새롭게 거듭나서 죽도록 주님께 충성하기로 결단하게 하여 주옵소서.
　예배의 시종을 주님께 맡기며 예수 그리스도의 이름으로 간절히 기도드립니다. 아멘.

9월  네째주

예배에의 부름(시 136:1, 8-9)

여호와께 감사하라 그는 선하시며 그 인자하심이 영원함이로다 해로 낮을 주관케 하신 이에게 감사하라 그 인자하심이 영원함이로다 달과 별들로 밤을 주관케 하신 이에게 감사하라 그 인자하심이 영원함이로다

    거룩하고 복된 성일을 허락하신 하나님!
    아름답고 좋은 절기를 주심에 감사드립니다. 이 나라 산천이 단풍으로 물들어가고 곡식이 영글어가는 가운데 기쁨의 예배를 드리게 하시니 감사합니다. 하나님의 은혜로 이 모든 일이 이루어진 것을 감사하는 우리 백성들이 되게 하옵소서.
    이제 임하셔서 풍성하게 하옵소서. 가정 가정마다 심령 심령마다 수님의 사랑에 삼겨하면서 늘 충성하며 살게 하옵소서.
    예수님의 이름으로 기도드립니다. 아멘.

나의 묵상

_____
_____
_____
_____

참회와 공동 기도

은혜의 하나님!

만신창이가 된 육과 영이 주님 앞에 엎드렸습니다. 이 시간 심령을 감싸고 있는 죄악의 허물을 십자가의 보혈로 씻어 주옵소서. 주홍처럼 붉은 죄악의 찌꺼기가 많으면서도 진정 참회하지 못하였습니다. 오늘 새로운 하늘 능력의 두루마기를 입혀주옵소서. 기도와 찬송의 옷을, 감사의 옷을 입겠습니다. 이런 옷들이 우리를 보호하는 전신갑주가 됨을 고백합니다. 없어지지 않고 우리를 괴롭히는 악의 뿌리를 오늘 이 시간 송두리째 뽑아 버리고 생명의 말씀에 심령이 뿌리내리는 기적을 베풀어 주옵소서.

우리 주 예수 그리스도의 이름으로 기도드립니다. 아멘.

사죄 선포(시 24:3-5)

여호와의 산에 오를 자 누구며 그 거룩한 곳에 설 자가 누군고 곧 손이 깨끗하며 마음이 청결하며 뜻을 허탄한 데 두지 아니하며 거짓 맹세치 아니하는 자로다 저는 여호와께 복을 받고 구원의 하나님께 의를 얻으리니

그러므로 주 예수 그리스도 안에 있는 자에게는 결코 정죄함이 없느니라

나의 참회

9월 네째주  <예배 기도>

우리에게 풍성한 복으로 채워 주시기를 원하시는 주님!
복된 주일 하나님을 사랑하며 하나님께 영광 돌리기를 원하옵나이다. 모든 존귀와 영광을 받아 주옵소서. 베풀어 주신 사랑과 은총을 진심으로 감사드립니다. 이 시간도 한없는 은혜와 축복의 시간이 되기를 원하옵나이다.

사랑의 하나님!
십자가를 믿는다 하면서도 십자가와는 상관없이 행했으며 우리를 향한 주님의 기대에 너무나도 어긋난 삶을 살았음을 회개합니다. 원수 마귀 사단이 우는 사자와 같이 돌아 다니는 마지막 때입니다. 세상이 악한 것이 문제가 아니라 우리가 믿음이 없는 것이 문제입니다. 세상을 본받아 이 세대에 휩쓸리지 않게 하옵소서.

믿는 자의 힘과 능력이 되시는 하나님 아버지시여!
우리의 기도가 하나님께 상달되게 하시며 말씀을 받는 순간 주님을 만나는 신령한 체험이 있게 하옵소서. 하나님의 자녀답게 살지 못한 부분들을 용서하여 주시고 긍휼하심으로 붙들어 주시사 믿음과 사랑으로 승리하게 하옵소서.

이 시간 우리가 드리는 예배에 주의 영이 임재하여 주시고 성령의 감동 감화가 있게 하옵소서. 주님을 위해 죽도록 충성할 각오와 다짐이 있는 예배가 되기를 원합니다. 우리 모두가 숨은 기도꾼이 되고 봉사와 헌신으로 교회의 기둥감이 되게 하옵소서.

이 예배의 감격과 감사가 한 주간을 승리로 이끌게 하옵소서.
예수님의 이름으로 간구하옵나이다. 아멘.

9월 네째주  **<저녁 부흥회 기도>**

전능하신 주님!

말씀을 애타게 갈급하는 심령들을 위해서 말씀의 잔치를 풍성히 베풀어 주시니 감사합니다. 이번 성회를 통하여 우리들의 심령이 새로와져서 지난 날의 온갖 더러운 마음을 벗어 버리고 깨끗함으로 충만하게 하여 주시옵소서. 오순절 다락방에 임하신 성령께서 이곳에도 임재하여 주시사 한 심령도 빈 마음으로 돌아가지 않게 하여 주시옵소서.

이 성회를 위해 오래 전부터 기도로 준비하셨던 우리 목사님을 주님의 날개 아래 거하게 하시어 쉼을 얻게 하시고 이 시간 단 위에 세워주신 강사 목사님께도 주님의 능력의 팔로 붙들어 주시옵소서. 이 귀한 성회 기간 중에 강사 목사님의 영육간 건강을 지켜 주셔서 피곤하지 않게 하여 주시며 그 입술을 통해 나오는 주님의 귀한 말씀으로 우리의 메마른 심령들에 사랑이 넘치게 하여 주시옵소서.

이번 성회를 통하여 주님을 알지 못하던 심령들이 주님을 깨달아 알고 구원을 얻는 놀라운 이적이 일어나게 하여 주시옵소서. 우리 성도님들이 주 앞에 헌신하기로 결단하는 시간이 되게 하시며 나태해져 있던 심령들이 새로와지게 하여 주옵소서. 악한 마귀가 틈타지 않도록 성령께서 지켜 보호하여 주시고 우리의 심령을 주님의 귀하신 말씀으로 덧입혀 주시옵소서.

늘 우리와 동행하여 주셔서 새로운 은혜로 채워 주시는 우리 주 예수 그리스도 이름으로 간절히 기도드립니다. 아멘.

10월  첫째주

예배에의 부름(시 121:1-8)

내가 산을 향하여 눈을 들리라 나의 도움이 어디서 올꼬 나의 도움이 천지를 지으신 여호와에게서로다 여호와께서 너로 실족지 않게 하시며 너를 지키시는 자가 졸지 아니하시리로다 이스라엘을 지키시는 자는 졸지도 아니하고 주무시지도 아니하시로다 여호와는 너를 지키시는 자라 여호와께서 네 우편에서 네 그늘이 되시나니 낮의 해가 너를 상치 아니하며 밤의 달도 너를 해치 아니하리로다 여호와께서 너를 지켜 모든 환난을 면케 하시며 또 네 영혼을 지키시리로다 여호와께서 너의 출입을 지금부터 영원까지 지키시리로다

아름답고 좋은 절기를 주신 하나님!
이 나라 산천에 단풍이 물들고 곡식이 영글어 기쁨의 예배를 드리게 됨을 감사합니다. 한 해 동안 받은 은혜에 감사하여 예물을 들고 나와 경배를 드립니다. 우리의 가정들도 주님의 사랑에 감격하면서 늘 충성하며 살게 하옵소서. 이 예배를 성삼위 하나님께서 기뻐 받으시고 주관하여 주옵소서.
예수님의 이름으로 기도드립니다. 아멘.

나의 묵상

참회와 공동 기도

하늘에 계신 하나님!

당신을 마음과 뜻과 힘을 다하여 사랑하지 못하였고 형제간에도 서로를 사랑하지 못했나이다. 우리의 모든 행한 바를 용서하여 주옵시고 변화시키사 우리가 마땅히 되어야 할 인간으로 성령께서 빚어 주시옵소서. 그리하여 연약한 자들의 약점을 담당하게 하시고 보호하게 하옵소서. 주의 말씀하시는 훈계를 듣게 하시고 믿는 믿음을 주시어서 기도의 소망을 갖게 하여 주시옵소서. 오직 여호와를 기뻐하며 즐거워하는 신앙을 주시옵소서.

예수님의 이름으로 기도드립니다. 아멘.

사죄 선포(엡 2:3-5)

전에는 우리도 다 그 가운데서 우리 육체의 욕심을 따라 지내며 육체와 마음의 원하는 것을 하여 다른 이들과 같이 본질상 진노의 자녀이었더니 긍휼에 풍성하신 하나님이 우리를 사랑하신 그 큰 사랑을 인하여 허물로 죽은 우리를 그리스도와 함께 살리셨고 너희가 은혜로 구원을 얻은 것이라

그러므로 주 예수 그리스도 안에 있는 자에게는 결코 정죄함이 없느니라

나의 참회

10월 첫째주  **<예배 기도>**

지금도 살아계셔서 온 인류를 주관하시는 하나님 아버지!
주님의 은혜와 사랑을 감사드리며, 영광을 돌립니다. 지난 한주일 동안에도 세상에 살면서 주님을 기쁘시게 하지 못하고 우리들의 육신을 위하여 이기적인 욕망과 많은 죄악 가운데서 살아왔음을 고백합니다. 이 시간 우리들의 회개를 들어주시고 용서하여 주옵소서. 오늘도 갈급한 심령으로 나왔사오니 주께서 우리들의 기도에 응답하여 주시옵소서.
먼저 하나님의 말씀대로 살아가는 믿음을 허락하시고 삶 전체를 통하여 주님의 영광을 드러내는 믿음을 허락하여 주시옵소서. 특별히 전도의 달을 맞이하여서 주님의 말씀을 증거하고 있습니다. 나태하거나 잠자는 성도가 없게 하시고 주님의 명령에 순종하여 열매 맺게 하옵소서. 친히 우리 교회의 머릿돌이 되셔서 지켜 주시고 주님의 사랑과 진리와 은혜가 가득찬 교회가 되게 하옵소서. 날로 부흥·발전하게 하옵소서.
좋은 성전을 허락하신 하나님 아버지!
앞으로도 성전 건축이 잘 되어지도록 모든 곳에 함께 하여 주시고 오늘 드리는 우리들의 기도가 주님께서 기뻐 받으시는 산 제사가 되게 하여 주옵소서. 말씀을 증거하실 귀한 목사님에게 함께 하셔서 예배를 인도하실 때마다 새 힘을 주시고 성령의 능력으로 채워 주옵소서. 내조하시는 사모님께도 더욱 건강을 주시고 성도들을 위해서 기도하실 때 응답하여 주옵소서.
교회의 청지기와 성도들에게 크신 은혜를 내리셔서 교회와 목사님을 받들어 섬기는 데 부족함이 없게 도와 주시옵소서.
예수님의 이름으로 기도드립니다. 아멘.

10월 첫째주  **<저녁 찬양 예배 기도>**

고마우신 하나님!
우리가 이 시간 여기 있음은 하나님의 은혜임을 알고 감사드립니다. 우리의 작은 양심으로도 우리의 잘못과 저지른 죄를 알고 회개하오니 우리의 기도를 들어 주시옵소서. 불꽃 같은 눈으로 우리 마음의 생각과 언행을 살피시는 아버지께서 이제 불 같은 성령으로 우리에게 있는 죄악을 태워 주시고 물로 씻어 깨끗하게 하여 주시옵소서. 우리가 성결하게 되기를 원합니다.

인간의 생사화복을 주관하시는 하나님!
유수 같은 세월의 흐름, 쏜살같이 빠른 시간을 다시 실감하며 한 일 없이 지난 날들, 직분대로 봉사하지 못한 게으름, 성장없이 보낸 나날들을 뉘우칩니다. 새로운 삶의 지혜와 활력있는 능력을 기다리오니, 우리를 긍휼히 여기사 새롭게 하여 주옵소서.

찬양을 받으시기 원하시는 주님!
만물보다 거짓되고 미물보다 부패한 우리를 통해 찬양과 예배를 받으시기 원하시오니 이 시간 우리의 입술과 마음을 정하게 하시고 감사의 노래와 감격에 찬 찬송으로 영광을 돌리게 하옵소서. 우리 마음의 감사를 받으시고, 우리의 신령한 귀를 열어 주시사 진리의 말씀을 듣게 하옵소서. 마음을 비워 겸손하게 하시사 은혜를 받아 간직할 수 있게 하옵소서.

예수님의 이름으로 드립니다. 아멘.

10월  둘째 주

예배에의 부름(시 113:1-4)

할렐루야 여호와의 종들아 찬양하라 여호와의 이름을 찬양하라 이제부터 영원까지 여호와의 이름을 찬송할지로다 해 돋는 데서부터 해 지는 데까지 여호와의 이름이 찬양을 받으시리로다 여호와는 모든 나라 위에 높으시며 그 영광은 하늘 위에 높으시도다

거룩하신 하나님 아버지!

오늘도 하나님을 사랑하며 하나님께 영광 돌리기를 원하옵니다. 하나님의 자녀들이 지난 날의 사랑과 은총에 감사하며 예배를 드리옵니다. 이 시간 드리는 우리의 몸과 마음, 물질 모두가 하나님께 영광을 돌리고, 우리들에게는 한없는 은혜와 축복의 시간이 되게 하시기를 원하옵니다. 우리의 기도가 하나님께 상달되게 하시며, 말씀을 받는 순간 주님을 만나는 신령한 체험이 있게 하옵소서.

하나님의 자녀답게 살지 못한 지난 날을 용서하여 주시고 긍휼로 우리들을 붙들어 주시사 믿음의 사람으로 승리하게 하옵소서.

예수님의 이름으로 기도드립니다. 아멘.

나의 묵상

참회와 공동기도

자비하신 하나님!

이 시간 죄인들이 주님 앞에 나왔습니다. 지난 주간의 우리의 삶을 생각해 볼 때 너무나 부족한 부분이 많았습니다. 하나님의 기대에 어긋나게 행동하며 순종하지 못한 삶이었습니다. 세속의 물결에, 환경의 지배에, 육신의 생각에, 사로잡힐 때도 많았고, 무능한 삶을 살 때도 많았습니다. 교회를 부흥시키지 못한 죄 또한 용서하여 주시옵소서. 오순절에 임했던 성령의 바람, 성령의 불길, 성령의 능력이 이 시간, 우리에게도 불어 주셔서 힘있는 신앙 생활을 할 수 있도록 하여 주시옵소서.

예수님의 이름으로 기도드립니다. 아멘.

사죄 선포(사 44:22)

내가 네 허물을 빽빽한 구름의 사라짐 같이 네 죄를 안개의 사라짐 같이 도말하였으니 너는 내게로 돌아오라 내가 너를 구속하였음이니라

그러므로 주 예수 그리스도 안에 있는 자에게는 결코 정죄함이 없느니라

나의 참회

_____

_____

_____

_____

10월 둘째주  **<예배 기도>**

거룩하신 하나님 아버지!

존귀하신 하나님의 이름을 찬양합니다. 복 주시기로 약속하신 성일에 주님의 전에서 주님의 은혜를 사모하며 찬양과 영광을 돌리게 하시니 감사합니다.

우리를 부르시는 주여!

한 주간을 길 잃은 양같이 살아온 우리들입니다. 삶의 현장에서 저지른 모든 잘못을 용서하옵소서. 신실한 믿음으로 행하지 못한 우리의 말과 행동을 불쌍히 여기시고 자비와 긍휼을 베풀어 주옵소서. 그리스도의 보혈로 더러워진 마음과 생각을 깨끗이 씻어 주옵소서. 예배드리는 이 시간, 우리의 마음 문을 엽니다. 무거운 마음을 가볍게 하시고 어두운 심령을 주의 성령으로 밝혀 주옵소서. 주시는 말씀으로 무장하기를 원합니다. 성령으로 충만하게 하시사 그리스도를 닮아가게 하옵소서, 우리의 심령이 새로운 힘과 지혜와 권능을 얻게 하여 주시옵소서.

교회를 통하여 역사하시는 주님!

이 지역을 복음화하고 주님을 기쁘시게 하기 위하여 우리 교회를 이 땅에 세우셨으니 우리 교회가 진리의 파수꾼이요 사회의 소금과 빛의 역할을 다 할 수 있도록 부흥 성장하게 하옵소서. 이 가을에는 모두가 성숙하게 하옵소서. 처음 가졌던 믿음을 되찾게 하시고 처음 가졌던 사랑이 되살아나게 하시며, 처음 결심을 재다짐하게 하옵소서.

변함이 없으신 주님의 사랑에 감사드리며 예수 그리스도 이름으로 기도드립니다. 아멘.

10월 둘째주  **<저녁 찬양 예배 기도>**

성령의 충만함을 원하시는 하나님!

우리 마음에 성령으로 말미암아 하나님의 사랑이 부은 바 됨을 감사드립니다. 이 밤에 우리가 찬송과 영광과 존귀를 하나님께 드리려고 이 거룩한 자리에 모였습니다. 이 땅에 하나님의 교회가 세워질 때 내려 주셨던 성령을 지금 이 시간 우리에게도 충만하게 부어 주시고 우리를 성결하게 하옵소서. 예배드리기에 합당한 심령이 되게 하옵소서.

거룩하신 주의 성령께서 속된 우리를 성결하게 하여 주시사 의로우신 주께서 불의한 우리를 의롭게 여겨 주시고, 지혜로우신 주께서 어리석은 우리를 인도하시고, 목자되신 주님께서 길 잃은 양 같은 우리를 찾아 주시옵소서. 지금도 자비로운 품에 품어 주심을 감사합니다. 이 밤에 주의 영이 우리 마음을 주관하시사 신령한 예배를 드리게 하시고 영적 찬양이 울려 퍼지는 밤이 되게 하옵소서.

은혜로우신 주님!

시간 시간 지혜로운 성령으로 우리를 일깨워 주시고 능력있는 성령으로 우리를 권능있게 하여 주시며 냉냉했던 우리 마음을 뜨거운 성령의 열기로 가득 차게 하여 주시옵소서. 탄식하시는 성령의 도움으로 우리 모두가 기도의 제목을 찾게 하시사 우리의 삶이 온전히 성령의 인도하심과 위로와 능력에 이끌리게 하옵소서.

우리가 성령 안에서 기도하고 찬송하며 말씀으로 은혜받게 하옵소서. 새로운 인격을 갖추고 새 주간을 살게 하옵소서. 항상 하나님의 성령으로 충만하게 하여 주시옵소서.

예수님의 이름으로 기도드립니다. 아멘.

10월  세째주

예배에의 부름(시 105:1-3)

여호와께 감사하며 그 이름을 불러 아뢰며 그 행사를 만민 중에 알게 할지어다 그에게 노래하며 그를 찬양하며 그의 모든 기사를 말할지어다 그 성호를 자랑하라 무릇 여호와를 구하는 자는 마음이 즐거울지로다.

　존귀와 영광과 찬송을 받으시기에 합당하신 만군의 주 여호와 하나님 아버지시여!
　찬양과 존귀와 영광을 받으시옵소서. 오늘 우리 모든 믿음의 권속들이 기쁨으로 예배 드리게 하시고 하나님의 뜻 안으로 인도되게 하옵소서. 이 시간 드려지는 경배와 찬양이 하나님의 보좌에 상달되게 하옵소서. 이 제단에 은혜와 진리가 늘 충만하게 하시며, 이 시간도 하나님의 말씀으로 큰 은혜가 넘치는 시간이 되게 하옵소서. 귀한 성도들을 영육간에 상선하게 붙삽아 주셔서 늘 피곤하지 않게 하옵소서.
　교회의 머리가 되시는 예수님의 이름으로 기도드립니다. 아멘.

나의 묵상

참회와 공동 기도

평강의 하나님!

이 땅에 계속되는 불안과 공포, 위협과 불화를 주님의 권능으로 잠잠하게 하여 주시옵소서. 우리에게 평강을 주시옵소서. 지난 시간 동안 저지른 잘못과 허물을 용서하시고 주의 용서하심을 믿고 기쁨으로 예배드리게 하옵소서. 우리 가정과 교회가 평안하게 하옵시며 나라와 세계가 평화롭게 하옵소서.

이 시간 주 앞에서 우리가 새롭게 되기를 원합니다. 성령을 부어 주시고 말씀으로 깨우쳐 주시옵소서.

예수의 이름으로 기도드립니다. 아멘.

사죄 선포(요 5:24)

내가 진실로 너희에게 이르노니 내 말을 듣고 또 나 보내신 이를 믿는 자는 영생을 얻었고 심판에 이르지 아니하나니 사망에서 생명으로 옮겼느니라

그러므로 주 예수 그리스도 안에 있는 자에게는 결코 정죄함이 없느니라

나의 참회

....
....
....
....

10월 세째주  <예배 기도>

거룩하신 하나님 아버지!
존귀하신 하나님의 이름을 찬양합니다.
　복 주시기로 약속하신 성일에 주님의 전에서 주님의 은혜를 사모하며 찬양과 영광을 돌리게 하시니 감사드립니다.
　우리를 부르시는 주여!
　한 주간을 길 잃은 양과 같이 헤매이며 살아온 우리들입니다. 삶의 현장에서 저지른 모든 잘못을 용서하옵소서. 신실한 믿음으로 행하지 못한 우리의 말과 행동을 불쌍히 여기시고 하나님의 자비와 긍휼을 베풀어 주옵소서. 그리스도의 보혈로 더러워진 마음과 생각을 깨끗이 씻어 주옵소서. 우리의 마음문을 엽니다. 무거운 마음을 가볍게 하시고 어두운 심령을 주의 성령으로 밝혀 주옵소서. 주시는 말씀으로 무장하기를 원합니다. 성령으로 충만하게 하시사 그리스도를 닮아가게 하옵소서. 우리의 심령이 새로운 힘과 지혜와 권능을 얻게 하여 주시옵소서.
　교회를 통하여 역사하시는 주님!
　이 지역을 복음화하고 주님을 기쁘시게 하기 위하여 우리 교회를 이땅에 세우셨으니 우리 교회가 진리의 파수꾼이요 사회의 소금과 빛의 역할을 다할 수 있도록 부흥·성장하게 하옵소서.
　이 가을에는 모두가 성숙하게 하옵소서. 처음 가졌던 믿음을 되찾게 하시고 처음 느꼈던 사랑이 되살아나게 하시며 처음 다짐했던 결심을 재다짐하게 하옵소서.
　변함이 없으신 주님의 사랑을 감사드리오며 예수 그리스도의 이름으로 기도드립니다. 아멘.

10월 세째주  **<저녁 찬양 예배 기도>**

사랑의 하나님 아버지시여!

우리를 사랑하사 하나님의 자녀로 선택하시고 복된 성일, 주의 전으로 불러주신 은혜를 찬양합니다. 죽을 수밖에 없는 죄인들을 속죄하여 주셔서 감사합니다. 이 예배 시간 우리 교회를 통하여 죄인의 마음을 열어 주시고 주님을 찬송하게 하시며 새롭게 하사 구원을 이루어 가게 하시니 감사합니다. 그 결과로 죄와 사망으로부터 해방과 자유를 얻게 된 사실을 찬양합니다.

거룩한 성령님이시여!

총력 기도, 전도 기간입니다. 전하고 기도하게 하옵소서. 우리 주님과 함께 하는 모든 사람들에게 더욱 하나님의 영광을 분명하게 보여 주는 빛이 되게 하셔서 기도와 전도의 열매가 있게 하옵소서. 기도 시간에 우리 속에 도사린 정욕과 탐욕, 위선과 교만 그리고 나태함과 무관심의 죄악을 도말하여 주옵소서. 우리가 남을 받아들이지 못하고 있거나 용서하지 못하는 비굴함이 없도록 용기로 무장시켜 주옵소서. 목사님을 통하여 주시는 말씀으로 은혜와 진리로 인도하옵소서!

하나님 아버지시여!

우리에게 의에 주리고 목마른 영적 갈증을 주시옵소서. 주님께 항상 구하는 힘을 주옵소서. 또한 구하고 찾는 실천이 항상 따르게 하옵소서.

예수님의 이름으로 기도드립니다. 아멘.

10월  넷째 주

예배에의 부름(고전 13:12)

우리가 이제는 거울로 보는 것 같이 희미하나 그때에는 얼굴과 얼굴을 대하여 볼 것이요 이제는 내가 부분적으로 아나 그때에는 주께서 나를 아신 것 같이 내가 온전히 알리라

거룩하신 하나님!
  보이지도 들리지도 않으시되 거룩한 영으로 지금도 살아서 역사하심을 믿습니다. 사람으로는 할 수 없는 것들을 그리스도의 영은 능히 하실 수 있음을 믿습니다. 원하옵기는 주님의 권능과 사랑을 수시로 느끼게 하시고 깨닫게 하시사 우리의 연약한 뜻을 굳게 세우게 하시옵소서.
  모든 예배자들에게 감격의 찬송, 감사와 용서의 기도, 마음과 뜻과 정성이 담긴 진실한 예배를 드리도록 성령을 충만하게 내려 주시옵소서.
  예수님의 이름으로 기도드립니다. 아멘.

나의 묵상

참회와 공동 기도

사랑의 하나님!

우리는 하나님께서 우리에게 맡기신 주님의 달란트를 땅 속에 묻어 두고 생각 속에 묻어 두고 지낸 악하고 게으른 종입니다. 분주한 세상 소리에 주님의 음성을 듣지 못했고, 화려한 세상 환경에 영의 눈이 어두웠습니다.

이 시간 주님께 왔사오니 모든 허물을 말끔히 씻어 주옵소서. 손과 머리와 발, 몸과 마음과 영혼도 하나님의 의의 보혈로 깨끗이 씻어 주옵소서. 우리의 거짓과 위선과 죄악을 씻어 주시옵소서. 인자와 긍휼을 기다리는 심령에 주님의 위로의 손길을 베풀어 주시고 십자가 보혈의 은총을 덧입는 시간이 되게 하옵소서.

예수 그리스도의 이름으로 기도드립니다. 아멘.

사죄 선포(골 3:1-2)

그러므로 너희가 그리스도와 함께 다시 살리심을 받았으면 위엣 것을 찾으라 거기는 그리스도께서 하나님 우편에 앉아계시느니라 위엣 것을 생각하고 땅엣 것을 생각지 말라.

그러므로 주 예수 그리스도 안에 있는 자에게는 결코 정죄함이 없느니라

나의 참회

10월 네째주  <예배 기도>

거룩하신 주님!

우리에게 예배할 수 있는 날을 주심을 감사하며 또한 이 날을 거룩히 지킬 수 있는 믿음 주심을 감사드립니다. 지난 한 주간의 삶을 살피며 숨겨진 모든 것을 내어 놓고 회개하오니 용서하옵소서. 언행 심사가 아버지의 마음에 합당하지 못하였을지라도 용서하여 주옵시고 나약한 우리를 강하게 하시며 무능력한 우리를 능력있게 하여 주옵소서.

소망의 하나님!

우리의 영혼이 주님의 은혜를 사모하며 하늘의 보좌를 우러러 경배합니다. 이 시간 말씀으로 은혜받고 찬송으로 감동되고 기도로 새 힘을 얻게 하옵소서.

우리 교회와 목사님을 권능의 손으로 붙들어 주시고 성도들 서로가 사랑할 수 있는 은사를 받아 하나님의 사랑으로 하나되게 하옵소서. 우리의 믿음이 말씀과 진리로 날마다 바르게 성장하게 하시며 주님께서 부탁하신 영혼 구원의 사명을 잘 감당하게 하옵소서. 어두워진 눈을 밝혀 주시사 신령한 것을 보게 하시고 귀가 둔하여 듣지 못했던 주님의 음성을 듣기를 원합니다.

우리의 심령을 정결하게 하시고 감사 찬송하는 삶을 살게 하옵소서. 주님의 영광이 이 성전에 충만하기를 비오며 예비하신 은총과 사랑을 기다립니다.

우리 주 예수님의 이름으로 기도드립니다. 아멘.

10월 네째주  <저녁 찬양 예배 기도>

축복의 하나님!

지난 한 주간 우리를 지켜 주시고 보존하여 주셨음을 감사합니다. 천지를 창조하시고 이 날을 안식하시며 축복하신 것을 믿사오니 우리에게 안식의 축복을 주시옵소서. 모든 피조물들 중에 우리 인간에게 축복하신 창조주 하나님의 축복이 우리 모두에게 임하기를 기다리옵니다.

성결하게 하시는 영이여!

지난 한 주간 죄와 악이 많은 이 세상에서 육신을 지니고 살아오면서 더러워진 우리의 영혼을 성령으로 깨끗하게 하여 주시고 이즈러진 양심을 선함과 의로움으로 채워 주시옵소서. 어두워진 눈을 밝히사 신령한 세계를 볼 수 있게 하옵소서.

듣는 귀가 복이 있다고 하신 주여!

하나님의 말씀이 우리의 마음에 담겨지게 하시사 하나님 앞에서 뉘우쳐야 할 우리의 죄악을 뉘우치며 고쳐야 할 나쁜 생각과 생활을 시정하고 하나님이 기뻐하실 새로운 삶을 결심하게 하옵소서.

주님, 말씀하시옵소서. 우리가 듣겠사오며 복있는 자가 되기를 바랍니다. 우리의 일생이 성령과 동행하며 성령의 역사를 순간 순간 체험하는 삶이 되도록 도와 주옵소서. 우리의 찬양을 받으시사 영광이 드러나게 하시고 감사를 받으시사 더 많은 축복을 확신하게 하여 주옵소서.

우리의 예배가 신령과 진리로 드려지기를 원하오며 임마누엘이 되시는 예수 그리스도의 이름으로 드립니다. 아멘.

11월  첫째주

예배에의 부름(시 117:1-2)

너희 모든 나라들아 여호와를 찬양하며 너희 모든 백성들아 저를 칭송할지어다 우리에게 향하신 여호와의 인자하심이 크고 진실하심이 영원함이로다 할렐루야

　시간의 주인이 되신 하나님!
　한해가 거의 마무리 되는 11월의 첫주일 예배를 드립니다. 오늘 우리들이 진정으로 신령한 예배를 드리려 하오니 기쁘게 받아 주시옵소서. 올해의 남은 두 달을 늘 감사하며 예배드리는 마음으로 살아가게 하시옵소서. 시간 시간 성령이 임재하여 주시고 성삼위 하나님께 영광이 되며 은혜 안에서 모든 것이 이루어지는 복을 허락하옵소서.
　이 시간 우리를 성령 충만하게 하여 날마다 하나님께 영광을 돌리는 신앙 생활을 해 나갈 수 있도록 도와 주옵소서.
　예수님의 이름으로 기도드립니다. 아멘.

나의 묵상

참회와 공동 기도

인애하신 하나님!

마음과 육신이 지치고 상하여 주님께 나아옵니다. 고달파 지친 영혼에 쉼을 허락하시옵소서. 우리의 병듦을 긍휼히 여기옵소서. 마음의 고통과 상처들을 심령의 의원이신 주님께서 살펴 주시옵소서. 우리에게 있는 병마를 물리쳐 주시옵소서. 우리들의 연약함을 고백합니다. 주께서 강하고 담대하게 하여 주시옵소서.

일생을 다하는 그날까지 성령께서 인도하여 주시고 우리의 삶 가운데 성령의 열매가 충실히 맺혀 하나님께 영광 돌리게 하옵소서. 영으로 임재하시고 통찰하시사 우둔함을 깨우쳐 주옵소서.

능력의 주 예수 그리스도의 이름으로 기도드립니다. 아멘.

사죄 선포(말 4:2)

내 이름을 경외하는 너희에게는 의로운 해가 떠올라서 치료하는 광선을 발하리니 너희가 나가서 외양간에서 나온 송아지같이 뛰리라

그러므로 주 예수 그리스도 안에 있는 자에게는 결코 정죄함이 없느니라

나의 참회

....
....
....
....

11월 첫째주  **<예배 기도>**

거룩하신 하나님!

속되고 죄많은 영혼들을 사랑하사 거룩하고 신령한 축복의 자리를 허락하여 주시고 예배하게 하시니 감사드립니다. 탕자같이 불순종하는 우리를 이렇게 순한 양같이 머리 숙여 겸손히 기도하게 하시니 감사드립니다. 이 시간 분주한 삶에서 잃어버린 사랑의 기쁨을 되찾게 하시고 불신앙으로 받은 상처를 싸매어 주시며 사람의 물결 속에서 잃어 버렸던 우리 믿음의 현주소를 찾게 하옵소서.

사랑의 주님!

옛 사람을 벗어 버리고 새 사람으로 옷입게 하옵소서. 무절제함과 게으름에 버려진 의욕과 소망을 되찾게 하여 주시옵소서. 분주함으로 잃은 기도의 시간, 불평 속에서 사라진 감사의 말들, 불만 속에서 묻혀진 찬송을 이 시간 회복시켜 주시옵소서. 우리가 진정 죄 용서함을 받은 기쁨과 구원의 은총을 경험하는 시간이 되기를 원합니다. 죄에 대하여 죽고 의에 대하여 새롭게 태어나게 하여 주시사 온전한 주님의 구원을 이루어 주시옵소서.

새롭게 하시는 성령이시여!

저희 교회와 믿음의 식구들 모두가 하나님의 나라를 확장해 나가게 하옵소서. 우리의 예배가 하늘 보좌에 열납되기를 바랍니다.

이 시간 하나님이 세우신 목사님을 사용하시어 우리에게 주시는 말씀을 통해 성령의 은사가 충만하게 하옵소서.

우리 주 예수님의 이름으로 기도드립니다. 아멘.

11월 첫째주  **<저녁 찬양 예배 기도>**

거룩하신 하나님 아버지!

우리를 불쌍히 여기소서. 우리는 죄인이로소이다. 죄 많은 세상, 악이 성한 사회에서 지금 이 자리까지 우리를 인도하여 주심을 감사합니다.

은혜의 주님!

하나님의 은혜가 없었다면 우리는 버림받은 죄인들이었는데 우리를 죽음 가운데서 구원하사 하나님의 친 자녀들로 삼아 주셨으니 감사합니다. 지난 날의 허물과 죄를 용서하시고 성결하게 하옵소서.

능력의 주님!

주님이 주시는 힘이 없이는 우리는 넘어질 수밖에 없사오니 좌로나 우로 치우치던 우리의 지조없는 생활을 용서하시고 심지가 굳은 믿음의 사람이 되게 하옵소서.

우리도 이 계절에 맞게 삶의 열매가 있게 하옵소서. 믿는 자의 사명을 다하게 하시고 주의 자녀다운 인격을 지니게 하옵소서. 앞으로 한 주간도 마귀의 유혹에 빠지지 않게 하여 주시고 세속적인 시험에 들지 않게 도와 주시옵소서. 어리석고 무지한 우리를 하늘의 지혜로 채우사 어두운 생활에서 밝고 빛된 생활을 하게 하옵소서.

목자되신 아버지 하나님!

우리를 참 자녀답게 하여 주시옵소서. 우리를 어린 양 같이 길러 주시옵소서. 죄인의 구원자가 되시는 하나님께서 우리를 성령으로 성결하게 하여 주시옵소서.

예수님의 이름으로 기도드립니다. 아멘.

11월  둘째주

예배에의 부름(눅 4:18-19)

주의 성령이 내게 임하셨으니 이는 가난한 자에게 복음을 전하게 하시려고 내게 기름을 부으시고 나를 보내사 포로된 자에게 자유를, 눈먼 자에게 다시 보게 함을 전파하며 눌린 자를 자유케 하고 주의 은혜의 해를 전파하게 하려 함이시라

    우리의 피난처가 되시며 구원의 반석이 되시는 주님!
    삶 속에서 주님이 살아계심과 도우심을 찬양드립니다. 진정 우리의 기도 가운데 주님께서는 가까이 계시며 응답으로 우리의 기쁨을 충만하게 하심을 고백합니다. 항상 우리의 마음이 영적으로 민감하게 하시며 하나님의 깊으신 사랑과 임재를 깨닫게 하옵소서.
    주님께서 지금도 살아계셔서 우리와 함께 동행하심을 믿습니다. 우리의 모든 삶에서 그리스도의 사랑을 나타내 보임으로 주님을 증거하게 하시고 우리의 입술과 마음으로 주님을 찬양하게 하여 주시옵소서. 천국 가는 그날까지 끊임없이 성령과 교제하며 동행함으로 성공적인 인생을 살게 하옵소서.
    예수님의 이름으로 기도드립니다. 아멘.

나의 묵상

_____

_____

_____

_____

참회와 공동 기도

사랑의 하나님!

주의 뜻을 배웠으나 행하지 않고 고백한 믿음대로 살지 않았습니다. 우리의 이중적인 삶이 깨어지게 하옵소서. 어리석었던 생각들, 차가운 가슴, 사랑을 잃어버린 삶을 이 시간 회개하오니 용서하여 주시옵소서. 탕자와 같고 요나와 같은 우리의 모습을 내어놓습니다. 자비를 베풀어 주시옵소서. 불쌍히 여겨 주시옵소서. 자신의 모습을 합리화 하기 전에 하나님 앞에 솔직하게 회개하게 하옵소서.

연약할 때 찾아와 주신 주님. 괴로울 때 함께 거하여 주신 주님. 주님과 함께 하는 시간이 되게 하옵소서.

예수님의 이름으로 기도드립니다. 아멘.

사죄 선포(약 4:8)

하나님을 가까이하라 그리하면 너희를 가까이 하시리라 죄인들아 손을 깨끗이 하라 두 마음을 품은 자들아 마음을 성결케 하라

그러므로 주 예수 그리스도 안에 있는 자에게는 결코 정죄함이 없느니라

나의 참회

11월 둘째주  <예배 기도>

고마우신 아버지 하나님!

지난 주간도 믿음 안에서 살게 하시고 맡겨진 일에 힘쓰게 하여 주셨음을 감사드립니다. 이 시간 모든 성도들의 감사와 찬송과 영광을 받으시옵소서.

지난 한 주간도 말씀대로 살지 못한 것을 회개합니다. 마음으로는 원하였지만 그대로 행하지 못한 일이 허다함을 고백합니다. 우리의 약함을 불쌍히 여겨 주시옵소서. 죄에는 용서를, 허물에는 싸매어 주심을 기도드립니다. 십자가의 보혈로 속량하여 주시고 그 크신 은혜로 새롭게 하여 주옵소서.

열매를 기다리시는 주님!

우리의 신앙 생활에도 탐스러운 열매가 맺히게 하옵소서. 이 예배를 통하여 말씀의 은혜와 성령의 감동을 맛보게 하옵소서.

저희 교회를 사랑하시사 지금까지 지켜 주시고 돌봐 주심을 감사드립니다. 온 성도들이 한 마음 한 뜻으로 주의 일을 이루어 나가는 교회가 되게 하옵소서.

구원의 주님!

이 시간 주께 간구하며 엎드렸사오니 성령의 충만함을 내려 주옵소서. 우리로 하여금 날마다 주님의 말씀을 상고하게 하옵소서. 진리를 밝히 깨달아 진리 안에 사는 기쁨과 자유함을 누리게 하옵소서. 날마다 성령의 충만함으로 인도받기를 원합니다.

우리 주 예수님의 이름으로 기도드립니다. 아멘.

11월 둘째주  <저녁 찬양 예배 기도>

우리를 택하여 거룩한 백성의 반열에 두신 거룩하신 하나님!

이 밤도 주의 전에서 예배드릴 수 있는 특권과 자유를 주시니 감사합니다. 이 시간 뜻과 정성을 다하여 높으신 하나님 앞에 영광과 찬송을 드립니다.

찬양을 받으시기에 합당하신 주님!

예배를 위해서 특별히 부름받은 찬양대원들을 주장하셔서 그들이 온 몸과 마음과 정성을 다하여 주께 찬양드리게 하여 주옵소서. 예배에 참석한 모든 성도님들이 성가대의 찬양을 통해서 놀라운 성령의 뜨거운 감동을 받을 수 있도록 인도하여 주시옵소서. 그래서 이 예배에 참석한 온 성도님들이 은혜의 단비를 흡족히 받아 마실 수 있게 하여 주시옵소서.

목사님께서 말씀을 가지고 우리의 심령을 깨우쳐 주실 때 주만 섬기며 충성하겠노라는 결심이 일어날 수 있도록 우리의 심령을 주장하시오며 이 예배를 주께서 받아주시옵소서.

죄로 인해 고통당하는 우리들을 위로하여 주시는 하나님!

헤아릴 수 없는 지난 날 동안 아버지의 사랑을 배반하고 그리스도의 희생에 역행하며 성령의 탄식 섞인 위로와 격려에 부응하여 살지 못한 모든 잘못을 참회하며 기도드립니다.

용서의 하나님 아버지께서 우리를 용서하시고 새롭게 하여 주시옵소서. 이 시간 공허한 우리의 심령을 은혜로운 말씀과 강한 성령으로 채워 주시옵소서. 그리하여 하나님의 기뻐 받으실 예배를 드릴 수 있기를 원합니다.

임마누엘이신 예수 그리스도의 이름으로 기도드립니다. 아멘.

11월  셋째 주

예배에의 부름(신 33:29)

이스라엘이여 너는 행복자로다 여호와의 구원을 너 같이 얻은 백성이 누구뇨 그는 너를 돕는 방패시요 너의 영광의 칼이시로다 네 대적이 네게 복종하리니 네가 그들의 높은 곳을 밟으리로다.

모든 만물을 섭리하시는 여호와 하나님!
하나님의 선하시고 기쁘신 뜻을 찬양합니다. 우리에게 향하신 하나님의 진실하심이 크고 영원한 것을 믿습니다. 항상 하나님의 뜻을 겸손하게 받아들이며 세상으로 향하는 우리의 의지와 욕심을 십자가에 못박게 하옵소서.
우리를 사랑하시는 주님!
우리에게 생명을 주신 것과 우리에게 예배할 수 있도록 허락하신 모든 환경에 대해 감사드립니다. 하나님을 바라보며 수의 말씀에 겸손히 순종함으로 주님을 더욱 섬기기를 원합니다. 주님께서 우리를 다스려 주옵소서.
예수님의 이름으로 기도드립니다. 아멘.

나의 묵상

참회와 공동 기도

위로와 소망의 하나님!

주의 나라가 가까운 줄 알면서도 아무런 준비 없이 허망한 일에 분주했습니다. 성령께서 우리의 삶 가운데 임재하시사 매일의 삶을 주관하시고 지켜 주옵소서. 우리가 우리의 감정과 육체의 소욕을 따르지 않고 주님의 인도를 받을 수 있도록 도와 주시옵소서.

하나님의 사랑과 인내를 본받아 우리 중 누군가 실수하였을 때 따스한 사랑으로 품어줄 수 있게 하시고 그에게 위로와 하나님의 평강을 전하게 하여 주옵소서. 우리의 삶 가운데 놀라운 기적을 체험할 수 있도록 도와 주옵소서.

예수님의 이름으로 기도드립니다. 아멘.

사죄 선포(행 3:19)

너희가 회개하고 돌이켜 너희 죄 없이 함을 받으라 이같이 하면 유쾌하게 되는 날이 주 앞으로부터 이를 것이요

그러므로 주 예수 그리스도 안에 있는 자에게는 결코 정죄함이 없느니라

나의 참회

....
....
....
....

11월 세째주 · 추수 감사 주일  <예배 기도>

철에 따라 열매를 허락하시는 전능하신 하나님 아버지!

험난하고 복잡한 일 년 동안을 축복하셔서 아름다운 결실을 얻게 하시고, 오늘 감사절 예배를 드리게 하신 은혜를 감사합니다. 하나님의 은혜를 생각컨대 온통 감사할 조건을 가지고 있으면서도 불평과 원망을 늘어놓은 적이 얼마나 많았는지 모릅니다. 자신을 다른 사람과 비교할 때가 많았으며 물질적인 것만을 가지고 감사의 조건을 따질 때가 너무 많았습니다. 우리의 어리석음과 불충함을 고백하오니 용서하옵소서.

거룩하신 하나님 아버지!

오늘 우리의 조건을 보기 이전에 예수 그리스도의 보혈의 피로 인하여 죄사함을 받고 구원을 얻은 것에 감사할 수 있는 믿음을 허락하옵소서. 죽을 수밖에 없는 죄인을 거룩한 백성으로 삼아 주셨사오니 하나님의 크신 은혜에 감사를 드립니다.

축복주시기 원하시는 하나님 아버지!

오늘 추수 감사 예배를 드리는 모든 심령들 위에 한량없는 축복을 허락하여 주옵소서. 땅의 기름진 것뿐만 아니라 하늘의 신령한 것도 늘 마르지 않게 하옵소서. 우리들의 풍성한 결실로 하나님 앞에 영광을 돌리게 하옵소서. 하나님의 사랑으로 다시 한번 우리를 감싸 안아 주옵소서.

하나님 아버지시여!

오늘 감사의 제단을 쌓는 우리들에게 함께 하셔서 물질뿐만 아니라 삶 전체를 바쳐서 하나님의 영광을 드러내게 하옵소서. 이 시간 귀하신 목사님을 통하여 말씀을 주시겠사오니 그 말씀을 통하여 은혜를 깨닫고 참 감사의 의미를 알게 하옵소서.

예수 그리스도의 이름 받들어 기도드립니다. 아멘.

11월 세째주 · 추수 감사 주일  <저녁 찬양 예배 기도>

찬송과 영광, 존귀와 감사를 주님께 올려드립니다. 허물과 죄로 죽었던 우리를 살리시고 생명의 길을 열어 복된 날을 거룩히 지킬 수 있도록 인도하심을 감사드립니다.

그 동안 우리는 주님을 사모하는 열정에 무디어 살았습니다. 맡기신 사명을 외면하고 살았습니다. 우리의 입술과 행동, 발걸음을 철저히 회개하며 참회합니다. 우리의 심령이 주의 성령으로 새롭게 변화되게 하옵소서.

민족과 나라의 주인이 되시는 하나님!

삼천리 방방곡곡, 이 나라 이 민족, 모든 이들의 가슴 가슴마다 성령의 불길을 허락하여 주옵소서. 이 나라 이 민족의 어려움을 아시지 아니합니까? 무너진 경제, 윤리, 도덕을 회복시켜 주옵시고 지도자들이 바로 서게 하시며 올바른 정치를 하게 하옵소서. 하나님을 두려워 할 줄 아는 자로 이 나라를 다스리게 하옵소서.

말씀으로 함께 하시는 주님!

주님의 말씀을 사모합니다. 하늘의 영원한 것으로 채워 주옵소서. 신령한 것을 보게 하옵시고 주님의 음성을 듣게 하옵소서. 모든 성도들이 주신 말씀에 굳게 서게 하시며 주님의 은혜와 사랑으로 믿음의 큰 담력을 갖게 하여 주옵소서. 교회가 성령의 위로로 진행되며 우리 모두가 교회를 사랑하고 나태함과 게으름에서 깨어나 열심있는 일꾼으로 변화 되기를 원합니다. 우리의 삶을 인도하시고 보호하여 주옵소서.

우리를 사랑하시는 예수님의 이름으로 기도드립니다. 아멘.

11월  넷째 주

예배에의 부름(요 4:13-14)

예수께서 대답하여 가라사대 이 물을 먹는 자마다 다시 목마르려니와 내가 주는 물을 먹는 자는 영원히 목마르지 아니하리니 나의 주는 물은 그 속에서 영생하도록 솟아나는 샘물이 되리라

거룩하신 하나님!
 아버지의 은혜와 사랑을 진심으로 감사드립니다. 오늘도 우리들을 불러주셔서 이 시간 주님께 진실한 마음으로 정성스런 예배를 드리고자 합니다.
 거룩한 주의 날, 주님의 복과 새로운 힘을 주옵소서. 주님을 경배하며 찬양함으로써 하나님께만 영광과 찬송을 돌리게 하옵시고 우리로 하여금 부한 능력과 기쁨을 얻게 하옵소서.
 모든 것을 지금까지 합력하여 선을 이루게 하신 주님께서 늘 우리의 찬송의 제목이 되옵소서. 예배의 시종을 성삼위 하나님께서 인도하옵소서.
 예수님의 이름으로 기도드립니다. 아멘.

나의 묵상

참회와 공동 기도

　소외되고 불쌍한 사람들의 보호자가 되시며 그들을 사랑하시는 하나님의 공의로우심을 송축합니다.
　그리스도인으로서 사랑과 관심이 필요한 자들을 용납하지 못하고 외면했던 우리를 용서하여 주옵소서. 그들의 아픔이 우리의 아픔이 되게 하시고 주님의 사랑을 그들에게 증거할 수 있게 하옵소서. 지난 날의 어두운 삶을 용서하시고 밝은 마음을 주시며 거짓된 마음을 바로잡아 정직한 심령을 만들어 주시옵소서. 게으른 생활을 용서하시고 근면한 의지를 심어 주시며 세속에 물든 습관을 고쳐 주시사 하나님의 선하시고 기뻐하시고 온전하신 뜻에 따라 살게 하옵소서. 우리의 삶 전체가 하나님께 영광이 되도록 도와 주옵소서.
　예수님의 이름으로 기도드립니다. 아멘.

사죄 선포(요 14:27)

평안을 너희에게 끼치노니 곧 나의 평안을 너희에게 주노라 내가 너희에게 주는 것은 세상이 주는 것 같지 아니하니라 너희는 마음에 근심도 말고 두려워 하지도 말라

그러므로 주 예수 그리스도 안에 있는 자에게는 결코 정죄함이 없느니라

나의 참회

....
....
....

11월 네째주  <예배 기도>

거룩하신 하나님 아버지!
존귀하신 하나님의 이름을 찬양합니다.
복 주시기로 약속하신 성일에 주님의 전에서 주님의 은혜를 사모하며 찬양과 영광을 돌리게 하시니 감사합니다.

우리를 부르시는 주님!
한 주간을 길 잃은 양같이 살아온 우리들입니다. 삶의 현장에서 저지른 모든 잘못을 용서하옵소서. 신실한 믿음으로 행하지 못한 우리의 말과 행동을 불쌍히 여기시고 자비와 긍휼을 베풀어 주옵소서. 그리스도의 보혈로 더러워진 마음과 생각을 깨끗이 씻어 주옵소서.

예배드리는 이 시간, 우리의 마음 문을 엽니다. 무거운 마음을 가볍게 하시고 어두운 심령을 주의 성령으로 밝혀 주옵소서. 주시는 말씀으로 무장하기를 원합니다. 성령으로 충만하게 하시사 그리스도를 닮아가게 하옵소서. 우리의 심령이 새로운 힘과 지혜와 권능을 얻게 하여 주시옵소서.

교회를 통하여 역사하시는 주님!
이 도시를 복음화하고 주님을 기쁘시게 하기 위하여 우리 교회를 이땅에 세우셨으니 우리 교회가 진리의 파수꾼이요 사회의 소금과 빛의 역할을 다 할 수 있도록 부흥·성장하게 하옵소서.

이 가을에는 모두가 성숙하게 하옵소서. 처음 믿고 감격했던 믿음을 되찾게 하시고 처음 사랑이 되살아나게 하시며 처음 결심을 재다짐하게 하옵소서. 변함이 없으신 주님의 사랑을 감사드립니다.
예수 그리스도의 이름으로 기도드립니다. 아멘.

11월 네째주  <저녁 찬양 예배 기도>

주의 전을 사모하게 하신 하나님!
하나님께 겸손한 마음으로 엎드립니다. 하나님의 영으로 뜨겁게 감동하시사 이 예배 시간 온전한 마음과 뜻과 정성으로 하나님께 경배드리게 하옵소서. 하늘 문을 열어 주시고 우리의 예배를 받아 주시옵소서.

시간 시간 하나님의 진리를 우리에게 가르쳐 주시고 하늘의 길을 밝히 보여 주옵소서. 하나님의 말씀을 부여잡고 진리의 길을 달려 가기 원합니다. 이 밤에 주님께서 주시는 평안을 맛보게 하옵시며 예수님을 사랑하는 마음을 충만하게 하옵소서.

사랑으로 돌보시는 하나님 아버지!
하나님의 사랑을 믿기에 주님 앞에 나왔습니다. 용서의 보증이 있기에 하나님께 왔습니다. 말씀의 약속을 믿고 왔습니다. 허물로 가득한 삶을 참회합니다. 하나님의 은혜와 자비를 베푸시옵소서. 더욱더 사랑하여 주시옵소서.

약한 것을 강하게 하시고 무능한 것을 능력있게 하옵소서. 미련한 것을 지혜롭게 하시옵소서. 잃은 양 같고 탕자 같은 우리들을 기쁘게 받아 주시옵소서! 주님만이 우리의 희망입니다. 주님만이 우리 삶의 전부입니다. 흰 눈보다, 양털보다 희게 씻어 주시고 용서하여 주시옵소서.

이 시간 드려지는 우리의 예배가 하나님께 열납되는 예배가 되기를 원합니다.

예수님의 이름으로 기도드립니다. 아멘.

11월  다섯째 주

예배에의 부름(시 146:5)

야곱의 하나님으로 자기 도움을 삼으며 여호와 자기 하나님에게 그 소망을 두는 자는 복이 있도다

역사의 주인이신 주 하나님!

우리에게 베푸신 그 크신 사랑과 은총을 감사드립니다. 성부의 사랑과 성자의 피로 우리를 살려주시고 성령님을 보내사 하나님을 믿게 하신 능력을 감사하며 찬송드리나이다. 이미 우리에게 주신 이 소망과 영광의 노래를 항상 부르며 살게 하옵소서. 우리의 삶을 날마다 주님께 드려 주님을 영화롭게 할 수 있도록 도와 주옵소서. 주님의 말씀에 온전히 순종하여 그리스도인으로서 대가를 치르는 삶을 살며 우리 안에 주님의 형상을 이루게 하옵소서.

예수님의 이름으로 기도드립니다. 아멘.

나의 묵상

참회와 공동 기도

생명의 빛이신 하나님!

예수 그리스도만이 우리의 구원이시며 진리이심을 믿습니다. 때로 복음의 능력을 참되게 깨닫지 못하여 세상의 유혹을 좇아 방황하던 우리의 허물을 용서하여 주옵소서. 복음만이 우리의 유일한 기쁨이요 소망이 되게 하시며 원망과 좌절, 죄의식으로 가득 차 있는 우리의 마음이 예수 그리스도의 보혈의 능력을 힘입어 감사와 자유함으로 가득하게 하옵소서.

때때로 형제·자매를 판단하고 무관심했던 죄를 고백합니다. 우리의 마음 속에 있는 교만을 버리게 하시고 주위의 형제·자매들에게 세심한 관심을 갖고 섬기게 하옵소서.

예수님의 이름으로 기도드립니다. 아멘.

사죄 선포(히 4:16)

그러므로 우리가 긍휼하심을 받고 때를 따라 돕는 은혜를 얻기 위하여 은혜의 보좌 앞에 담대히 나아갈 것이니라

그러므로 주 예수 그리스도 안에 있는 자에게는 결코 정죄함이 없느니라

나의 참회

11월 다섯째주  <예배 기도>

우리들의 하나님 아버지!

거룩한 성일에 베풀어 주신 모든 일에 대하여 감사와 찬양을 드립니다. 우리들을 때를 따라 필요한 은혜로 도우시고 하나님의 보좌 앞에 담대하게 나아오게 하신 은총에 감사드립니다.

우리들은 늘 어리석고 약하여 하나님의 말씀대로 살지 못하고 죄 가운데서 방황하는 미련한 양입니다. 주님의 거룩한 보혈로 까마귀보다 검고 추한 심령들을 정결하게 하옵소서. 깨끗한 마음을 창조하여 주셔서 새롭게 변화받아 날마다 성결하게 살아갈 수 있도록 도우소서.

놀라운 사랑으로 우리를 보호하시는 하나님!

이 시간 주님께 예배하는 모든 성도들과 교회를 위하여 헌신하는 직분자들에게 풍성한 은혜를 베풀어 주옵소서. 그리스도 안에서 풍성한 삶을 누리며 성령의 아름다운 열매를 많이 맺도록 도와 주옵소서. 하나님 아버지의 거룩하신 뜻이 하늘에서 이루어진 것과 같이 주님의 몸된 교회를 통해서도 이루어지게 하옵소서.

슬픔 속에 외로워하는 사람들, 병든 사람과 고통으로 잠못 이루는 사람들, 이웃들로부터 버림받아 홀로 슬퍼하는 사람들과 집에서 멀리 떠나 있는 사람들, 위험한 가운데 있는 사람들을 주님의 은혜로 도와 주옵소서.

말씀을 증거하실 목사님께 진리의 영으로 함께 하옵소서. 목사님의 말씀을 들을 때 우리들의 마음을 열어 하늘 영광을 바라보는 시간이 되게 하옵소서. 은혜를 사모하는 마음을 충만하게 하옵소서.

우리 구주 예수 그리스도의 이름 받들어 기도드립니다. 아멘.

11월 다섯째주  **<저녁 찬양 예배 기도>**

전능하신 주 하나님 아버지!
독생자 예수 그리스도를 이 땅에 보내셔서 약하고 어리석은 죄인들의 허물을 담당하게 하심으로 세상의 온갖 죄악을 송두리째 뽑아 버리신 은혜를 감사드립니다.
자비로우신 주님!
우리들이 이렇게 주님 앞에 나와서 제단을 쌓았으니 돌처럼 굳어 있고 얼음처럼 싸늘한 우리 심령을 새롭게 하시옵소서. 당신의 말씀에 우리 중심이 사로잡히기 보다는 곁에서만 맴돌 뿐임을 고백드립니다. 냉냉한 우리의 심령을 성령의 불로 태우사 뜨겁게 하여 주옵소서. 우리에게 새로운 소망을 일깨워 주시사 주님만을 사랑하고 사모하는 귀한 믿음을 주시며 우리 심령이 기쁨으로 뛰놀게 하여 주시옵소서.
마음이 산과 같이 확고부동하게 하심으로 땅끝에 이르기까지 모든 사람들의 소망이 되시는 아버지 하나님!
그리스도의 고귀한 피로 사신 교회를 거룩하게 구별하여 주시사 이 세상 곳곳에 있는 주님의 교회로 하여금 믿음으로 치솟게 하시며 소망 중에 충성하게 하시고 그리스도의 충실한 사랑에 도달하게 하옵소서. 이 춥고 어두운 겨울을 주님의 사랑으로 뜨겁고 환하게 밝혀 주시며 움추러든 성도님들의 심령을 성령의 불로 뜨겁게 하여 주시옵소서.
이 시간 우리가 드리는 예배를 흠향하여 주시고 위로부터 넘치는 은혜로 우리에게 충만하게 부어 주옵소서. 특별히 당신의 사자님을 붙잡아 주셔서 영육간에 강건하게 하시며 능력의 말씀을 그 입에 넣어 주시사 우리에게 은혜의 말씀으로 충만하게 채워 주옵소서.
시종을 주님께 부탁하며 예수님의 이름으로 기도드립니다. 아멘.

12월  첫째주

예배에의 부름(애 3:22-23)

여호와의 자비와 긍휼이 무궁하시므로 우리가 진멸되지 아니함이니이다 이것이 아침마다 새로우니 주의 성실이 크도소이다

사랑의 예수님!

나의 모든 허물과 연약함을 싸매 주시고 대속하여 주신 사랑을 감사드리나이다. 날마다 주님의 십자가를 바라보며 죄로부터 승리할 수 있도록 도와 주옵소서.

거룩한 이 날, 주시는 말씀을 겸손히 받게 하시고 즐겁게 안식하는 복된 날이 되게 하옵소서.

예배의 시종을 성삼위 하나님께서 주관하옵시고 거룩함으로 영이 충만하게 하옵소서. 세우신 성가대 위에 성령의 화답이 있게 하옵소서.

예수님의 이름으로 기도드립니다. 아멘.

나의 묵상

참회와 공동 기도

긍휼이 풍성하신 하나님!

우리의 삶이 하늘 나라를 바라보며 그 나라와 그 의를 구하는 삶이어야 하는데 여전히 시간만 낭비하며 생활했습니다. 참회와 눈물로 얼룩진 모습으로 주님 앞에 나왔사오니 새롭게 하옵소서. 모든 말과 행동으로 다른 사람에게 유익을 더하게 하옵시고 더러운 말이나 독이 있는 말로 다른 사람의 영혼을 실족하게 하는 일이 없도록 순결한 영을 부어 주옵소서. 십자가의 사랑에 감격하여 남은 생애 동안 주신 사명을 잘 감당하게 하옵소서.

예수님의 이름으로 기도드립니다. 아멘.

사죄 선포(갈 2:16)

사람이 의롭게 되는 것은 율법의 행위에서 난 것이 아니요 오직 예수 그리스도를 믿음으로 말미암는 줄 아는고로 우리도 그리스도 예수를 믿나니 이는 우리가 율법의 행위에서 아니고 그리스도를 믿음으로서 의롭다 함을 얻으려 함이라

그러므로 주 예수 그리스도 안에 있는 자에게는 결코 정죄함이 없느니라

나의 참회

_____
_____
_____
_____

12월 첫째주  **<예배 기도>**

말씀으로 천지를 창조하신 하나님 아버지!

말씀이 육신이 되신 예수 그리스도를 이 땅 위에 보내 주신 하나님 아버지의 은혜와 사랑을 감사합니다. 복된 성일을 맞아 우리들이 예배하며 영광과 존귀를 드리옵니다.

세상의 지식을 위해서는 지나칠 정도로 많은 시간과 정열을 쏟으며 땅 위의 소리에는 집착하면서도 하늘의 지식을 얻고 주님의 말씀을 앙모하는 데는 게을렀던 우리의 모습을 고백하나이다. 하늘나라 생명의 말씀을 읽는 데는 미온적이었던 우리의 부족을 참회하나이다. 말씀의 능력을 힘입어서 이겨내게 하옵소서. 말씀에 힘입어 승리하는 믿음 생활이 되게 하옵소서. 우리들의 입에서 이 말씀이 떠나지 않게 하시고 가정과 직장에서도 이 말씀을 기준으로 삼고 살아가도록 인도하여 주옵소서.

거룩하신 하나님 아버지!

우리들은 늘 말씀을 들으면서도 그대로 행하는 데는 인색했나이다. 말씀과 생활이 분리되는 신앙 생활을 했나이다. 주님께서 말씀하시기를 "행함이 없는 믿음은 죽은 믿음"이라고 하셨사오니 말씀대로 살아갈 수 있는 힘을 주시고 능력을 주옵소서.

우리 교회를 축복하셔서 항상 진리의 말씀이 살아 움직이게 하옵소서. 말씀의 충만한 은혜로 늘 채워지게 하옵소서. 이 시간도 귀한 말씀을 증거하실 목사님께 크신 능력을 허락하옵소서. 그리하여 그 귀한 말씀이 뿌려질 때 놀라운 역사가 일어나게 하옵소서. 아직까지 주의 말씀이 전파되지 못한 곳도 있사오니 그 어두운 땅에 한 줄기 밝은 빛으로 임하시옵소서.

말씀으로 성육신하신 예수님의 이름 받들어 기도드립니다. 아멘.

12월 첫째주  **<저녁 찬양 예배 기도>**

임마누엘의 하나님!

이 시간 임마누엘을 믿으며 드리는 우리의 예배를 받으시옵소서. 주님이 기뻐 받으시는 예배가 되고 우리 모두가 기쁨과 감사에 찬 마음으로 드리는 예배가 되게 인도하옵소서. 지난 일 년 임마누엘이 되시고 우리의 공·사 생활의 주가 되셨으며 삶의 인도자가 되어 주셨음을 감사드립니다.

이 땅에 사람의 몸을 입고 오신 주의 탄생일이 온누리의 기대와 기다림 속에 다가오고 있음을 믿습니다. 상점과 백화점에 먼저 오신 주님, 우리 집에도 오시옵소서. 거리에 이미 오신 주님, 우리 마음에도 오시옵소서. 우리 교회에도 오시옵소서. 카드와 선물에 담겨진 주의 탄생의 기쁨이 우리 마음에도 충만하게 하옵소서.

말씀이 육신이 되어 오신 주님!

우리도 주님처럼 저 낮은 곳에 겸손히 처하게 하시옵소서.

죄악이 많은 세상에 오신 주님!

우리도 죄인을 사랑하며 원수를 위하여 기도하는 참 사랑으로 살게 하옵소서.

복음이신 주님!

우리도 불쌍한 이웃에게 기쁜 소식을 전하여 주며 축복을 나누며 살게 하옵소서.

우리에게 이 시간 하늘의 영광을 맛보게 하시고 땅의 평화를 체험하는 거룩한 하루가 되게 하옵소서.

길이요 진리요 생명이신 예수 그리스도의 이름으로 기도드립니다. 아멘.

12월  둘째 주

예배에의 부름(시 8:1)

여호와 우리 주여 주의 이름이 온 땅에 어찌 그리 아름다운지요 주의 영광을 하늘 위에 두셨나이다

　흠이 없으시고 거룩하신 주님!
　우리의 구별된 삶으로 주님의 이름을 높이며 하나님께 영광 돌리기를 원합니다. 그러나 나약하고 부족하여 온전히 나의 삶 가운데 주님을 기쁘시게 하지 못한 것을 용서하여 주옵소서. 우리에게 정직한 영을 부어 주셔서 깨끗한 마음과 정직한 삶으로 주님께 나아가게 하옵소서. 신령과 진정으로 예배드리게 하옵소서. 이제부터 전폭적으로 성령을 의지하고 하나님의 뜻에 순종하여 살기를 원하오니 성령께서 우리를 인도하여 주옵소서.
　예수님의 이름으로 기도드립니다. 아멘.

나의 묵상

참회와 공동 기도

은혜의 하나님!

아무리 생각해도 부족하고 부끄러운 것뿐입니다. 경건의 모양은 있으나 경건의 능력은 없는 삶이었습니다. 영적인 생활보다 세속에 물든 생활이었습니다. 이 시간도 우리들을 불쌍히 여겨 주옵시고 자비를 베풀어 주시옵소서. 우리의 입술이 정결하지 못했습니다. 우리의 마음이 깨끗하지 못했고 뜨겁지도 못했습니다. 하나님의 마음을 섭섭하게 해 드렸고 근심하게 해 드렸던 일을 용서하여 주옵소서. 악하고 게으른 종이 되지 않도록 도와 주옵소서.

예수님의 이름으로 기도드립니다. 아멘.

사죄 선포(시 34:15, 18)

여호와의 눈은 의인을 향하시고 그 귀는 저희 부르짖음에 기울이시는도다 여호와는 마음이 상한 자에게 가까이 하시고 중심에 통회하는 자를 구원하시는도다

그러므로 주 예수 그리스도 안에 있는 자에게는 결코 정죄함이 없느니라

나의 참회

_____
_____
_____
_____

12월 둘째주 · 성서 주일  <예배 기도>

　말씀으로 천지만물을 창조하시고 하늘의 비밀을 밝히 깨우쳐 주신 하나님! 영광과 찬양을 주님께 돌립니다.
　성서주일을 맞이하여, 생명의 양식인 말씀을 통하여 구원의 은총과 진리를 깨닫게 해주신 구원의 주님을 발견하고 감사드릴 수 있는 시간 주심을 감사드립니다.
　말씀 속에는 길이 있고, 뜻이 있고, 진리가 있고, 사랑이 있다고 말하면서도 말씀을 가까이 하는 데는 게을리 했던 저희들을 용서하여 주옵시고 날마다 말씀 중심 속에서 말씀을 읽고, 듣고, 묵상하며 그 가운데 지키는 자들이 되게 하여 주시옵소서.
　말씀으로 진리를 사수하게 하옵시고, 사탄의 유혹을 물리치게 하옵시며, 악한 병마도 이길 수 있는 믿음을 더하여 주시옵소서. 이 귀한 말씀이 이 나라 방방곡곡에, 또 온 국민이 힘을 모아서 북녘의 구석구석에까지 전하여지는 귀한 역사가 속히 이루어지게 하여 주시옵소서.
　복음으로 하나 되고, 말씀으로 하나 되고, 성령으로 하나 되는 역사가 이루어져 모두가 이 말씀 앞에 무릎 꿇고 기도하는 국민이 되게 하여 주시옵소서.
　이 시간 강단에 세우신 목사님께 말씀으로 전신갑주를 입혀주셔서 모든 어려움을 말씀으로 이기게 하시고, 성령으로 역사하시어 권능의 말씀을 증거케 하심으로 온 성도가 큰 은혜를 받게 하여 주옵소서.
　이 교회가 주님의 말씀이 늘 살아 움직이는 능력있는 교회가 되게 하옵시고, 마음과 뜻을 다하여 드리는 이 예배가 하나님께 상달되는 예배가 되어 주님께 영광돌리는 귀한 시간되게 하옵소서.
　예수님의 이름으로 기도드립니다. 아멘.

12월 둘째주 · 성서 주일  **〈저녁 찬양 예배 기도〉**

평강의 하나님!

이 날을 정하여 우리에게 안식을 주시고 거룩하게 하사 축복하심을 감사합니다. 용서하시는 주님께서는 우리의 연약함을 아시오니 우리를 도우사 강건하게 하옵소서. 우리는 하나님의 도우심을 믿는다고 하면서도 근심하며 살았습니다. 용서하심을 믿으면서도 확신이 없었습니다. 하나님의 은혜를 알면서도 감사하지 못했고, 우리의 삶을 드린다고 하면서도 자기 중심으로 살았습니다.

우리를 너무나 잘 알고 계시기에 고백합니다. 내 형제를 사랑한다고 하면서도 마음으로는 미워하고 경멸하였습니다. 믿는다고 하면서 서로 의심하였고 용서하지 않았으며, 가까이에 있겠다고 하면서도 너무나 먼 곳에서 생활했습니다. 용서하옵소서. 우리의 어리석음을 깨닫게 하옵소서. 누구보다도 먼저 내 자신을 알게 하시고 주님을 바로 알게 하옵소서.

인자하심이 무궁하신 하나님!

우리의 지난 날들을 믿음 안에서 승리하게 하시고 진리 안에서 흔들리지 않게 하시고 성령 안에서 위로하여 주시며 소망 중에 즐거워하며 고난에 인내하게 하여 주심을 감사합니다.

자비하신 주 하나님 아버지시여!

우리를 역경 속에서 낙심하지 않게 하시고 고통 속에서 오히려 연단되게 하시며 환난 속에서 우리의 신앙의 기초가 탄탄하게 다져지게 하옵소서. 이 시간 우리가 드리는 기도에 응답하시옵소서.

항상 함께 하시는 그리스도의 이름으로 기도드립니다. 아멘.

12월  셋째 주

예배에의 부름(골 3:4)

우리 생명이신 그리스도께서 나타나실 그 때에 너희도 그와 함께 영광 중에 나타나리라

좋으신 하나님!
순간 순간마다 주님의 인도를 느끼며 하나님께서 허락하신 은혜에 감사를 드립니다. 기쁨으로 주님을 섬기고 순종하기를 원하며 나의 피난처 되신 주님께 나의 모든 염려를 맡기오니 나를 선한 길로 인도하여 주시옵소서.
우리의 삶의 모습이 거룩하게 하옵소서. 이 세상에 있는 모든 것을 소유하지 않아도 만족함을 누릴 수 있게 하옵시고 나눠 주어도 부족함이 없는 자가 되게 하옵소서. 날마다 섬김의 도를 배우게 하시고 오직 그리스도만을 위한 삶이 되게 하여 주시옵소서.
예수님의 이름으로 기도드립니다. 아멘.

나의 묵상

참회와 공동 기도

사람의 중심을 보시는 하나님 아버지!

남을 판단하며 입술로 범죄한 우리를 주의 넓으신 사랑과 긍휼로 용서하여 주옵소서. 우리의 입술에 파수꾼을 세워 주시고 항상 주의 이름을 높이며 복음을 전파하는 일에 우리를 사용하옵소서.

그동안은 너무나 부끄럽고 후회스러운 것이 많습니다. 너무나 연약하고 무능했습니다. 하늘을 보고 감사하기보다는 땅만 보며 한숨을 쉬었습니다. 세속적인 삶을 살았습니다. 우리의 부족함을 너무나 잘 아시는 주님의 십자가를 의지하고 회개하오니 우리로 하나님께 합당한 제물이 되게 하옵소서.

예수님의 이름으로 기도드립니다. 아멘.

사죄 선포(롬 5:8)

우리가 아직 죄인 되었을 때에 그리스도께서 우리를 위하여 죽으심으로 하나님께서 우리에게 대한 자기의 사랑을 확증하셨느니라

그러므로 주 예수 그리스도 안에 있는 자에게는 결코 정죄함이 없느니라

나의 참회

....

....

....

12월 세째주  <예배 기도>

　우리 구주 예수 그리스도께서 이 땅에 오심을 찬양드립니다. 우리의 죄악을 사하시고자 이 땅에 오신 주님의 놀랍고 무한하신 사랑에 감사드립니다.
　자비하신 아버지여!
　아버지의 자녀들이 이 거룩한 주일 아침, 아버지의 거룩한 존전에 모였습니다. 겸손히 머리 숙여 회개의 기도를 드립니다. 지난 한 주간 우리의 삶을 살피시고 허물과 죄를 아시는 주님 앞에 용서를 빕니다. 알고 지은 죄, 모르고 저지른 실언, 실수 그리고 실족된 사언행을 깊이 뉘우치오니 하나님의 무한하신 사랑으로 용서하여 주시옵소서.
　긍휼이 많으신 하나님!
　이 시간 우리의 입술을 정하게 하시사 하나님을 찬양하고 감사의 찬송을 부르며 간절한 기도를 드리기에 합당하게 하옵소서.
　우리의 기도를 들으시는 주님!
　우리 마음의 간절한 소원을 이루어 주시고 우리 교회가 성전의 터를 마련할 수 있도록, 우리 살림의 적자를 흑자로 메울 수 있고, 우리 각자가 잃은 것을 도로 찾게 하시고 모르던 것을 깨닫게 하는 성탄의 선물을 풍성히 주시옵소서.
　우리의 예배가 영적이며 진실한 것이 되게 하옵소서.
　예수님의 이름으로 기도드립니다. 아멘.

12월 세째주  <저녁 찬양 예배 기도>

사랑의 하나님!

지난 한 주간 우리를 사랑 가운데 거하게 하시고 지켜 보호하여 주셨음을 감사드립니다. 이 시간 모든 영광과 찬송이 하나님께 돌려지기를 원하오며 우리 예배자들의 마음과 뜻이 하나님께 합당하게 하옵소서. 아버지의 용서하여 주심을 의지하여, 우리가 모두 회개하는 마음과 뉘우치는 심령으로 하나님께 나왔사오니 우리를 불쌍히 여겨 주시고 긍휼과 자비를 베풀어 주옵소서.

천지를 지으신 창조주 하나님!

세모(歲暮)가 가까와 오는 이즈음 우리의 마음이 지난 일 년을 회고하며 작은 양심으로 우리 자신을 정직하게 저울질하며, 새해 이전에 온고지신(溫故知新)의 심정을 지니면서 주 앞에 머리 숙였습니다. 인간의 생사고락을 주관하시는 하나님께서 우리에게 건강과 신앙 생활의 지속을 은혜로 주셨음을 믿습니다.

이 시간 근심 중에 있는 성도들과 병고로 고생하는 형제들, 신앙의 회의로 주저하는 젊은이들과 직접적이거나 간접적인 핍박과 환난 중에 있는 성도들을 각기 그 형편과 처지대로 위로하시고 격려하셔서 인내의 소망을 갖게 하옵소서.

우리의 예배를 기뻐 받으시는 주님!

우리의 찬송이 고백적 신앙의 열매가 되고 우리의 기도가 참 회개의 외침과 간절함의 호소가 되게 하시며 우리의 헌금이 마음과 정성을 함께 드리는 표시가 되게 하옵소서. 이제 하나님의 말씀을 기다리겠사오니 이슬과 같이 우리의 마음을 적셔 주시옵소서.

이 모든 것을 예수님의 이름으로 기도드립니다. 아멘.

12월 25일  **<성탄절>**

예배에의 부름(눅 2:14, 30-32)

지극히 높은 곳에서는 하나님께 영광이요 땅에서는 기뻐하심을 입은 사람들 중에 평화로다 내 눈이 주의 구원을 보았사오니 이는 만민 앞에 예비하신 것이요 이방을 비추는 빛이요 주의 백성 이스라엘의 영광이니이다

　인생들에게 참 소망과 구원을 주시는 주님!
　우리가 예수 그리스도 안에서 구원을 얻었고 변화되었다는 그 사실만으로 기뻐하고 감격하며 찬양하게 하옵소서. 주님은 진정 나의 삶과 인생의 변화자이심을 고백합니다. 세상에서 상처받고 상한 심령을 오늘도 새롭게 하여 주옵소서.
　사랑과 은혜가 풍성하신 주님!
　변함없는 주님의 사랑을 알게 하시고 그 사랑 안에 거하게 하시니 감사합니다. 주님의 사랑 안에서 참소망을 붙잡으며 주님의 인도함을 따라 살게 하여 주옵소서.
　예수님의 이름으로 기도드립니다. 아멘.

나의 묵상

참회와 공동 기도

구원의 하나님!

우리는 죄인입니다. 하나님의 나라와 의를 제일 먼저 구해야 할 우리의 기도가 우리의 필요와 욕망을 따르는 이방인들의 기도와 같았습니다. 우리의 허위를 용서하여 주옵소서. 주의 일을 한다고 하면서 명예를 사랑하고 교회를 섬긴다고 하면서 내 이익만을 생각했습니다. 소중한 은사와 많은 기회에 충성하지 못했습니다. 우리의 어리석음에서 돌이키며 회개하오니 하나님의 은혜 가운데서 끊어지지 않게 하옵소서. 하나님의 사랑을 회복하게 하여 주옵소서.

예수님의 이름으로 기도드립니다. 아멘.

사죄 선포(롬 15:13)

소망의 하나님이 모든 기쁨과 평강을 믿음 안에서 너희에게 충만케 하사 성령의 능력으로 소망이 넘치게 하시기를 원하노라

그러므로 주 예수 그리스도 안에 있는 자에게는 결코 정죄함이 없느니라

나의 참회

12월 24일  <성탄 전야 예배 기도>

은혜와 사랑의 하나님!
　우리들이 무엇이관대 주님께서 하늘의 영광 보좌를 버려두시고 낮고 천한 몸으로 이 땅에 오셨나이까? 주님께서 이처럼 우리들에게 베풀어 주신 은혜를 생각할 때마다 머리 숙여 감사드립니다. 불쌍하고 죄 많은 우리들을 용서하여 주셔서 주님께 향유를 붓고 머리털로 닦은 베다니의 여인처럼, 정성을 다하여 주님을 섬기는 믿음을 허락하여 주시옵소서.
　온 세상을 구원하기 위해 오신 주님을 기쁘게 영접하며 주님의 가신 길을 기꺼이 따르고 주님이 지신 십자가를 함께 지며 주님의 영광된 나라에 가기까지 주님과 동행하는 우리가 되게 하옵소서.
　이 시간 주님께서 이 예배를 기쁘게 받아주시며 우리들에게 한없는 은혜와 축복을 내려주시고 특별히 말씀을 증거하실 목사님께 영력을 더하여 주셔서 주님의 탄생의 비밀을 우리들에게 깨우쳐 줄 수 있도록 그 입술을 주장하여 주시옵소서.
　또한 찬양으로 예배를 돕는 성가대 위에도 함께 하셔서 그들의 입술을 통해 나오는 찬양의 메아리가 주님께는 영광이요 우리에게는 은혜가 되게 하여 주옵소서. 우리들이 한 마음 한 뜻으로 주께 찬양드리는 귀한 은혜의 시간이 되게 하옵소서.
　특별히 성탄절을 맞이하여 나태하고 게을렀던 심령들이 새롭고 힘차게 전진해 나가는 강건한 믿음을 덧입혀 주옵소서. 이 시간을 주께서 친히 주장하여 주시고 성령이 임하셔서 이 자리에 참석한 모든 성도들에게 큰 은혜와 축복을 내려주옵소서.
　우리를 죄에서 구하신 예수님의 이름 받들어 기도드립니다. 아멘.

12월 25일  **<성탄절 예배 기도>**

세상을 사랑하셔서 아기 예수를 이 땅에 보내신 하나님!
그 은혜와 사랑을 감사드립니다. 이 시간 우리 마음의 마굿간을 활짝 열고 베들레헴의 낮고 천한 말구유에 오신 예수님을 영접하게 하옵소서. 인간의 죄악으로 인하여 하늘과 땅의 통로가 막힌 이 절망의 역사 속에 오시사 소망의 길을 열어 주옵소서.
빛을 잃어 어두움 속에서 헤매이던 우리들에게 오신 주님!
다시 임하시옵소서. 우리가 주님을 삶의 가장 한 복판에, 가장 높고 귀한 왕좌에 모시고 살아가게 하옵소서. 이 성탄의 기쁜 희망의 소식이 온 누리에 널리 퍼지게 하옵소서. 아직도 빛을 잃고 죄 가운데서 신음하는 모든 사람들의 심령 속에 생명의 빛으로 밝게 임하시옵소서. 오늘 우리가 사랑의 기쁨을 가지고 나왔나이다. 비록 동방 박사들처럼 황금과 유향과 몰약은 없다 하더라도 예수님께서 탄생하신 첫 번 성탄절에 주의 천사들이 잠자던 베들레헴을 일깨웠듯이, 이 시간 잠들어 있는 자들의 심령을 깨우는 자들이 되게 하여 주시옵소서. 이 기쁜 소식을 전파하게 하옵소서.
바라옵기는 우리 교회 성도들의 가정 가정에 임하여 놀라운 축복으로 함께 하옵소서. 이 땅에 아직도 어둡고 그늘진 가운데 소외되고 어려운 이웃들이 많이 있습니다. 그들에게도 한결 같은 축복으로 임하시옵소서.
목사님을 통하여 다시 성탄의 기쁜 소식을 듣겠사오니 큰 은혜가 넘치게 하옵소서.
임마누엘로 함께 하시는 예수님의 이름으로 기도드립니다. 아멘.

12월  넷째 주

예배에의 부름(계 21:2)

또 내가 보매 거룩한 성 새 예루살렘이 하나님께로부터 하늘에서 내려오니 그 예비한 것이 신부가 남편을 위하여 단장한 것 같더라

사랑의 주님!

예수 그리스도 안에서 새 생명을 얻고 하나님의 자녀로 살아가게 하심을 감사드립니다. 우리의 생각과 삶이 그리스도를 닮아가게 하시며 온전히 신뢰함으로 주의 이름을 높이게 하옵소서. 우리를 변화시킨 복음의 능력을 찬양하며 예배드립니다.

주님, 우리가 진정 복음을 부끄러워하지 않으며 가는 곳마다 좋은 소식, 복된 소식을 전하는 자가 되기를 원합니다. 우리가 처한 그곳에서 주님의 사랑과 용서, 평안을 심는 진성한 하나님의 사녀로 살게 하여 주시옵소서.

예수님의 이름으로 기도드립니다. 아멘.

나의 묵상

참회와 공동 기도

알파와 오메가 되시는 하나님!

우리들과 함께 하여 주셔서 지난 한 해를 은혜 가운데 인도하여 주심을 감사드립니다. 그러나 말씀대로 살지 못하였고 사랑의 삶을 살지 못했던 우리들을 용서하여 주시옵소서. 연약한 믿음과 게을렀던 모습으로 세상의 유혹을 좇던 미련한 모습을 고백합니다. 이 시간 오직 주님만을 바라보며 사는 지혜의 눈을 허락하여 주시옵소서. 이후로는 주님의 거룩함에 이르는 성결의 삶을 살아가게 하옵소서. 성령의 법 아래 늘 소망찬 새 인생을 살도록 도와 주옵소서.

예수님의 이름으로 기도드립니다. 아멘.

사죄 선포(골 2:6-7)

그러므로 너희가 그리스도 예수를 주로 받았으니 그 안에서 행하되 그 안에 뿌리를 박으며 세움을 입어 교훈을 받은대로 믿음에 굳게 서서 감사함을 넘치게 하라

그러므로 주 예수 그리스도 안에 있는 자에게는 결코 정죄함이 없느니라

나의 참회

....
....
....
....

12월 네째주  <예배 기도>

임마누엘의 주님!

지난 1년간 우리와 함께 하시고 우리 교회와 함께 하여 주셨음을 감사드립니다. 우리의 연약함을 도우사 이 거룩한 자리에까지 이르게 하신 하나님의 인도하심을 찬양합니다. 1년의 복잡다난한 삶의 막이 서서히 내려지는 연말, 그리고 주님의 탄생을 축하하는 온누리의 경사스런 분위기 속에 우리 모두가 분주하고 피곤한 심령과 육신을 갖고 주 앞에 나왔사오니 우리를 불쌍히 여기시고 긍휼을 베풀어 주시옵소서.

우리와 함께 계시기 위하여 임마누엘이 되신 주님!

한 해가 저무는 이 때에 우리가 누구를 믿고 의지해야 합니까? 오직 주님만 미쁘시고 신실하시기에 이 마지막 주일 주의 전에 부복하였사오니 우리의 찬송과 감사의 기도를 받으시옵소서. 아버지께서 우리의 온갖 허물과 죄를 용서하심 같이 우리가 우리 잘못과 실수를 잊어 버리게 하옵소서. 정죄함이 없으신 아버지 앞에서 우리의 원수들과 증오하는 자들을 사랑하게 하옵소서. 우리 모두 사랑의 띠로 묶어 주시사 하나 되게 하옵소서.

우리의 체질을 아시는 주님!

지난 한 해, 가정에서 우리의 책임을 이행하지 못한 것과 교회에서 맡은 일에 나태하고 불충성한 것과 나의 직장과 일터와 삶의 현장에서 빛을 발하지 못하고 소금의 역할을 감당하지 못한 잘못을 용서하옵소서. 우리를 변화시켜 새로운 품성과 인격으로 새해를 맞게 하시고 기대와 감사함으로 소망의 신년을 맞이하게 하옵소서.

예수님의 이름으로 기도드립니다. 아멘.

12월 네째주  <저녁 찬양 예배 기도>

거룩, 거룩, 거룩하신 하나님!
우리 죄인들을 불러 자녀로 삼아 주시고 믿음으로 의롭게 하여 주심을 감사합니다. 속된 세상에서 한 주간 더러워진 우리의 마음의 옷을 깨끗하게 하여 주시고 죄많은 사회에서 한 주간 오염된 우리 마음의 샘을 청결하게 하옵소서.
우리의 언행심사를 지켜 보시는 주님!
저희의 생각하는 것이 건전하지 못했을지라도 지금 이후부터 바르고 옳은 사고를 할 수 있도록 지혜를 주시고 말에 실수가 있었을지라도 정한 입술로 다듬어 주시옵소서. 행위와 삶에 불신앙적이고 부도덕한 것이 있었을지라도 성령으로 성결하게 하여 주시옵소서.
살아계신 하나님!
새해는 주님께 충성하게 하시고 하나님 말씀 중심으로 살게 하시며 그리스도 안에서 새 사람이 되게 하옵소서. 또한 새 성전을 허락하여 주옵소서. 그곳에서 하나님의 나라와 영광을 찬양하게 하옵소서. 조국이 통일되는 소식이 들리게 하여 희망과 기쁨의 한해가 되게 하옵소서.
은혜로우신 하나님 아버지여!
기다리오니 말씀으로 교훈하시고 성령으로 감동시켜 주시옵소서. 이 시간 주님께 사랑의 진실한 고백을 하고 돌아가게 하옵소서.
예수님의 이름으로 기도드립니다. 아멘.

12월 31일  **<송구영신 예배 기도>**

알파와 오메가 되시며 역사의 주인이 되시는 하나님 아버지!
또 한 해가 저무는 이 순간에 하나님께 예배하게 하시는 은혜와 사랑을 감사드립니다. 그러나 우리들은 그 인도하심을 깨닫지 못하고 은혜를 저버렸으며 또 한 해를 허송하였습니다. 이 시간 엎드려 간절히 기도하오니 다시는 이와 같은 실패를 행하지 않게 하시고, 다시는 후회하는 부끄러운 삶이 되지 않게 하옵소서.

사랑의 주님이시여!
이제 다사 다난했던 모든 일들을 다 접어두고 내일을 위한 새로운 일들을 계획합니다. 이제 진정으로 주님께 충성하며 말씀대로 살기를 원하오니 그리스도의 상급과 푯대를 향하여 나아 가게 하옵소서. 우리 성도들이 계획한 일들도 주 안에서 이루어지게 하옵소서. 주님의 몸된 교회가 주님의 명령에 순종하여 세상에 복음을 증거하는 일에 앞장서며, 세상 사람들을 빛으로 인도하는 빛의 사자의 역할을 잘 감당하게 하여 주시옵소서. 금년에도 주님께서 함께 하여 주셔서, 날로 부흥·발전하게 하옵소서.

특별히 우리 교회를 섬기시는 목사님께 금년에도 풍성한 은혜를 내려 주셔서 영육간에 궁핍함이 없도록 늘 채워 주시고 그 가정이 하나님의 기뻐하시는 공동체가 되게 하여 주옵소서.

이 나라에 평안을 허락하시사 안정된 가운데 발전하게 하옵소서. 사랑의 매는 띠로 하나 되게 하옵소서. 우리들의 가정도 축복하셔서 영육간에 건강하며 환란과 걱정이 사라지게 하옵소서. 우리 앞에 열려진 새해의 문을 믿음으로 들어가 축복의 땅을 정복하는 한 해가 되게 하옵소서. 이 예배를 기쁘게 받아 흠향하여 주옵소서.

주 예수 그리스도의 이름으로 간절히 기도드립니다. 아멘.

송년  기도

고 훈(안산 제일 교회 담임)

잘못된 모든 것은
청산하고 떠나겠습니다.
아직은 겨울
바람이나 없으면 좋으련만
유난히 춥습니다.

갈채에 속고
스스로 속으며
거품 위를 걸어온
구멍 뚫린 시간이
더욱 부끄러워

너를 탓하다
나는 어리석게 의로워지고
나를 탓하다
나는 서럽게 절망합니다.

그래도
추수하고 살았으니
모든 것이 당신의 은총인 것을
나의 모든 것 되신 이여!
우리 모두 여기 이대로는 쓰러지지 않게 하소서.
일어나 더 나은 새 땅으로 출발하게 하소서.

구역(속회) 예배 기도(1~10) ·· 230
특별 새벽 기도회 기도(1~14) ·· 240
주제별 기도 ·· 254
신앙인의 기도 ·· 298

구역(속회)  예배 기도 · 1

전능하시고 자비로우신 하나님 아버지!

일찍이 주의 백성으로 불러주신 성도님의 가정에서 함께 예배드릴 수 있도록 은혜를 주심에 감사와 찬양을 드립니다.

주님께서 사랑하시는 성도님의 가정에 필요한 은혜를 내려 주옵소서. 주님께서는 사람의 외모를 보시는 것이 아니라 중심을 보시는 분이시오니 성도님의 중심에 하나님 아버지를 온전히 모시고 살게 하옵소서.

우리 성도님에게 주님의 거룩한 일들을 감당해 나가는 데 부족함이 없는 믿음을 주시고, 기술과 재주로 주님께 봉사하기보다는 진심어린 마음으로 주님을 향하는 자 되게 하옵소서.

특별히 이 가정에 기도의 제목이 있습니다. 아직 이 가정에 온전한 복음화가 이루어지지 못하여 이 문제를 놓고 기도하오니 아버지께서 함께 하셔서 온 가족이 하나님을 알게 하시고 아버지의 이름을 영화롭게 찬송하며 산 제사를 드리게 하옵소서. 가정 예배의 중요함과 그 예배를 통해서 주님께로부터 오는 한없는 은혜를 체험하게 하옵소서.

먼저 부모들이 주님을 경배하고 예배할 때 자녀들이 신앙으로 건실하게 자랄 수 있사오니 부모된 자가 먼저 은혜받는 일에 나태하지 않게 하옵소서. 항상 찬송과 기도가 그치지 않는 복된 가정이 되게 하옵소서.

우리 모두 주신 사명을 통하여 신앙이 크게 성장하며, 가정 가정마다 주님의 사랑과 은총이 더욱 풍성하게 하옵소서. 우리 구역이 주님을 영화롭게 하는 가정이 되며, 온 식구들도 주님께서 크게 쓰시는 인물들이 되도록 은총을 내려 주옵소서.

모든 것을 감사드리며 예수님의 이름으로 기도드립니다. 아멘.

구역(속회)  예배 기도 · 2

자비로우신 하나님 아버지시여!
오늘 이 시간 사랑하는 성도님의 가정을 위하여 함께 기도하게 하시니 감사드립니다.
원하옵기는 이 가정을 믿음으로 꼭 붙잡아 주시고 인도하여 주옵소서. 성도님의 부군 되시는 분이 아직 주님을 알지 못한 채 살아가고 있어 안타까운 마음을 금할 길이 없습니다.
이 일로 인해서 성도님이 주님 앞에 눈물로 간구하고 있사오니 기도에 응답하셔서 하루 속히 부군 되시는 분으로 하여금 복음을 받아들이는 역사가 일어나게 하옵소서. 또 성령께서 성도님의 부모님과도 함께 하셔서 완고한 마음이 깨어져 모든 불신앙의 생활을 버리고 온전히 주님 품에 안기게 하옵소서.
우리 성도님께서 모든 행실로 남편과 부모님을 감동시켜서 믿는 이의 덕을 보여 온 가족으로 하여금 믿음을 받아들일 수 있는 마음이 일어나게 하옵소서. 이 가정에서 드리는 모든 기도의 제목이 응답될 줄 믿습니다.
건강으로도 축복하셔서 육신의 질병으로 인해 고통을 당하지 않게 하시며 영적으로 충만한 생활을 하게 하옵소서. 온 가족이 부모님을 위하여 눈물과 진실로 간구할 때 분명히 들어 응답하여 주실 것을 확실히 믿사오니 오직 주님께서 역사하여 주옵소서.
이 가정이 하는 모든 일과 계획하는 일들마다 주님께서 섭리하시고 이루어 주시옵소서. 그리하여 더욱 풍성한 생활로 이끌어 주옵소서.
예수님의 이름으로 기도드립니다. 아멘.

구역(속회)  예배 기도 · 3

우리의 믿음을 주장하사 온전하게 하시는 하나님!

이 가정을 택하셔서 구원과 영생을 얻게 하시고 늘 지켜 주시니 감사합니다.

우리가 이 가정을 위하여 합심하여 기도하오니, 원하옵기는 이 가정에 더욱 담대하고 강한 믿음을 주셔서 악한 세력으로부터 오는 시험과 유혹을 믿음으로 이겨 내게 하옵소서.

베드로가 예수님만을 바라보고 바다 위로 발을 내딛던 그 믿음을 이 가정과 가족들에게도 허락하여 주셔서 모든 것을 주님께만 맡기고 의지하게 하옵소서. 세파를 바라보고 무서워하다가 바다 속에 빠져드는 일이 결코 일어나지 않도록 도와 주옵소서. 우리의 손을 주님께 내미는 은총을 베풀어 주옵소서.

인간의 뜻과 생각과 계획이 아니라 하나님의 말씀과 그 뜻대로 행할 때 주님께서는 분명히 우리를 붙잡아 주시고 바른 길로 인도하여 주신다는 것을 깨닫는 지혜를 허락하옵소서.

처음 주님을 영접하고 감사하며 결심했던 그 신앙을 다시금 회복하게 하셔서 날마다 전진하게 하옵소서. 그리하여 주님의 팔로 지켜 주시고 믿음의 터 위에 굳게 서는 성도가 되게 하옵소서.

부모님을 통하여 이 가정에 귀한 복음의 씨앗이 심겨졌사오니 자녀들이 복음을 소중히 가꾸어서 훌륭한 신앙의 열매를 맺도록 인도하옵소서. 자녀들에게는 부모님께 순종하여 그 귀한 뜻을 받들 수 있는 공경심을 허락하시고, 부모님께는 사랑으로 자녀를 훈계하며 감싸 주는 넓은 마음을 허락하옵소서.

예배를 드리는 이 시간 은혜로 함께 하여 주시기를 간절히 원하오며 진리의 말씀으로 거룩하게 하시는 예수님의 이름으로 기도드립니다. 아멘.

구역(속회)  **예배 기도 · 4**

영광과 존귀를 받으실 만유의 주재, 하나님 아버지!

우리를 주님의 장 중에 붙들어 주시사 아무런 연고없이 살게 하시다가 이 가정으로 불러 주시어 구역 예배를 드리게 하시니 감사를 드립니다.

오늘도 우리에게 주님의 귀한 사랑을 내려 주시어 우리의 심령을 기쁨으로 충만하게 하옵소서. 우리 몸과 마음을 정결하게 하사 주님만을 따르게 하옵소서.

은혜의 단비를 소나기처럼 내려주시는 주님!

고통의 멍에를 벗어버리기 위하여 이렇게 주 앞에 모인 구역 식구들을 주님의 크신 날개 아래 보호하여 주시옵소서. 아버지께서 우리 구역의 가정 가정마다 위로와 권능의 손길을 펼치사 각 가정마다 평안과 희락이 넘치게 하여 주시옵소서.

특별히 이 시간 우리들이 예배드릴 수 있도록 허락하여 주신 이 가정에 축복을 내려 주시고, 이 가정의 모든 일들을 주께서 친히 담당하시사 눈동자와 같이 지켜 주옵소서. 또한 우리 구역을 위해 항상 애쓰며 기도하는 구역장에게 크신 은혜를 내려주사 주님을 사모하는 마음이 날마다 더하게 하여 주시옵소서.

이 시간 우리 교회 각 구역들이 각 가정에 모여 구역 예배를 드리고 있사오니 주께서 성령으로 함께 역사하여 주시옵소서. 우리 교회를 더욱더 사랑하시사 세상을 구원하는 일에 앞장서는 역군이 되게 하시고 세상의 어두운 곳을 비추는 빛의 일군이 되게 하옵소서. 우리 교회가 불신으로 가득찬 세상에 사랑의 손길을 펼칠 때마다 놀라운 사랑의 역사가 일어나게 하여 주시옵소서.

우리를 구원하여 주신 예수님의 이름으로 기도드립니다. 아멘.

구역(속회)  예배 기도 · 5

사랑과 자비가 풍성하신 하나님 아버지!

오늘까지 믿음의 가정을 보호하여 주시고 필요한 것들을 허락하시니 감사드립니다. 이제 주께서 귀히 여기시고 사랑으로 인치신 이 가정을 위하여 예배드리며 기도하오니 주님께서 허락하신 사랑과 평화가 늘 차고 넘치는 가정이 되게 하여 주옵소서.

온 가족이 모든 일에 불평이나 불만이 없이 서로 우애하며 살게 하시고 믿음으로 하나 되는 가정, 찬송과 기도 소리가 항상 울려나는 가정이 되도록 인도하옵소서.

화목하지 못하고 분쟁하는 생활은 사막 생활보다도 못하다는 주님의 말씀을 이 시간 기억하게 하옵소서. 우물가의 여인이 자기 만족을 구하여 여러 사람과 결혼해 보기도 하고 여러 귀한 물건들을 소유해 보기도 하였으나 참된 만족을 얻지 못한 채 갈증만 심했던 것을 기억합니다. 오늘 이 자리에 모인 우리 성도님들 모두가 참된 만족은 주님을 모시고 바른 삶의 관계를 맺는 데 있음을 깨달아 알게 하옵소서.

우리의 가정들을 지켜 주셔서 더욱 하나님 아버지께 영광돌리며 축복과 은혜가 넘치는 가정이 되게 하옵소서. 주님의 위로와 사랑을 항상 넘치게 부어 주시고 시간 시간 축복하여 주시옵소서.

성령께서 임하셔서 예배 드리는 가정 가정마다 모든 간구하는 것들이 주님의 뜻 안에서 이루어지게 하옵소서. 살아가는 데 물질 때문에 곤란을 당하지 않으며 시험에 들지 않게 하옵소서.

자녀들의 건강을 지켜 주시고 지혜를 주셔서 학업으로나 신앙으로도 앞서가는 자녀가 되게 축복하여 주옵소서.

거룩하신 예수님의 이름으로 기도드립니다. 아멘.

구역(속회)  예배 기도 · 6

사랑이 지극하신 하나님 아버지!

이 가정을 사랑하여 일찍이 주님을 영접하게 하시고 주님을 모시고 살게 하신 은혜를 생각할 때 무한 감사를 드립니다.

오늘 귀한 시간을 허락하셔서 이 가정에서 기도하오니 더 뜨거운 믿음과 열심히 주님을 섬기는 신앙을 이 가정과 우리 모두에게 허락하여 주시옵소서.

이 가정이 온전히 주님을 따르지 못하고 열심이 없어서 더 크신 사랑과 은혜를 받지 못하는 측면이 있다면 다시금 돌이켜 주께서 베푸시는 은혜를 충만히 받는 가정이 되도록 하옵소서.

네가 죽도록 충성하라 그리하면 생명의 면류관을 주시겠다고 하신 말씀을 깊이 명심하게 하시며 성령으로 역사하고 인도하여 주옵소서.

사랑의 주님이시여!

이 가정에 영과 육의 양식을 풍족하게 채워 주셔서 주님의 백성으로 주리지 않게 하시고 열심히 주님을 따르는 데 부족함이 없게 하옵소서.

무엇보다도 말씀을 열심히 읽고 묵상함으로써 주님의 진리를 확신하며 용기있게 삶을 결단해 나갈 수 있도록 지켜 주옵소서.

온 가족과 자녀들에게 특히 함께 하셔서 지혜와 총명과 건강으로 지켜 주시고 언제나 사랑이 넘치는 귀한 가정으로 축복하여 주옵소서.

복의 근원이 되시는 예수님의 이름으로 기도드립니다. 아멘.

구역(속회)  예배 기도 · 7

영원한 생명을 주시는 하나님 아버지시여!
오늘 이 가정을 주님 앞에 부르셔서 구원을 허락하시고 이제부터 영원까지 지켜 보호하여 주시겠다 약속하시는 은혜에 무한 감사를 드립니다.
새로 믿기로 작정하고 주님 앞에 두 손 들고 나온 사랑하는 성도님과 그의 가정에 성령께서 크게 역사하여 주시옵소서. 그리하여 그 영혼이 새롭게 거듭나게 하시고 하나님의 진리를 깊이 깨달아 알게 하옵소서.
옛 사람, 옛 생활을 완전히 벗어 버리고 이제부터 사는 생애는 주님만을 사랑하고 주님께 영광돌리는 축복된 생활을 하게 하옵소서. 믿음의 생활을 하게 하시며 더욱 축복하시고 감찰하셔서 마음에 낙심되는 일이 없게 하옵소서. 늘 주님의 사랑에 감사하는 생활이 되게 하옵소서.
무엇보다도 성도님께서 신앙의 계단을 잘 딛고 서서 한 계단 한 계단씩 전진해 올라가는 귀한 은총을 베풀어 주옵소서. 주님께서 친히 인도하여 주실 줄 믿습니다.
그리고 이 가정만이 아니라 우리 구역 식구들에게도 성령이 임하셔서 서로 격려하며 권면하고 위로하는 가운데 사랑의 실천을 생활하게 하옵소서.
또한 우리 교회에 속한 모든 권속들이 주님의 축복을 충만히 받아 생활이 부해지며 새로운 삶을 시작하는 가정이 되게 하옵소서.
이 가정의 모든 사정과 우리의 모든 형편을 이미 아시고 도와 주시는 예수님의 이름으로 기도드립니다. 아멘.

구역(속회)  예배 기도 · 8

먹을 것과 입을 것과 온갖 쓸 것을 부족함 없이 주시는 감사하신 하나님 아버지!

이 가정을 지켜 주셔서 부족함 없이 살아가게 하시니 무한 감사를 드립니다. 우리가 물질의 풍요로움만을 감사하며 살아가지 않게 하시고 영적인 은총을 먼저 감사하게 하옵소서. 주님을 가장 소중하게 여기는 믿음을 허락하여 주옵소서.

이 가정이 물질의 풍요만이 아니라 주님의 말씀과 영의 양식이 항상 풍성한 가정이 되게 하옵소서. 이 사회와 이 나라와 온 인류가 주님의 풍요로 가득차게 하시며 받은 것들을 함께 나누고 서로 사랑을 베푸는 가정과 나라가 되게 하옵소서.

무엇보다도 주님, 주님의 나라가 임하기를 기도드립니다. 이 세상에는 부자가 있는가 하면 가난한 사람들이 많고, 돈을 많이 벌어 기뻐하는 사람이 있는가 하면 아무리 힘써 노력해도 살아가기가 어려운 사람도 있습니다.

이런 현실 속에서 우리의 성공과 축복과 풍요를 기뻐하기에 앞서, 먼저 우는 자들과 함께 울고 고통당하는 자들과 함께 아파하는 긍휼의 마음을 우리 모두가 지니게 하옵소서.

그리하여 주님의 나라에서 모두 함께 기쁨을 누리며 살 수 있도록 준비하게 하옵소서. 또한 주께서 베풀어 주신 모든 것들을 함부로 낭비하지 않고 절제하며 더 많은 것을 주님께 돌리는 가정이 되게 축복하여 주시옵소서.

복의 근원이 되시는 예수님의 이름 받들어 기도드립니다. 아멘.

구역(속회)  예배 기도 · 9

하나님을 가까이 하는 자를 축복하여 주시는 하나님!

오늘 이 가정이 형편과 처지에 따라서 새로운 안식처로 이사하고 먼저 구역 예배로 주님께 영광돌리게 하시니 감사합니다.

이곳으로 이사하여 새 마음으로 새 생활을 하기 원하오니 이제부터 모든 계획들이 하나님의 뜻 안에서 이루어지게 하옵소서. 필요한 모든 것들을 허락하여 주시고 간구하는 기도를 들으사 응답하여 주옵소서.

특별히 육신적인 조건에만 얽매이지 말게 하시고 무엇보다 영적인 상태를 늘 점검하며 경건의 본을 가정에서나 동네에서 보일 수 있는 훌륭한 가정으로 세워 주옵소서.

가정의 머리가 되신 아버지 하나님!

이 믿음의 가정을 오래 전부터 이끌어 주셨사오니 새로 이사한 이곳에서도 사랑으로 함께 하시며 앞 길을 인도하옵소서. 믿음으로 지켜 주셔서 하나님을 더욱 사랑하고, 하나님의 말씀을 더욱 잘 지키며 몸된 교회를 위해서도 헌신과 충성을 다하게 하옵소서. 그리하여 전보다 이사한 후의 생활이 영육간에 더욱 부요하여 지게 하옵소서. 새로운 곳에서 생활할 때 어려움이 없게 하시고 이웃들에게 주님의 사랑과 말씀을 전하게 하옵소서.

또한 우리 교회에 속한 각 구역들이 주님의 지체로서 건전하게 성장할 수 있게 하시며 모든 구역이 서로 합력하여 선을 이루게 하옵소서. 세우신 각 구역의 구역장들에게 성령이 뜨겁게 역사하여 주셔서 맡은 구역을 내 집처럼 보살피고 가꾸어 나가게 하시며 구역장을 도와 구역을 돌볼 권찰들에게도 능력을 주시옵소서.

예수님의 이름으로 기도드립니다. 아멘.

구역(속회)  **예배 기도 · 10**

우리의 기도를 들으시는 아버지 하나님!

믿음의 권속들이 아버지 앞에 모여 함께 기도하고 예배하게 하시니 감사를 드립니다.

우리의 심령은 때 묻고 영은 빈약해져 있습니다. 우리의 마음과 정성을 주님께 향하오니 우리의 생각을 주장하여 주옵소서. 무엇보다도 우리 구역 식구들에게 기도의 영을 보내시사 아버지의 뜻을 따라 구할 바를 구하게 하옵소서. 모인 심령들이 서로 합력하여 선을 이루며 주님의 은혜를 기억하면서 기쁨과 즐거움으로 아버지께 찬양과 감사를 드리게 하옵소서.

이 가정을 기억하시사 성령님께서 이 가정에 필요한 것을 충만히 채워 주시고, 예배드리는 이 시간 하나님의 말씀과 은혜를 갑절이나 얻게 하옵소서. 우리 삶의 모습과 입술의 모든 말이 순결하여 지게 하시고 마음의 간절한 소원과 기도의 제목들이 주께 열납되기를 원합니다. 구역 부흥이 곧 교회 부흥의 원동력이 되는 줄 믿사오니 모든 구역이 활성화 되고 균형있게 성장하게 하옵소서.

우리로 하여금 자신의 지혜와 능력과 건강을 의지하게 하지 마옵시고 항상 하나님의 전신갑주를 입고 경성하여 승리하게 하옵소서. 이 가정을 향하여 사방에서 쳐들어 오는 원수 마귀를 물리치사 하나님이 친히 요새가 되고 방패가 되어 주옵소서.

오늘도 주시는 말씀으로 시험을 이기고, 유혹을 이기고, 악한 자를 이기고 마귀를 이겨 승리하는 귀한 성도, 복된 가정이 되게 하여 주시옵소서.

예수님의 이름으로 기도합니다. 아멘

특별 새벽 기도회  기도·1

인간의 생사화복을 주관하시는 주 여호와 하나님!

지난 밤도 주님의 품 안에서 편히 쉬게 하시고 이렇게 새 날의 첫 시간을 먼저 주님께 바치고 주 앞에 제단을 쌓을 수 있도록 허락하여 주시니 감사합니다. 주께서 겟세마네 동산에서 피와 땀을 흘리며 기도하셨던 것처럼, 우리들도 소원하는 바를 이 시간 간절하게 아뢰오니 응답하여 주시옵소서.

거룩하신 주님!

새벽 미명에 주의 전을 사모하여 이렇게 나온 성도님들을 영육간에 축복하여 주시옵소서. 우리 성도님들이 이 하루도 아무 연고 없이 지나게 하시며 주께서 늘 동행하여 주시옵소서. 온 성도님의 가정을 축복하시어 온 가족이 구원을 얻는 놀라운 역사가 일어나게 하여 주시옵소서.

이런 저런 문제를 가지고 주의 전에 나왔습니다. 그들의 문제가 무엇인지 주께서는 아시오니 모두 해결하여 주시옵소서. 그리하여 성도님들이 무거운 짐을 다 주 앞에 내려놓고 마음껏 주를 찬양할 수 있도록 인도하여 주시옵소서.

은혜가 풍성하신 하나님 아버지!

이 시간 주 앞에 쌓은 이 제단이 능력의 제단, 말씀의 제단이 되게 하여 주시오며 성령 충만한 제단이 되게 하여 주시옵소서. 이 예배에 참석한 모든 성도님들이 큰 은혜를 받아 하루의 생활을 온전히 주께 바치는 기쁨의 날이 되게 하여 주시옵소서.

인도하시는 목사님을 주께서 붙들어 주실 줄 믿사옵고, 오늘 하루의 삶을 온전히 주께 맡기며 예수 그리스도의 이름으로 기도드립니다. 아멘.

특별 새벽 기도회  **기도 · 2**

생명의 대주재이시며, 살아계신 하나님 아버지!

주님의 크신 은혜에 감사를 드리옵나이다. 새벽 시간 주를 사모하여 이렇게 주님의 존전에 나왔사오니 주의 오른 손으로 우리를 붙들어 주시고 우리 심령이 주의 날개 아래서 즐거이 주를 찬양하게 하옵소서.

날마다 우리와 동행하여 주시는 구원의 하나님!

주님만을 의지하며 주님께로 피하오니 우리를 도와 주시옵소서. 주님의 빛으로 우리를 비추사 평안 중에 거하게 하시며 우리가 주님의 전능하신 손으로 보호를 받을 수 있도록 인도하여 주시옵소서. 우리의 상한 심령에 은혜의 단비를 흡족히 내려 주시옵소서. 우리 가운데 역사하셔서 우리 마음을 주장하사 성령으로 뜨겁게 감동시켜 주시옵소서.

우리의 피난처가 되시는 주님!

이 시간 우리가 여러 가지 문제와 어려움들로 인하여 찢긴 심령으로 주께 나왔사오니 우리의 마음을 짓누르는 이 모든 문제들을 주께서 맡아 주시고 마음의 평안을 허락하여 주시옵소서. 우리가 주께 부르짖는 이 모든 간구에 귀를 기울여 주시고 우리의 소원을 들어 주시옵소서.

특별히 간구하옵기는 우리들이 세상적인 일에 매여 종노릇하지 않고 의로운 일을 위해 주께 간구하고 매어달리는 믿음의 자녀가 되게 하여 주시옵소서. 우리의 모든 일들을 주께 맡기오니 주께서 친히 담당하여 주시옵소서.

우리를 주님의 장 중에 붙들어 주실 줄 믿사오며 예수 그리스도의 이름으로 기도드립니다. 아멘.

특별 새벽 기도회  기도 · 3

사랑과 자비와 은혜가 풍성하신 하나님 아버지!

지난 밤 동안도 우리를 주님의 품 안에서 편히 쉬게 하시고 새 힘과 소망으로 또 하루를 맞이하게 하시니 감사합니다. 또 우리들을 재촉하셔서 이 새벽에 주님의 거룩한 집에 나와서 기도하게 하시니 감사드립니다.

거룩하신 하나님 아버지!

우리들은 아직도 죄에 사로잡혀 주님께 복종하지 못하고 있습니다. 세상의 쾌락을 위해서는 한 없는 애착을 가지고 있으나 영적인 일과 영혼을 위해서는 너무도 나태합니다. 주님께 엎드려 기도하고 섬기는 데 태만한 우리들을 불쌍히 여겨 용서하여 주시고 주님의 형상대로 변화되게 이끌어 주옵소서. 신앙의 문제로 고민하여 아뢰는 기도를 주님께서 응답하여 주시고 하나님의 귀하신 뜻을 바로 깨달아 온전한 길로 나가도록 인도하여 주옵소서. 모든 성도들에게 새벽 기도의 기쁨을 알게 하옵소서.

만복의 근원이 되시는 하나님 아버지!

우리 교회를 늘 새롭게 하시고 주님의 성령이 늘 살아 있는 교회로 이끌어 주시옵소서. 그리하여 주님께서 명령하신 교회의 사명을 잘 감당하게 하옵소서. 기도의 불길이 꺼지지 않게 하시며 이 새벽 제단을 쌓는 일에 더욱 열심있는 성도들이 되게 하시옵소서.

택하신 목사님에게도 주님께서 은혜를 주셔서 교회와 양떼를 보살피기에 조금도 부족함이 없게 하옵소서. 우리들의 오늘 하루의 생활을 지키시고 인도하여 주시며 깨끗하고 진실된 삶을 살 수 있게 하옵소서. 하나님의 선하시고 기뻐하시며 온전하신 뜻을 알 수 있는 지혜도 주옵소서.

예수님의 이름으로 기도드립니다. 아멘.

특별 새벽 기도회  **기도 · 4**

환난날에 우리를 지키시는 하나님!

주의 성도들을 사랑하시오니 감사드립니다. 이 새벽 시간 예수 그리스도 안에서 날마다 힘있게 붙들린 바 되기를 원합니다.

주님의 능력 안에서 날마다 새 힘을 얻어 살기를 간절히 원합니다. 주님! 우리의 소원에 응답하여 주옵소서. 우리의 심령을 깨워 주옵소서. 성령의 인도함을 받아 힘있게 주를 위하여 헌신할 수 있도록 날마다 주장하여 주옵소서. 직분에 충성하는 청지기가 되게 하옵소서.

악한 마귀가 주의 백성들을 넘어 뜨리려고 사명자와 직분자들을 연약하게 만듭니다. 공중 권세 잡은 악한 마귀가 예수의 이름으로 물러가며 하나님께서 곳곳에 있는 주의 백성들을 주의 성령으로 충만하게 하옵소서.

닥쳐오는 환난에서 지켜 주시며, 그 환난 날에 하나님의 능력으로 승부하게 하여 주옵소서. 다니엘 특별 새벽 기도를 통하여 믿음의 큰 역사가 일어나게 하옵소서. 성령님의 은혜를 이 시간도 흡족히 부어 주옵소서.

그리스도인으로, 온전한 하나님의 사람으로, 하나님의 마음에 온전히 합한 사람들이 되어서 그리스도의 영광을 위하여 살 수 있는 귀한 생애가 되게 하옵소서. 축복된 삶을 위해 부르짖으며 기도드립니다. 하나님의 축복을 받는 모든 성도들이 되게 하여 주옵소서.

우리를 부르시어 복 주시기를 원하시는 예수님의 이름으로 기도드립니다. 아멘.

특별 새벽 기도회  **기도 · 5**

　하늘로서 비를 내리시며 결실기를 주시사 음식과 기쁨으로 우리의 마음을 만족하게 하시는 하나님 아버지!
　부족하고 죄 많은 우리 인생들을 구원하여 주시고 늘 눈동자와 같이 지켜 주시는 자비로우신 아버지께 찬양을 드리옵나이다.
　주께서 우리 심령을 사로잡아 주셔서 통회 자복하지 않고는 견딜 수 없는 심령으로 변화시켜 주시고, 우리의 회개하는 심령을 받아 주시사 용서하여 주시며 세상의 헛된 것이 아닌 신령한 것을 위해 간구하는 우리들이 되도록 주님이 친히 인도하여 주시옵소서.
　다니엘 특별 새벽 기도에 모든 성도들이 다 참여하여 축복된 삶을 위해 기도하게 하옵소서.
　주님께서 우리에게 은혜를 주시는 중요한 방편으로 성례식을 허락하여 주시사 우리가 주님의 고난에 동참하여 주님과의 관계를 이루어 나갈 수 있도록 축복하여 주심을 진심으로 감사드립니다. 주님의 피묻은 손으로 우리의 심령을 어루만져 주시옵소서.
　하나님! 특별히 간구하옵기는 이 민족을 축복하사 온 백성들이 다 회개하고 구원받을 수 있도록 섭리하여 주옵소서. 성을 지키는 자가 여호와와 함께 하심이 아니면 파수꾼의 경성함이 허사인 것을 믿습니다.
　주 안에서 하나 되게 하시고 이 민족을 자유의 국가로, 하나님의 축복을 받는 국가로 만들어 주옵소서. 통일 국가가 이룩될 수 있도록 축복하여 주옵소서.
　시작하는 시간이오니 예배의 순서와 절차마다 주님께서 맡아 주관하여 주시기를 바라옵고 예수님의 이름으로 기도드립니다. 아멘

특별 새벽 기도회  **기도 · 6**

　은혜가 풍성하신 하나님!
　오늘처럼 복된 새벽에 주님의 자녀들을 원근 각처에서 불러 주심을 감사드립니다. 베푸신 은혜로 하루의 첫 시간을 주님께 예배하게 하시고 우리의 몸과 마음이 주님 안에서 쉼을 얻게 하시니 참으로 감사합니다.
　거룩하신 하나님 아버지!
　우리는 먼저 주님만이 우리의 찬양과 경배의 대상이 되심을 고백합니다. 주님 홀로 영광 받으시옵소서. 우리들이 드리는 이 기도가 참으로 하나님께 열납되기를 원합니다. 기도드리는 우리들로 하여금 주님의 궁휼과 자비를 체험하게 하옵소서. 우리의 마음을 주님의 사랑과 소망으로 채워 주시사 우리들로 하여금 그리스도의 장성한 분량까지 성장하도록 인도하여 주옵소서.
　특별 새벽 기도를 통하여 한국 교회의 새벽을 깨우는 역사가 일어나게 하옵소서. 모든 순서 하나 하나를 통하여 하나님께 영광을 돌리고 우리 모두에게는 은혜의 시간이 되게 하옵소서. 예배를 통하여 머리가 되신 그리스도의 지체임을 다시 확인합니다. 우리의 믿음을 더욱 굳게 하시고 그리스도 안에서 한 형제·자매됨을 인하여 진정 기뻐하며 하나님께 감사와 영광을 돌립니다.
　하나님 아버지!
　우리를 말씀으로 무장시키시고, 성령의 능력으로 덧입혀 주옵소서. 세상에 나아가 살 때에는 진정 주님의 증인으로서의 역할을 넉넉히 감당하여 아버지께 기쁨과 영광을 돌리는 자가 되게 하옵소서.
　모든 권세와 영광과 존귀가 영원히 주님께 있기를 간구하오며 예수님의 이름으로 기도드립니다. 아멘.

특별 새벽 기도회  **기도 · 7**

　공중의 나는 새에게도 깃들 곳을 마련하여 주시고 들의 백합화도 입히시는 자비로우신 하나님 아버지!

　천고마비의 계절을 맞아 그동안 나태하고 게을렀던 심령들이 다시금 생기를 되찾아 오로지 주님을 향해 달음박질 칠 수 있는 강건한 믿음을 주시니 감사합니다.

　특별히 다니엘 특별 새벽 기도회를 통해 간구하옵는 것은 가족 중에서 혼자서만 신앙 생활을 하는 성도들이 있사오니 그들의 간구하는 소리를 들어 주시사 그 가정에 구원의 은총을 허락하여 주시옵소서. 환난 중에 있는 심령들에게는 주께서 친히 위로하여 주시며 그 고통의 소리에 귀기울여 주시사, 오직 주님의 십자가를 바라보면서 어려움을 이겨낼 수 있도록 주께서 동행하여 주시옵소서.

　우리 주변에는 주님이 주시는 평안을 맛보지 못하고 사탄의 유혹에 빠져 세상에 취해 자기를 주체하지 못하고 허우적거리는 가련한 인생들이 많이 있사오니 그들을 사망의 음침한 골짜기에서 생명길로 인도하여 주시옵소서. 어둠에 싸여 길을 잃고 헤매는 인생들에게는 주님이 빛으로 인도하시사 모든 이들이 주님의 전에 올라와 한 목소리로 주님께 찬양을 드리는 놀라운 역사가 일어나게 하여 주시옵소서.

　우리 목사님을 주님의 장 중에 붙들어 주셔서 늘 피곤하지 않게 하시고 이 시간 주님의 말씀을 증거하실 때 성령이 그 말씀 가운데 임재하셔서 우리 심령에 뜨겁게 역사하여 주시옵소서.

　우리의 드리는 기도를 주께서 기쁘게 받아 주시며 우리 심령을 한없는 은혜로 채워 주시기만을 간절히 빌고 원하오며 예수님의 이름으로 기도드립니다. 아멘.

특별 새벽 기도회  **기도 · 8**

진리의 말씀으로 우리를 채워 주시는 귀하신 주님!

새벽 기도회 중에 주께서 성령으로 임재하셔서 상한 마음을 가지고 주의 전에 모인 심령들에게 참된 평안과 기쁨을 허락하여 주시옵소서. 이 시간 성령께서 우리에게 임하사 크신 권능을 주시며 불과 같은 성령으로 정욕과 죄악에 물든 맘을 태워 주시사 우리를 성결하게 하여 주시옵소서.

아버지께서는 구하는 자마다 얻으리라는 말씀으로 훈계하시며 사랑과 배려로 인간의 간구를 들어 주시는 분이심을 믿사오니 언제나 축복하여 주시기를 원하옵니다.

특별 새벽 기도 시간, 아버지께 간구하도록 마음의 문을 활짝 열어 주시고 입술을 주장하시사 영적인 대화에 게으르지 않게 하옵소서. 그리하여 주님의 뜻을 확실히 깨달아 주님께서 원하시고 기뻐하시는 생활을 살게 하옵소서.

이 나라와 민족을 위해서, 이웃과 형제들을 위해서 기도하는 신앙을 주시옵소서. 하루의 생활을 기도로 시작하여 기도로 끝맺게 하시고 성령께서 언제나 함께 하옵소서.

이 시간 모든 심령들이 은혜를 풍성하게 받는 귀한 시간이 되게 하셔서 한 심령도 빈 마음으로 돌아가지 않게 하여 주시옵소서. 오순절 다락방에서처럼 불길 같은 성령으로 이곳에 임재하여 주시옵소서. 힘이 없고 연약하여 늘 쓰러지며 깨어지는 우리 마음을 성령께서 붙들어 주시사 쓰러지지 않게 하옵소서. 우리의 눈을 열어 위로부터 내리는 주님의 은혜를 바라보게 하시며 주님이 예비하신 하늘의 축복과 영광을 맛보게 하옵소서.

예수님의 이름으로 기도드립니다. 아멘.

특별 새벽 기도회  **기도 · 9**

사랑과 은혜가 풍성하신 하나님 아버지!

주님의 몸된 교회를 위해 우리들을 주님의 구원 역사의 동참자로 불러주심을 감사드립니다.

우리들을 성령으로 뜨겁게 감동시키사 충성된 종으로서 풍성한 열매를 맺게 하여 주옵소서. 그리하여 우리들이 교회와 사회의 신실한 일꾼이 되며 가정을 믿음으로 이끌어갈 수 있도록 인도하여 주시옵소서.

덕을 세울 수 있는 우리들이 되게 하여 주시옵소서. 우리는 약하나 주님은 강하시니 우리가 주님의 말씀에 의지하여 하나님의 전신갑주를 입고 선한 싸움의 대열에서 앞장서기로 결단하는 귀중한 시간이 되게 하여 주시옵소서.

특별히 이 시간 단에 세워주신 목사님을 주께서 친히 인도하여 주시사 은혜로 채워 주시고 생명의 꿀로 우리를 먹이실 때, 은혜의 말씀으로 우리를 풍성하게 하옵소서. 우리들에게 새 힘을 불어 넣어 주는 은혜와 능력의 말씀이 되게 하여 주시옵소서. 주님의 일에 전력투구하시는 목사님을 기도와 감사함으로 도와드리는 믿음을 우리에게 허락하여 주시옵소서.

우리들이 신실하게 주를 섬기며 봉사함으로써 주께는 영광을 돌리고 믿는 사람들에게는 믿음의 본이 되게 하여 주시옵소서. 세상을 환하게 비추는 등불이 되게 하여 주시옵소서. 우리 교회가 영원히 꺼지지 않는 진리의 등불이 되게 하시며 모든 사람들에게 생명의 양식을 먹이기에 부족함이 없는 신령한 제단이 되게 하여 주시옵소서. 우리가 이 시간 마음 문을 열어놓고 주님께 예배드리오니 은혜와 사랑으로 우리 심령을 채워 주시옵소서.

예수 그리스도의 이름으로 기도드립니다. 아멘

특별 새벽 기도회  **기도 · 10**

살아계셔서 역사하시는 주님!

오늘 하루의 삶을 또 허락하셔서 주님의 선하신 뜻을 실천하게 하시니 감사와 찬송을 드립니다.

이 새벽 시간, 간구하옵기는 우리에게 육신의 건강을 주셔서 이 사회에 꼭 필요한 일꾼으로 세워 주시사 주어진 사명을 능히 감당할 수 있게 하옵소서. 우리에게 영혼의 건강도 허락하여 주옵소서. 하나님의 말씀과 뜻을 바로 깨달아 사단의 유혹을 물리치게 하옵소서. 우리의 마음을 주의 사랑으로 가득 채워 주시고, 상한 심령에는 위로와 평강이 넘치게 하여 주시옵소서.

목사님의 피로한 몸과 마음에 쉼을 주시고 영력을 더하시사 양떼를 먹이시기에 조금도 부족함이 없는 귀한 목사님으로 삼아 주시옵소서. 우리들의 아픔과 고통이 목사님의 입술을 통해 나오는 말씀의 능력으로 다 물러가고 평안과 기쁨이 넘치게 하여 주시옵소서. 말씀을 들을 때 메마른 심령에 사랑이 넘치며 먹보다도 더 검은 죄로 물든 우리의 심령이 눈보다도 더 희어지는 놀라운 역사가 일어나게 하여 주시옵소서.

새벽 기도를 통하여 주님을 알지 못하던 심령들이 구원을 받는 놀라운 이적이 일어나게 하옵시고 주 앞에 헌신하기로 결단하는 시간이 되게 하시며 나태해져 있던 심령들이 새로워지게 하여 주시옵소서. 악한 마귀가 틈타지 않도록 성령께서 지켜 보호하여 주시고 우리 심령을 주님의 귀하신 말씀으로 덧입혀 주시옵소서.

오늘 하루도 주님의 사랑 안에서 힘차고 경건한 삶을 살게 하옵소서.

예수님의 이름으로 기도드립니다. 아멘.

특별 새벽 기도회  기도·11

사랑과 자비가 풍성하시며 새 날의 주인이 되시는 하나님 아버지!

지난 밤 동안도 우리들을 주님의 품 안에서 편히 쉬게 하시고 또 건강함을 주셔서 이 새벽 첫 시간을 주님께 드릴 수 있게 하시니 감사드립니다. 오늘 하루도 종일토록 주님만을 위해서 살게 하옵소서.

자비하신 주님!

우리들의 영과 육을 맡아 주관하옵소서. 먼저 영혼을 건강하게 하셔서 주님의 등불이 되게 하옵소서. 죄와 어둠이 없는 깨끗한 영혼으로 축복하여 주시옵소서. 우리 육체를 성결하게 하셔서 평생토록 주님을 증거하며 살아가게 하옵소서.

다니엘 특별 새벽 기도를 통해 이 새벽에 주의 전에 엎드린 사랑하는 성도들의 기도에 응답하여 주시고 삶의 문제를 위하여 기도하는 모든 간구를 들어 주옵소서.

만복의 근원이 되시는 하나님 아버지!

우리 교회를 위해서 기도합니다. 항상 기도의 불길이 꺼지지 않으며 찬송의 소리가 그치지 않게 하옵소서. 사랑으로 하나 되게 하시고 은밀한 봉사와 헌신의 손길이 마르지 않게 하옵소서. 특별히, 직분을 맡은 이들에게 함께 하셔서 귀한 직분을 감당하는 데 조금도 부족함이 없도록 건강과 가정과 사업을 축복하여 주옵소서. 죽도록 충성하여 생명의 면류관을 쓰기까지 헌신하게 하옵소서.

이 새벽에도 기름 부어 세우신 목사님을 통하여 말씀을 주시겠사오니, '아멘'으로 받아들이기에 부족함 없는 심령들이 되게 하옵소서. 오늘 하루 우리의 생활이 하나님의 선하시고 기뻐하시는 삶이 되게 하옵소서.

예수님의 이름으로 기도드립니다. 아멘.

특별 새벽 기도회  **기도 · 12**

언제나 우리들을 돌아보시는 하나님 아버지!

우리 교회에서 오래 전부터 준비하고 사모해 왔던 특별 새벽 기도회를 할 수 있도록 허락하시니 진심으로 감사드립니다.

이 시간 함께 하시고 온전히 주관하셔서 하나님의 영광이 크게 드러나는 시간이 되게 하시며 큰 은혜를 받는 복된 시간이 되게 하옵소서.

먼저 우리의 죄와 허물을 고백합니다. 하나님께서는 아무 짝에도 쓸모없고 죄로 인하여 죽을 수밖에 없는 우리들을 버리지 않으시고 사랑하셨나이다. 그리고 그리스도의 보혈을 흘려 주셨나이다. 그러나 주님, 우리는 이처럼 큰 은혜와 축복을 받았으면서도 깨닫지 못하고 불평과 원망 속에서 너무나 많은 죄를 범하며 살아 왔나이다. 이 시간 우리들을 불쌍히 여기셔서 모든 죄악이 깨끗이 사함받는 시간이 되게 하옵소서. 이번 새벽 기도를 통하여 다시 한번 우리의 신앙을 회복하는 놀라운 역사가 있게 하옵소서.

오늘 드리는 이 예배가 우리의 삶 전체와 모든 정성을 다하여 드리는 예배가 되게 하시며 새롭게 결단하는 은혜의 시간이 되게 하옵소서.

말씀을 증거하실 목사님에게도 함께 하셔서 능력있는 말씀을 증거하시기에 부족함이 없게 하옵시고 우리 모두는 마음의 문을 열고 받아들이게 하옵소서. 오늘 예배를 통하여 주님 홀로 영광 받아 주시고 우리 위에 한량없는 은혜를 내려 주시옵소서.

모든 시종을 주께 맡기오며 거룩하신 예수님의 이름 받들어 기도드립니다. 아멘.

특별 새벽 기도회  **기도 · 13**

자비로우신 하나님 아버지!

지난 밤도 주님의 품 안에서 편히 쉬게 하시고 이렇게 새 날의 첫 시간을 먼저 주님께 바치게 하시니 감사합니다.

주님께서는 우리를 보호하시고 옳은 길로 인도하려 하시지만 우리는 나태하고 게을러서 주님의 일을 감당하지 못할 때가 너무도 많습니다. 세상에서 일이 잘 안되고 어려움을 당할 때는 주님을 원망했고, 일이 잘 되고 순조로울 때는 모든 영광을 자신에게 돌리곤 하였습니다.

교만하고 간사한 이 죄인들을 긍휼히 여기사 용서하여 주시옵고, 사랑의 손길로 우리들의 심령을 어루만져 주시옵소서. 새벽 미명에 주의 전을 사모하여 이렇게 나온 성도님들에게 영육간에 축복하여 주시사 오늘 하루도 무사히 지나게 하시며 주께서 늘 동행하여 주시옵소서. 온 성도님들의 가정을 축복하사 모든 가족이 구원 얻게 하시며 그들의 문제를 친히 해결하여 주시옵소서.

은혜가 풍성하신 하나님 아버지!

이 시간 주 앞에 쌓은 이 제단이 능력의 제단, 말씀의 제단이 되게 하여 주시오며, 성령 충만한 제단이 되게 하여 주시옵소서. 이 예배에 참석한 모든 성도님들이 큰 은혜를 받아 하루의 생활을 온전히 주께 바치는 기쁨의 날이 되게 하여 주시옵소서.

주님의 귀한 목사님을 주께서 친히 붙들어 주셔서 오늘 하루도 계획한 모든 일들을 다 이룰 수 있도록 인도하여 주시옵소서.

예수 그리스도의 이름으로 기도드립니다. 아멘.

특별 새벽 기도회  **기도 · 14**

새 날을 주신 하나님!

하루를 주님과 함께 시작하도록 불러주시니 감사합니다. 이 새벽에 기도하기 위해 나온 모든 성도님들이 주님의 은총을 받아 하루를 힘차게 살아가게 하옵소서. 이 하루를 감사로 시작하기 원합니다. 영혼 깊은 곳으로부터 조용히 주님을 향해 경배와 찬양과 감사를 드립니다.

특별 새벽 기도를 통하여 잠자던 마음들을 일깨워 주시사 잊었던 죄들을 생각나게 하시고 눈물로 철저히 통회하게 하시며 새로운 소망과 기쁨과 새 언약을 붙잡고 나가게 하옵소서. 우리 속에 정한 마음을 창조하시고, 우리 안에 정직한 영을 새롭게 하옵소서. 기도하는 우리의 입술만이 아니라 생활에서도 주님을 진정 경배하도록 도와 주옵소서. 365일 기도의 불길이 꺼지지 않게 하시고 기도하는 시간 시간마다 나라와 민족을 위하여, 교회와 가정을 위하여, 그리고 성령충만을 위하여 기도하게 하옵소서.

오늘 하루도 주님 보시기에 기뻐하시고 온전하신 뜻을 이룰 수 있는 지혜를 주옵소서. 우리에게 좋은 가정과 부모님과 가족들, 그리고 친구들을 주시고 일할 수 있는 일터와 건강이 있으며, 무엇보다도 주님을 마음껏 섬길 수 있는 교회를 주셨음을 감사드립니다.

새벽 기도를 위하여 온 정성과 심혈을 쏟으시는 목사님의 심신을 강건케 하시며 기도하는 모든 성도들 위에 응답과 축복을 주옵소서. 우리의 영혼이 예수 그리스도의 빛으로 충만하게 하셔서 죄와 어두움이 없는 깨끗하고 정결한 영혼이 되게 하옵소서.

우리의 목자가 되시는 예수님의 이름으로 기도드립니다. 아멘.

야외  예배 기도

천지만물을 창조하시고 주재하시는 하나님 아버지!

이 아름다운 자연을 우리에게 맡겨 다스리게 하시고 자연의 소산으로 우리에게 먹여 주시는 크신 사랑에 감사와 찬양을 드립니다.

혼탁하고 복잡한 세상에서 일에 쫓겨 기계적으로 살아가던 우리를 이 아름다운 동산으로 인도하여 주셔서, 대 자연 속에서 우리 자신을 다시 한번 돌아보고 주님을 더 깊이 만나는 귀한 시간을 주시니 감사합니다.

아름다운 자연 속에서 마음을 활짝 열고 기쁨으로 감사 기도드리고 주님의 은혜를 사모하는 모든 성도님들에게 한없는 은혜와 축복을 내려 주셔서 주님의 크신 은총을 만끽할 수 있도록 하옵소서. 세상에서 실망하고 좌절한 심령들과 마음의 병을 지니고 있는 심령들에게는 자연의 속삭임에서 깨끗이 씻음받는 은혜를 허락하여 주시옵소서.

주님! 이 예배를 위해 기도와 물질로, 그리고 여러 가지 모양으로 준비하신 목사님과 집사님들, 그리고 온 성도님들을 주님께서 축복하여 주시옵소서. 이 예배를 통하여 우리들이 우리의 마음을 아프게 짓누르는 무거운 짐을 내려놓고 십자가의 그늘 밑에서 쉼을 얻는 귀한 체험을 하게 하옵시며 주님을 따르는 기쁨이 얼마나 크고 깊은 것인지를 오늘 하루의 일정을 통해서 깨달아 알게 하여 주시옵소서.

오늘 하루를 온전히 주께 맡기고 주님이 주시는 참된 평안에 거하는 귀한 시간으로 삼아 주시옵소서. 모든 순서를 마치고 무사히 집으로 돌아갈 수 있도록 인도하여 주시옵기를 바라며 참 기쁨과 생명을 주시는 예수님의 이름으로 기도드립니다. 아멘.

철야 기도회  기도

살아계신 하나님 아버지!

주님의 크신 은혜에 감사드립니다. 이 시간도 주를 사모하여 이렇게 주님의 존전에 나왔사오니 주의 권능의 손으로 우리를 붙들어 주시고 우리의 심령이 주의 날개 아래서 즐거이 주를 찬양하게 하여 주시옵소서.

날마다 우리와 함께 동행하여 주시는 주님!

주님만을 의지하며 주님께로 피하오니 환난 날에 피난처가 되어 주시며 우리의 연약함을 도와 주시옵소서. 상한 심령에 은혜의 단비를 흡족히 내려 주시옵소서. 우리는 범죄하기 쉬우나 불길 같은 성령은 모든 죄악을 다 태우고도 남음이 있음을 믿습니다. 우리 가운데 시간 시간 역사하셔서 우리의 마음을 주장하여 주시사 우리의 심령을 성령으로 뜨겁게 감동시켜 주시옵소서.

이 시간 여러 가지 문제와 어려움들로 인하여 찢긴 심령으로 주께 나왔사오니 우리들의 마음을 짓누르는 이 모든 문제들을 주께서 맡아주시고 마음의 평안을 허락하여 주시옵소서. 주께 부르짖는 이 모든 간구에 귀를 기울여 주시고 우리의 간절한 소원에 모두 응답하여 주시옵소서.

특별히 간구하옵기는 우리들이 세상적인 일에 매여 종노릇하지 않고 의로운 일을 위해 주께 간구하고 매달리는 믿음의 자녀가 되게 하여 주시옵소서. 주님의 십자가만을 붙들고 믿음의 선한 싸움을 싸우게 하여 주시옵소서. 우리의 모든 일들을 주께 맡기오니 주께서 친히 담당하여 주시옵소서.

이 밤도 우리를 주님의 축복의 장 중에 붙들어 주실 줄 믿사오며 예수 그리스도의 이름으로 기도드립니다. 아멘.

헌금  기도 · 1

천지만물의 주재이신 여호와 하나님!
거룩한 성일에 주님 전에 불러모아 주시사 주의 장막에서 예배드리고 찬송하게 하시며 말씀으로 이끌어 주시사 영혼이 부요해질 수 있는 축복과 지혜를 허락하여 주신 은혜에 감사를 드립니다.
은혜로우신 하나님 아버지!
이 시간 주님의 은혜에 감사하여 정성스런 마음으로 예물을 봉헌합니다. 주께서 우리에게 쏟아 부어주신 은혜에 비하면 우리의 연보가 보잘 것 없지만, 정성을 모두어 이 헌물을 드리오니 기쁘게 열납하여 주옵소서.
가난한 과부의 두 렙돈을 가장 소중히 여기신 주님!
우리들이 드린 이 헌물이 자신의 삶을 전체로 드린 과부의 귀중한 연보가 되게 하여 주옵소서.
이 시간 바칠 물질이 없어 주께 예물을 바치지 못한 성도님들에게 주께서 친히 찾아가셔서 그 마음을 위로하여 주시고 사르밧 과부의 기름 병과 밀가루 부대가 마를 날이 없도록 축복하여 주신 것처럼 그들에게도 물질의 축복을 허락하시어 주께 물질로 헌신하는 기쁨을 누리게 하여 주시옵소서.
시간과 물질과 정성을 다 바쳐 아버지께 예배드리오니 우리의 심령을 산 제물로 받아주시옵고 주의 영이 예배 가운데 임재하여 주셔서 우리 심령이 주님과 교통하는 귀중한 시간이 되게 하여 주시옵소서.
예배의 남은 순서를 주께 맡기오며 예수 그리스도의 이름으로 기도드립니다. 아멘.

헌금  기도 · 2

아버지의 뜻을 따르기 위해 목숨도 아끼지 않으신 주님!

특별히 오늘 거룩한 주님의 날을 맞이하여 주님 전에 올라와 예배드리고 주님의 날개 아래서 평안히 쉴 수 있도록 허락하여 주시니 무한 감사를 드립니다.

세상의 유혹을 물리치고 주님께만 소망을 두는 귀한 믿음을 허락하여 주시옵소서. 주님의 말씀에만 순종하며 의지하는 순결한 믿음을 허락하여 주시고 환란과 핍박 중에도 믿음을 굳게 지키는 거룩한 성도들이 될 수 있도록 우리를 인도하여 주시옵소서.

이 시간, 순서에 따라 우리들이 정성껏 주님 앞에 예물을 봉헌합니다. 과부의 두 렙돈을 수천의 금보다도 더 귀하게 여기시는 주님, 액수의 다과를 보시지 않고 바치는 손길의 정성을 보신다는 것을 우리로 알게 하여 주시옵소서.

주님 앞에 예물을 드린 손길들을 축복하여 주셔서 영육간에 궁핍함이 없도록 은혜를 내려 주시고 물질이 없어 바치지 못한 심령들에게는 낙심하지 않는 믿음을 허락하여 주시옵소서. 이 물질이 쓰여지는 곳곳마다 주님의 영광이 나타나는 놀라운 은혜도 내려 주시옵소서.

교회 재정에 풍성함을 허락하시고 성도들에게 강건한 믿음을 허락하여 주셔서 물질로 말미암아 시험당하는 일이 없도록 하여 주시옵소서. 우리 목사님을 강하게 붙들어 주셔서 악한 마귀가 틈타지 못하도록 지켜 주시옵소서. 목사님의 입술을 통해 나오는 진리의 말씀으로 이 시간 우리 심령이 새롭게 거듭날 수 있도록 인도하여 주시옵소서.

주님께 이 예배를 온전히 맡기오며 예수님의 이름으로 기도드립니다. 아멘.

식사  기도

　주님! 이 귀한 음식을 차려 놓고 한 상에 둘러앉아 음식을 먹게 하시니 감사드립니다. 이 모든 것이 하나님께서 주신 것임을 믿사오며 감사함으로 받으니 음식을 먹고 마시며 즐기는 우리의 모습을 보시고 기뻐하시옵소서.

　이 음식을 위하여 수고한 이들을 기억합니다. 생산하기에 수고한 분들과 이 상이 차려지기까지 부엌에서 수고한 정성의 손길이 있습니다. 그분들에게도 감사하는 마음으로 먹고 마시는 이 음식이 육체의 영양분이 되게 하옵소서.

　마른 빵 한 조각을 씹더라도 우리가 서로 다투지 않는 화목한 가정이 되게 하옵소서. 한 솥에 지은 음식을 먹고 우리가 한 마음 한 뜻으로 서로 사랑하게 하옵소서. 한 수도꼭지에서 흐르는 물을 마시고 즐거워하듯 은혜의 생수로 가정이 하나 되게 하옵소서.

　우리가 한 상에 둘러 앉았사오니 힘도 마음도 모아지게 하옵시고, 한 지붕 밑에 사는 이 가정이 주님이 함께 하시는 임마누엘의 복된 가정이 되게 하옵소서.

　이 시간 음식이 없어 굶주리고 있는 북녘의 동포를 기억하게 하시고 그들을 불쌍히 여겨 주시옵소서. 또한 흩어져 있는 식구들에게도 기쁨을 주시고 튼튼한 마음과 몸으로 일하게 하여 주시옵소서.

　우리가 먹고 마시는 것을 통해 주님을 영광스럽게 하며 더 열심히 섬길 수 있기를 원합니다. 이 음식에 축사하사 하나님의 나라와 그의 의를 위한 복된 음식이 되게 하옵소서.

　예수님의 이름으로 기도드립니다. 아멘.

가정을  위한 기도

사랑의 주님!

귀한 가정 주신 것을 감사합니다. 우리를 부부 되게 하시고 이 가정에 귀한 선물로 아들과 딸을 주사 주 안에서 자라게 하시며 이 가정이 믿음의 가정이 되게 축복하여 주심을 감사드립니다. 지금까지 이 가정을 지켜 주신 분도 주님이시고 앞길을 축복하며 인도하실 분도 오직 주님뿐이심을 믿사오니 모든 일들이 주님의 뜻 안에서 이루어지게 하옵소서.

이 가정이 성경 말씀의 기초 위에 서게 하옵시며 복음으로 늘 한마음 되게 하옵소서. 주님이 삭개오의 집에 가신 것 같이 우리 가정에도 오시사 함께 하시는 임마누엘의 가정이 되기를 원합니다. 우리의 자녀들이 이삭처럼 여호와 하나님을 전적으로 신뢰하는 아브라함의 후손이 되게 하옵소서.

주님! 이 가정이 화목하게 하옵소서. 우리 부부가 언제나 변함없는 사랑으로 다정하게 하시고 사랑으로 일심동체 되게 하시어 사랑과 화평의 본이 되는 좋은 부모가 되게 하옵소서. 우리 자녀들은 성령의 감동으로 자라나며 형제간에 우애있게 하옵소서.

이 가정이 주의 은혜 안에서 늘 평강하기를 원합니다. 우리 모두가 영육간에 강건하며 맡은 일에 성실하게 하옵소서. 절제할 줄 알아 일할 때 일하고 놀 때 놀며 잘 때에는 항상 단잠을 자게 하옵소서.

또한 이 가정이 이웃에 모범이 되게 하옵소서. 주 안에서 부모를 공경하며 효행함으로 모범이 되고, 자녀를 주의 말씀으로 양육하여 모두가 그리스도의 인격을 본받아 사랑을 실천하는 진실하고 경건한 그리스도의 가정이 되게 하옵소서.

가정의 주인이 되시는 예수님의 이름으로 기도드립니다. 아멘.

남편을  위한 기도

고마우신 하나님 아버지!

사랑이 넘치는 귀한 가정을 주셨으니 감사드립니다.

이 시간 남편을 위하여 기도하오니 그를 불쌍히 여기시고 긍휼히 여겨 주시옵소서. 남편이 살아계신 하나님을 간절히 찾고 만나는 자가 되게 하여 주옵소서. 마음에 늘 하나님 아버지를 모시고 살며 하나님을 아바 아버지라 부를 수 있도록 성령의 불로 충만하게 하여 주옵소서.

범사에 감사하며 불평이나 원망하는 생활이 되지 않도록 늘 그의 마음에 은혜를 더하여 주시옵소서. 세상의 모든 정욕을 끊고 이길 수 있는 능력과 힘을 더하여 주시옵소서. 그리하여 먼저 그의 나라와 그의 의를 구하는 자가 되게 하시고, 아버지의 살아계심과 자기의 죄로 인해 예수님이 십자가에 달리심을 입술로 시인하며 세상에 나가서는 빛과 소금의 역할을 다하는 자가 되게 하여 주시옵소서.

영육 간에 강건함을 주시고 직장에서나 가정을 이끌어 가는 데 조금도 부족함이 없도록 온유한 마음과 지혜와 능력을 주시어 어디서든지 늘 인정받는 믿음의 남편이 되게 하옵소서.

이 나라와 이 민족을 위해 기도하는 자가 되게 하시며 믿음의 반석 위에 굳게 세워 주시사 세상을 이기고 승리하는 자가 되게 하여 주시옵소서. 저로 하여금 사랑받기 보다는 먼저 사랑하게 하시고, 위로받기 보다는 먼저 위로하며, 이해받기 보다는 먼저 이해할 줄 아는 현숙한 아내가 되게 하옵소서.

저희 부부가 오늘도 주님의 사랑으로 한 마음, 한 뜻을 이루며 항상 평안과 감사가 넘치는 삶을 살게 하시니 모든 것에 감사드리오며 거룩하신 예수님의 이름으로 기도드립니다. 아멘.

아내를  위한 기도

사랑의 하나님!

하나님께서 저를 사랑하셔서 귀한 선물인 제 아내를 허락하신 것을 감사합니다.

순결케 하시는 은혜를 우리 가정에 부어주시고 우리가 주님의 빛 가운데서 살아가게 하시며 부족함 많은 저에게 서로 돕고 의지하면서 살게 하시니 진정 감사를 드립니다.

뼈 중의 뼈요 살중의 살인 아내를 위하여 기도합니다. 귀한 여인을 주셨사온데 그녀의 믿음을 더해주시고 더 풍성한 은혜 베풀어 주시며, 연약한 몸도 건강케 하여 주시옵소서. 부모를 섬기고 자녀를 양육하며 남편을 돕는 아내로서 해야 할 일이 너무 많사오니 그의 몸과 마음을 보호해 주시옵소서.

그에게 명철한 지혜와 총명, 인내와 덕을 더 하여 주사 선을 행하고 어떤 두려운 일에도 놀라지 않는 사라같은 아내가 되며, 아들 사무엘을 위해 기도하는 한나 같은 신앙의 어머니가 되게 하시옵소서. 부자의 아내가 못 되었으나 교회를 위해 봉사한 디모데 같은 자녀를 양육함으로 만족케 하옵소서.

가정에 봉사하며 사회생활을 할 때에도 부족함이 없도록 늘 보호해 주옵소서. 저는 인간이기에 아내의 마음을 다 헤아리지 못하고 위로하지 못합니다. 그럴 때마다 주께서 위로하여 주셔서 모든 일을 사랑으로 감당케 하옵소서. 이 어려운 세상, 우리 두 사람이 함께 손을 맞잡고 서로 사랑하며, 서로 도우며 한 길을 가게 하옵소서.

우리 가정의 주인되신 예수님의 이름으로 기도드립니다. 아멘.

부모가 자녀를 위해  드리는 기도

은혜와 자비가 풍성하신 하나님 아버지!

우리 가정에 자녀들을 선물로 주시니 감사합니다. 우리가 이 자녀로 인하여 어버이되고 임마누엘의 가정을 주 안에서 이루게 하심을 감사합니다. 자녀를 믿음으로 잘 양육할 수 있도록 부모된 우리에게 먼저 믿음에 믿음을 더하여 주시옵소서.

주님! 자녀들을 축복하옵소서. 저들의 영혼과 육체가 강건하게 하시고 하나님과 사람에게 사랑받는 자녀들이 되게 하옵소서. 저들이 하나님 나라의 시민으로 성장하고, 그리스도의 겸손과 사랑의 정신으로 세계와 인류를 섬기는 자들이 되게 하시며, 하나님 교회의 봉사자가 되고, 우리 가정의 소망이 되게 하옵소서.

또한 저들이 어버이의 버리고 싶은 성격을 닮지 않게 하시고, 끊고 싶은 습관을 본받지 않게 하시며, 죄인의 길에 서지 않게 하시고, 마귀의 유혹을 이기고, 시험과 환난을 이기게 하옵소서. 저들에게 솔로몬의 지혜와 아브라함의 믿음과 다윗의 용맹함을 주시옵소서.

저들이 어디를 가든지 그리스도의 사랑의 품 안에서 자유를 누리고 하나님의 말씀 안에서 인격을 쌓게 하시며, 세계를 향한 꿈이 성령의 지혜와 능력 안에서 이루어지게 도와 주시옵소서. 저들의 영혼을 보살피사 구원에로 인도하여 주시고, 저들의 정신과 육체가 강건하게 하시며, 성인이 되기까지 믿음과 사랑 안에서 평강하게 하옵소서.

우리 가정을 평화롭게 하시고 하나님의 교회가 은혜롭게 하시며 우리 나라가 안정되게 하시사 저들이 허락받은 달란트를 충분히 발휘하게 하옵소서.

우리에게 자녀를 주신 예수님의 이름으로 기도드립니다. 아멘.

자녀가 **부모님을 위해**  드리는 기도

아브라함과 이삭과 야곱의 하나님!

우리 가정에 믿음을 주셔서 우리로 하여금 구원받은 거룩한 백성의 반열에 들게 하시고, 하나님이 함께 하시는 임마누엘의 가정을 이루게 하심을 감사드립니다.

우리 자녀들에게 믿음의 아버지를 주시사 말씀으로 양육받게 하시고, 인자한 어머니를 주시사 그리스도의 사랑으로 자라게 하시어, 이만큼 성장하게 하심을 감사드립니다. 어려움 속에서도 인내와 자비로 우리를 키워 주신 부모님들의 은공으로 오늘의 우리가 있게 되었습니다. 부모님들의 수고를 주께서 기억하여 주옵소서.

용서의 하나님!

우리 부모님들이 우리를 위해 흘린 땀이 씻겨지기도 전에 우리는 부모님들의 사랑과 헌신을 잊어버리고 살았습니다. 우리를 위해 흘린 그들의 눈물이 마를 새 없이 우리가 부모님들을 공경하고 순종하지 못한 것을 용서하여 주시옵소서.

원하옵나니 주여!

우리 부모님들이 하나님의 허락하신 수대로 행복을 누릴 수 있도록 부모님들을 축복하여 주옵소서. 우리 자녀들이 효도하여 부모님들의 마음을 편안하게 해드리고, 믿음의 생활을 하여 그 기도를 이루어 드리며, 형제가 서로 우애하여 그 심령을 기쁘게 해드리고, 모든 일에 최선을 다하여 그 소원을 이루어 드릴 수 있게 하옵소서.

화목한 가정을 이루어 그 남은 삶이 평강하시도록 마음과 뜻과 정성과 힘을 다하게 하옵소서. 이 가정을 축복하시고, 우리 부모님들에게 은혜와 평강을 주시옵소서.

예수님의 이름으로 기도드립니다. 아멘.

세례식의 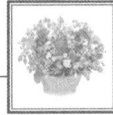 기도

구원의 주님!

우리를 죄악 가운데서 건져 주신 주님의 놀라우신 은혜와 사랑을 인하여 감사드립니다. 주님은 우리를 위해 십자가에서 보혈 흘려 구속의 죽음을 당하셨습니다.

오늘 사랑하시는 하나님의 여러 자녀들이 신앙을 고백하고 성부와 성자와 성령의 이름으로 세례를 받고자 합니다.

물세례만 받는 시간 되지 말게 하시고 성령의 충만함을 받아 옛 사람, 육에 속했던 사람은 죽고 예수 그리스도와 함께 새 사람으로 다시 살게 하옵소서.

전에는 죄의 병기로 살았으나 이제부터는 의의 병기로 온전히 하나님께 드려지게 하여 주시옵소서.

주님이 우리를 향하여 너희는 "세상의 소금이요 세상의 빛이라"는 귀한 사명을 맡겨 주셨사오니 이 사명을 다하게 하옵소서.

우리가 사는 이 세상은 너무나 험합니다. 마귀가 우는 사자같이 두루 다니며 삼킬 자를 찾고 있습니다. 저희에게 믿음을 더해 주셔서 주 안에서 언제나 승리하게 하옵소서.

세례 받아 입교인이 된 후부터는 하나님 나라의 확장과 교회를 위해 더 큰 봉사를 하여 저희의 믿음이 그리스도의 장성한 분량까지 자라나게 하옵소서.

우리를 위해 죽으시고, 우리를 위해 다시 사신 예수 그리스도의 이름으로 기도드립니다. 아멘.

결혼식  기도

만복의 근원되시는 주님,

오늘 아버지께서 사랑하시는 두 젊은이를 짝지워 한 가정을 이루게 하심을 감사드립니다.

이 두 사람에게 이미 사랑의 마음을 주셨으니 믿음을 더해 주시고 은혜 위에 더 풍성한 은혜를 베풀어 주시며 건강을 허락하시고 지혜와 총명을 더해 주시옵소서. 이 모든 것 위에 성령을 충만히 부어 주셔서 사랑과 기쁨과 화평과 그 밖의 모든 아름다운 덕으로 넘치게 채워주시옵소서.

선한 목자 되신 주님께서 이 두 사람을 푸른 풀밭 쉴만한 물가로 인도하여 주시고 저희의 잔이 차고 넘쳐서 모든 일에 부족함이 없게 하시며 감사와 찬송이 가득한 가정이 되게 하여 주시옵소서. 밤낮으로 이 가정을 지켜 주시고 육신과 영혼을 보호하시사 저희의 출입을 지금부터 영원까지 지키시고 인도하여 주시옵소서.

오늘 결혼하여 새 가정을 이루는 뜻깊은 날에 이 두 사람의 마음 속에 간절한 소원이 있을 것인데 하늘의 문을 넓게 여시고 영육간에 부족한 것 없이 가득하게 채워 주시옵소서.

오늘까지 이 두 사람을 양육하기 위하여 애쓰신 양가 부모님들을 위로하시고 이 두 사람이 새 가정을 이룸으로 전보다 기뻐할 일, 감사할 일이 많게 하시며 범사에 형통한 은혜를 더해 주시옵소서.

하나님, 이 세상은 풍파 높은 바다와 같습니다. 이들이 탄 인생의 배는 지극히 작고 연약합니다. 주님께서 친히 이들이 탄 인생의 배의 선장이 되어 주셔서 저 영원한 세계에 이를 때까지 성공적이고 승리하는 인생 항해를 할 수 있도록 도와 주시옵소서.

만복의 근원 되시는 우리 주 예수 그리스도의 이름 받들어 기도드립니다. 아멘.

아기가 태어났을 때의  기도

사랑의 하나님을 찬양합니다.

하나님께서 이 가정을 아름답게 이루어 주시고, 주 안에서 하나가 되어 행복하게 살게 하시다가, 이처럼 귀한 선물을 특별히 허락하여 주심을 감사드립니다.

이 귀하고 경건한 생명을 하나님이 주신 축복으로 믿습니다. 이 자녀를 축복해 주셔서 하나님의 은혜를 힘입어 건강하게 잘 자라게 하시고 어릴 때부터 하나님께서 함께 하신다는 사실을 그 부모나 주위 사람들이 알 수 있게 하옵소서. 이 아이가 이 가정의 기쁨이 되고 자랑이 되며 이 아이로 말미암아 하나님께 영광을 돌리게 하여 주시옵소서.

산모에게 은혜 베풀어 주시사 새 생명을 얻은 기쁨으로 충만케 하시며 그 몸도 속히 건강하게 회복되게 하여 주시고 자식을 하나님께로부터 받았사오니 요게벳처럼 하나님께 모든 것을 맡기고 양육할 수 있도록 지혜와 총명, 그리고 믿음을 더하여 주시옵소서.

또한 옛날 사무엘의 어머니 한나처럼 이 아이를 위해 늘 기도하는 어머니가 되게 하시며 거룩한 생활의 본을 보여 그 드리는 기도가 이 아이에게 다 이루어지게 하여 주시옵소서.

예수님의 이름으로 감사하며 기도드립니다. 아멘.

아기 돌 때의 기도

어린이를 사랑하시는 주님!

이 가정에 귀한 아이를 선물로 허락해 주시고 일년 동안 건강하게 자라서 오늘 세상에 나온 첫 돌을 맞는 감사의 예배를 드리게 하시니 감사드립니다.

또한 부모에게도 은혜를 베푸셔서 일년 동안 이 아이를 위해 부모로서의 책임을 다하게 도와주신 것을 감사드립니다.

어린이를 지극히 사랑하시고 축복하시는 주님,

이 시간 오늘 돌을 맞는 이 귀한 자녀를 품에 안으시고 축복하여 주시옵소서. 건강하게 자라게 하시며 지혜와 총명을 허락하시고 그 위에 하나님의 은혜가 임해서 하나님께나 사람에게 귀하게 쓰임을 받는 어린이가 되게 하여 주옵소서.

사무엘은 하나님의 은혜를 힘입어 그의 말이 하나도 땅에 떨어지지 아니하고 다 이루어졌다고 하였는데 하나님께서 이 아이에게도 같은 은혜를 베푸셔서 그의 소원이 주님의 뜻과 같이 되게 하시고 소원한 대로 이루어지게 하옵소서. 일평생 실수하는 일 없이 성공적이고 승리하는 삶을 살 수 있도록 도우시고 보호하여 주시옵소서.

이 아이를 맡아 양육하기에 수고하시는 부모님에게도 같은 은혜를 베푸시사 건강하게 하시고 믿음으로 살아 모든 일에 형통하게 하시며 하나님께는 잘했다는 칭찬을 받을 수 있는 충성된 청지기가 되게 하옵소서.

오늘 이렇게 희망차고 기쁜 날, 이 가정에 무슨 간절한 소원이 있으면 영육간에 부족함이 없는 것으로 넘치게 채워 주시옵소서.

만복의 근원 되시는 예수 그리스도의 이름으로 기도드립니다. 아멘.

환자를 위한 기도

이 시간 병 중에 누워 계신 사랑하는 분을 위하여 기도합니다. 원치 않은 병으로 그 몸이 심히 약해진 가운데 계십니다.

주님, 긍휼함을 베풀어 주시옵소서.

우리 가운데 병든 자가 있을 때 주의 이름으로 기도하라 하셨기에 그 말씀을 믿고 기도합니다. 믿음의 기도는 병든 자를 일으켜 주신다고 약속하셨기에 믿음으로 기도합니다.

우리에게는 아무런 능력이 없습니다. 그러나 주님은 능력이 많으십니다. 주님은 못 고치실 질병이 없으십니다. 주님께서 고치시고자 하시면 무슨 병이나 다 고치실수 있는 것을 믿습니다.

이 시간 주님을 만나 치료받기 원하여 기도하오니 주님, 역사하여 주시옵소서. 마음을 모아 간절히 기도할 때에 뜨거운 성령의 역사가 있게 하시고 깨끗함 받게 하옵소서.

아버지 하나님, 먼저 주님 앞에 회개합니다. 세상 가운데 살면서 때때로 원수 마귀의 유혹에 빠져 주님의 자녀다운 삶을 살지 못하고 죄와 더불어 먹고 마시다가, 이제 믿음이 연약해지고 육신의 병과 마음의 병을 얻어 하나님 앞에 감히 치료받고자 나왔사오니 긍휼의 하나님께서 용서하시고 응답하여 주옵소서.

모든 죄를 낱낱이 회개함으로 온전히 용서함 받게 하옵시고 고난 가운데 주시는 주님의 뜻을 깨닫게 하옵소서. 주님께서 우리의 모든 질고를 담당하셨사오니 우리가 주님을 믿음으로 말미암아 모든 어려움에서 해방되고 자유함 얻게 하소서. 주의 능력의 오른팔로 붙들어 주셔서 두려워하고 걱정하고 근심하고 불안해 하는 모든 마음을 없이 함으로 마음의 모든 병이 치료되게 하옵소서. 주님의 피 묻은 손으로 안수하시어 우리의 병든 몸이 깨끗함을 얻게 하옵소서. 우리를 병들게 한 모든 병마를 나사렛 예수 이름으로 명하여 한 길로 들어 왔을지라도 일곱 길로 나가는 역사가 있게 하시고, 상처 받은 모든 부위에 주님께서 치료의 광선을 발하시사 머리끝부터 발끝까지 깨끗하게 회복되어지게 하옵소서.

주님, 사랑하는 이에게 믿음을 더하여 주셔서 고통 속에서도 용기있게 주님을 꼭 붙잡게 하시고, 고통의 소리를 거두고 찬송하게 하시며, 주님의 십자가를 바라보게 하옵소서. 주님의 긍휼을 구하는 뜨거운 눈물의 기도들을 들어주실 줄 믿습니다.

더구나 이 고난의 기회를 통해서 주님의 한 없는 사랑의 깊이와 넓이와 높이를 깨닫는 축복의 기회가 되게 하여 주옵소서. 이 아픔의 시간을 단축시켜 주옵소서.

우리 속에 성령께서 늘 함께 하시어 우리 몸이 주님의 거룩한 성전과 도구로만 사용되어지도록 권능의 팔로 붙들어 주옵시고 오늘도 원수 마귀와 싸워 승리케 하심을 감사하오며 예수님 이름으로 기도드립니다. 아멘.

수술 전의 환자를 위한 기도

전능하신 하나님을 의지하며 이 시간 머리를 숙입니다.

하나님의 자비하심을 믿고 이 시간 창조주 되시며 긍휼히 여기시는 하나님께 이 몸을 맡기며 사랑하는 종을 위하여 기도합니다. 몸의 불편으로 인해 이 병원에 입원하였고 오늘 수술을 받으려고 합니다. 병든 곳을 찾아내고 수술을 받을 수 있도록 인도하신 것을 감사드립니다.

이미 귀한 종에게 믿음 주셨는데 이 시간 더 큰 믿음을 허락하여 주시기를 기도합니다. 우리는 하나님의 약속을 굳게 믿습니다. "두려워 말라 내가 너와 함께 함이니라 놀라지 말라 나는 네 하나님이 됨이니라 내가 너를 굳세게 하리라 참으로 너를 도와 주리라 참으로 나의 의로운 오른손으로 너를 붙들리라"(사 41:10).

인간의 연약한 것을 친히 담당하시고 병을 짊어지신 주님, 수술을 받을 때에 하나님의 능력의 오른팔로 꼭 붙들어 주실 줄을 믿습니다. 수술은 의사의 손을 통해 하지만, 병을 고쳐 주시는 분은 하나님이신 줄을 믿습니다.

주님, 사람에게만 맡겨 두지 마시고 주님이 꼭 함께 하셔서 수술을 잘 하게 하시고, 모든 병의 근원을 잘라 버리게 하시며, 회복도 빨리 되어 기뻐 뛰며 건강한 몸으로 하나님께 영광 돌리며 퇴원할 수 있게 하여 주시옵소서. 주님이 친히 수술해 주심을 믿는 신비한 은총을 체험케 하옵소서.

주님, 이 병원에 입원한 다른 환자들에게도 은혜를 베푸시사 육신의 병이 고침 받게 하시고 이번의 기회가 심령까지 새로워지는 축복의 기회가 되게 하여 주옵소서.

우리와 언제나 함께 하시는 예수님의 이름으로 기도드립니다. 아멘.

수술 후의 환자를  위한 기도

사랑과 자비의 하나님!

우리는 어려운 가운데에서도 감사를 드릴 수밖에 없습니다. 하나님의 사랑하시는 종이 원치 않는 병으로 이 병원에 입원하여 이제 수술을 무사히 끝나게 하여 주신 것을 감사드립니다.

우리 모두가 염려하고 두려워했습니다. 그러나 주님께서는 모든 질병의 뿌리를 잘라 버리게 하시고 완전하게 다시 싸매게 하셨습니다. 우리 주님이 사랑의 손, 권능의 손으로 감싸주심을 믿고 다시 감사를 드립니다.

사랑하시는 종에게 긍휼을 베푸셔서 수술한 곳이 속히 회복될 수 있게 하여 주시옵소서. 그래서 이전보다 더 건강하여져서 주님께서 맡겨 주신 사명을 더 힘차게 감당할 수 있게 하여 주시옵소서.

하나님, 이번 어려운 기회를 통하여 사랑하는 식구와 주변에서 애쓰고 수고한 손길들을 기억하여 주시옵소서. 몸과 마음이 피곤치 아니하도록 기쁨이 넘치게 하옵소서.

이 일을 통하여 더 깊은 은혜와 더 큰 주님의 사랑을 깨닫게 하신 것을 감사합니다. 하나님을 사랑하는 자, 곧 그 뜻대로 부르심을 입은 자에게는 모든 것이 합력하여 선을 이루시는 줄을 믿습니다.

하나님!

새로운 기운이 일게 하시어 영의 양식을 찾고 스스로 힘써 기도할 수 있도록 기도의 입을 열어 주옵소서. 기쁨으로 하나님께 감사와 영광을 돌리며 퇴원하게 하여 주시옵소서.

치료의 능력되시는 주님, 주님의 은혜에 감사하며 예수님의 이름으로 기도드립니다. 아멘.

회갑 또는 진갑을  예배 기도

　인생과 삶의 주관자 되신 은혜로우신 하나님, 존귀와 영광과 감사와 찬송을 돌립니다.
　하나님께서 사랑하시는 종을 60년 전에 이 세상에 보내 주시고 풍파 많은 세상 중에서도 눈동자같이 지켜 주셔서 회갑(진갑)의 수(壽)를 누리게 하여 주심을 감사드립니다. 백발은 영화의 면류관이라고 했는데 귀한 종에게 이런 축복을 허락하여 주심을 감사드립니다.
　이제 원하옵기는 사랑하는 종에게 의인은 늙어도 결실한다는 말씀처럼 믿음의 열매 맺게 하여 주시고, 진액이 풍족하다고 하신대로 성령이 충만하게 하시며, 잎이 청청하여 여호와의 정직하심을 나타내신다 함 같이 종에게 건강을 더하여 주시기를 간절히 기도합니다.
　모세에게 허락하셨던 장수(長壽)를 허락하시고, 갈렙에게 허락하신 건강을 주시기를 기도합니다. 그래서 종의 여생이 더욱 빛나게 하여 주옵시며 좋은 것으로 만족하게 하여 주시옵소서.
　뿐만 아니라 종의 후손에게도 은혜 주시기를 기도합니다. 여호와의 인자하심은 자기를 경외하는 자에게 영원토록 미치며 자손의 자손에게까지 이른다고 했는데 믿음으로 사는 사람의 후손이 얼마나 복된가를 증거할 수 있게 하여 주시옵소서.
　감사하옵고 예수님의 이름으로 간절히 기도드립니다. 아멘.

임종하는 분을  위한 기도

선한 목자되신 주님,
주님의 양인 우리의 영혼과 육신을 인도하시고 지켜 주셨음을 감사합니다.
주님은 인생의 가는 길을 돌봐 주셨습니다. 그러나 우리가 사는 이 세상은 영원히 거할 곳이 아닌 것을 압니다. 이 육신도 영원한 것이 아님을 압니다. 육신, 보이는 사람, 겉 사람은 부패하여 언젠가는 벗을 날이 있을 것입니다.
하나님을 믿지 않는 사람들은 육신의 삶이 끝나면 그 다음이 없기 때문에 불안해하고, 초조해하고, 두려워합니다. 그러나 하나님을 믿는 우리는 우리의 속 사람이 주 안에서 세로워졌기 때문에 육신의 장막집을 벗으면 손으로 짓지 아니한 영원한 집이 있는 것을 믿습니다. 그러므로 우리에게는 두려움이 없습니다.
우리에게 영원한 생명을 주시는 하나님,
사랑하는 하나님의 자녀가 지금 인생의 길을 다 마치고 하나님께 가려고 합니다. 아버지께서 이 영혼을 받아 주시옵소서. 그 마음에 평안과 담대함을 주셔서 주 안에서 살다가 주 안에서 가시는 분이 얼마나 복되다는 사실을 보여줄 수 있게 하옵소서.
그가 이 세상에 남겨 두는 여러 가족에게 은혜를 허락하사 신령한 눈이 밝아져 영원한 소망을 가지게 하여 주시고, 그들이 자신의 남은 생애를 주를 위해 사는 지혜 있는 삶을 영위하게 하옵소서.
우리에게 영원한 생명을 주시는 예수 그리스도의 이름으로 기도드립니다. 아멘.

장례식을  위한 기도

사랑하는 아버지!

우리에게 주시는 위로와 격려와 진리를 깨달을 수 있게 해 주시옵소서. "지금 이후로 주 안에서 죽는 자들은 복이 있도다"(계 14:13). "너희는 마음에 근심하지 말라 하나님을 믿으니 또 나를 믿으라 내 아버지 집에 있을 곳이 많도다 그렇지 않으면 너희에게 일렀으리라"(요 14:1~2). 이 말씀하심을 우리가 기억합니다.

이 진리의 말씀을 통하여 저 위에 열린 하늘을 통하여 비춰오는 소망의 빛을 보게 하시며, 위로와 격려를 받게 해 주시옵소서.

지금 우리들이 면류관을 받아쓰고 영광의 미소를 짓는 앞서 간 식구의 모습을 바라볼 수 있게 해 주시며, 인생의 새로운 방향을 위한 결단을 얻을 수 있게 해 주시옵소서.

이제 하나님의 사랑하는 식구는 가셨지만 그가 땅에 남기고 간 아름다운 모습과 덕을 기억합니다. 우리 모두 주 앞에 기는 그날까지 선한 싸움을 잘 싸우고 믿음을 지키며 살다가, 주 안에서 다시 만나게 하옵소서.

오늘의 장례를 위한 모든 절차를 주님이 주장하사 영광은 아버지께, 위로는 유족들과 온 교우들에게 있게 하옵소서.

예수님 이름을 의지하여 기도드립니다. 아멘.

입관 예배 때의 기도

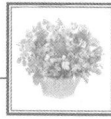

생사화복을 주관하시는 하나님 아버지!

하나님이 정하신 수한(壽限)따라 오늘날까지 인생이 겪는 모든 여정을 살다가 이제 그 정하신 수한이 다하여 아버지께로 돌아갔습니다. 흙으로 된 몸, 흙으로 돌아가는 절차를 밟기 위하여 아버지 앞에 이렇게 입관 예배를 드리고 있습니다.

이런 시간의 절망은 하나님만이 소망으로 바꾸어 주실 수 있습니다. 주여! 고인을 먼저 보내고 암담해 하는 유족들과 사랑하는 성도들의 애통하는 심령 속에 하늘의 빛을 비추어 주시옵소서.

주여! 저희들에게 영안을 열어 주시어서 잠깐 보이다가 없어지는 몸보다 영원한 세계를 볼 수 있게 하시며, 환난과 고생이 많은 육체보다 영원한 영광의 나라를 볼 수 있게 해 주시옵소서.

관 저 너머에 있는 화려하고 빛나는 영광의 집을 바라볼 수 있게 해 주옵소서. 유족들의 눈에 눈물을 닦아 주시고, 가슴에 절망을 소망으로 바꾸어 주시며, 비통을 위로로 채워 주시옵소서.

우리들에게도 언젠가 저렇게 될 시간이 불가항력적으로 오고야 만다는 사실을 새삼 한 번 깨닫게 하옵소서.

아버지 하나님,

위로와 격려를 이 가정에 채워 주시고, 이제 발인에서부터 모든 장례 절차를 아버지께서 주장하셔서 어렵지 않게 마칠 수 있도록 도와 주시옵소서. 이 일이 지난 뒤에 이 가정에 신앙의 부흥이 있게 하시고 하늘이 열리게 하시며 하나님과의 거리가 더욱 가까워지게 하시고 교제가 더 깊어질 수 있도록 축복하옵소서.

예수님의 이름으로 기도드립니다. 아멘.

유가족을  위한 기도

　부활과 생명이 되신 주님.
　사랑하는 성도의 죽음 앞에서 겸손히 머리를 숙입니다. 인생은 풀과 같고 그 모든 영광은 풀의 꽃과 같다는 말씀이 얼마나 진리인지를 깨닫게 됩니다.
　사랑하는 종은 일찍이 예수님을 구주로 영접하여 하나님의 자녀가 되었고 하나님의 나라와 그의 의를 위하여 충성스럽게 그에게 맡겨진 달란트를 가지고 사랑으로 일했습니다. 그의 사랑과 온유함, 그리고 겸손한 성품은 다른 이들에게 본을 보여 주었습니다. 그런데 하나님은 그 분을 이 세상에 더 오래 두시기를 원치 아니하셔서 하나님의 나라로 데려 가셨습니다. 이제 그 분은 이 세상의 근심과 걱정의 모든 짐을 벗어버리고 구원받은 성도들과 함께 하나님 앞에서 영광을 누리고 있음을 우리가 믿음의 눈으로 바라봅니다.
　그러면서도 우리는 육신의 옷을 입고 살기 때문에 먼저 가신 분이 구원받아 더 좋은 곳으로 가신 것을 믿으면서도 육신의 정 때문에 슬픔을 금할 수가 없습니다. 위로의 주님이시여, 슬픔 가운데 있는 유가족을 위로하여 주시옵소서. 부활을 믿는 신앙이 아니면 이 슬픔을 이길 수가 없습니다. 주님께서 은혜를 베푸시사 유가족에게 큰 믿음을 허락하셔서 눈물의 렌즈를 통해서 저 영원한 세계를 바라볼 수 있게 하시고 소망 중에 위로 받게 하여 주시옵소서.
　고인이 평소에 기도하시고 소원하던 일들이 사랑하는 유가족을 통해서 꼭 열매 맺게하여 주시고, 그리고 우리도 조만간 이 길을 갈 수 밖에 없음을 깨달아 세상을 위해 사는 어리석은 사람 되지 말게 하시고 하나님의 나라를 위해 사는 지혜 있는 사람 되게 하여 주시옵소서. 우리의 영원한 소망이 되시는 예수 그리스도의 이름을 받들어 기도드립니다. 아멘

부모님의  추도식 날에

산자와 죽은 자의 심판주가 되시는 하나님 아버지!

우리로 하여금 죽음과 절망의 어두운 그늘 속에서도 영원한 희망을 갖게 하시며 우리 마음을 하나님께 향하게 하시니 감사하십니다.

부모님이 세상을 떠난 이 가정에, 가족들이 한데 둘러 앉아 사랑하는 권속의 옛 일을 회고하려고 그 세상 떠난 날을 기억하여 이 제단을 쌓습니다. 먼저 그 어른의 옛 일을 회고할 수 있게 해 주시고, 그가 끼치신 덕이나 베풀어 주신 사랑, 희생이나 당부하여 주신 부탁의 말씀, 그리고 보여주신 믿음의 본들을 그대로 잘 지켜 살아 왔는지 회고하는 시간이 되게 해 주시옵소서.

괴로우나 즐거우나 주님만 의지하고 사신 부모님의 일생을 우리들로 영원토록 기억하게 하사 우리들도 신앙의 용사가 되게 하시옵소서. 이웃과 교회를 위해 봉사하신 그 정신을 본받아 저희들도 섬기는 자가 되게 하시옵소서.

부지런하라 화목하라고 일러주시던 말씀을 지금도 기억하고 있사오니 그 교훈을 저버리는 자가 되지 않게 하시옵소서.

풀은 마르고 꽃은 떨어지듯 육체는 죽고 육체의 영광도 지나가지만 신앙은 우리 가정에 남아 있을 것을 믿습니다. 부모님의 모범적인 신앙의 본을 다시 되새기게 하소서.

예배에 참석한 모든 이들에게 한없는 은혜를 더하여 주시고 하늘 나라를 바라보고 험악한 세상에서 잠시 잠깐 나그네와 같은 짧은 인생을 사는 동안 하나님을 부지런히 섬기며 믿음과 선행의 아름다운 자취를 남길 수 있게 하옵소서.

예수님 이름을 의지하여 기도드립니다. 아멘.

성령 충만을  위한 기도

불같은 성령이여!

우리 마음의 모든 죄악을 태워 주시고 악한 생각을 죽여 주시며 갈급한 심령 위에 성령의 단비를 듬뿍 내려 주시옵소서. 그리하여 죽어 가는 심령들이 소생케 하시고, 상한 심령이 고침 받아 말씀 충만, 성령 충만함으로 살아가는 놀라운 역사가 일어나게 하옵소서. 그리하여 빈 들에 마른 풀같이 시들어 버렸던 우리의 심령이 성령의 단비로 인하여 다시금 생기가 넘치며 새롭게 소생하여 힘차게 주님의 영광을 나타낼 수 있도록 강권하여 주시옵소서.

우리의 심령을 괴롭히는 모든 죄악들을 성령의 불로 다 불살라 버리사 흰눈처럼 깨끗한 심령으로 변화받게 하옵소서. 우리의 마음에 성령이 임하사 하나님께 충성하는 삶이 되게 하시고 새롭게 다짐하며 결단하는 영혼들이 되게 하옵소서. 그리하여 하나님의 전신 갑주를 입은 십자가 군병이 되어서 선한 싸움에서 승리할 수 있게 하옵소서.

불같은 성령이여, 정욕과 죄악에 물든 마음을 태워 주시고 추한 마음 정결케 하옵소서. 비둘기 같은 성령이여, 나의 마음에 겸손하고 온유한 성품만을 주시옵소서.

오순절 다락방에 임하셨던 성령의 뜨거운 역사가 우리에게도 임하사 애통하며 회개하는 마음을 성령으로 충만하게 하시옵소서. 성령 충만하기 위하여 늘 열심히 기도하는 자가 되게 하옵소서.

세상 사람은 세상에 취하여 살지만 믿는 우리는 성령에 취하여 사는 자가 되게 하옵소서. 초대 교회에 내리셨던 성령의 뜨거운 역사가 이 시간 저희들에게도 임하셔서 무디고 메마른 마음에 다시 한번 뜨거운 성령의 불이 붙게 하옵소서.

예수님의 이름으로 기도드립니다. 아멘.

새벽에  드리는 기도

밤과 낮을 주관하시는 하나님!

새 날 새 호흡을 하며 일어나게 하신 하나님께 감사를 드립니다. 졸지도 주무시지도 아니하시며 지켜 주시다가 무사히 일어나게 하시고 오늘의 일과를 시작하기 전 무릎 꿇고 두 손 모아 기도하게 하신 성령님의 인도하심에 감사드립니다. 지난 밤에도 이 나라를 보호하여 주시사 맑은 영으로 깨어 조용한 새벽을 평화롭게 맞이하게 하신 하나님께 감사드립니다.

이 새벽부터 경건하게 출발하기를 기도합니다. 어제의 잘못을 오늘은 되풀이 하지 않게 하시고 어제의 실수를 오늘은 거듭하지 않게 하시며 어제의 실족한 곳에 다시 넘어지지 않도록 도와 주시옵소서. 세월을 아끼고 시간을 활용할 수 있는 지혜를 주시옵소서.

입술을 정하게 하시어 실언하지 않게 하시고 입에는 항상 찬송이 있게 하시며, 부지런히 선을 행하고 주께서 주시는 지혜로 성실히 맡은 일에 책임을 다 할 수 있게 하옵소서. 하고자 하는 계획이 주님의 계획과 일치하게 하시고 하는 일에 주께서 깊이 관여하여 무슨 일이든지 주의 영광을 나타내게 하옵소서.

조용히 동터오르는 이 소망의 새벽같이 오늘 하루를 맑고 깨끗한 마음으로 정하고 진실하게, 살게 하옵소서.

아버지의 자녀답게 불의 앞에 의롭게 하시고, 거짓과 허위 앞에 진실하게 하시며 속되고 부정한 세상에서 항상 거룩함을 나타내게 하옵소서. 예수님과 동행하며, 성령님의 인도하심을 받고, 성령님의 세미한 음성에 항상 귀 기울이게 하소서. 오늘도 겸손한 자가 되어 은혜 속에 살게 하옵소서.

예수님의 이름으로 기도드립니다. 아멘.

섬김의 생활을  위한 기도

사랑의 주님!

우리에게는 섬김만을 받고자 하는 교만한 마음이 있습니다. 그러한 저희를 용서하옵소서. 섬기러 오신 주님의 삶을 본받아 서로 사랑하며 섬기게 하옵소서. 사실 우리는 사랑의 빚을 지고 살아왔습니다. 이제는 그 사랑의 빚을 갚는 생활을 하게 하옵소서. 섬김의 행동으로 그 빚을 갚게 하옵소서. 그리하여 우리의 교제 속에 사랑의 빚 외에는 다른 빚이 없게 하시고 희생으로 그 빚을 갚게 하옵소서.

우리에게 귀한 일을 맡기신 주님!

우리가 주를 사랑하듯 모든 사람을 섬기게 하옵소서. 주님이 몸소 보여 주신 종의 도를 지키게 하옵소서. 우리에게 선한 마음을 주시사 착한 사마리아 사람같이 자기를 희생하며 이웃을 섬기게 하옵소서. 우리의 말과 행위에 거짓이 없게 하시고, 우리에게 이중적 인격이 없게 하시며, 겉만 꾸미려고 외식하는 마음도 없게 하시고, 남에게 보이려고 하는 자랑도 없게 하옵소서.

사랑의 실천을 보이신 주님!

우리가 맡은 일에 성실하게 하옵소서. 무슨 일이든 최선을 다하게 하시고 누구에게든 정성을 다하게 하옵소서. 죽도록 충성할 각오로 일하게 하옵소서. 우리가 보수와 대가에 신경 쓰지 않고 일하게 하옵소서. 될 수 있는 대로 많은 사람에게, 될 수 있는 대로 많은 일로 섬기게 하옵소서.

오늘도 나보다 다른 사람이 대접받을 수 있도록 기회를 주시고 나보다 다른 사람이 섬김을 받는 사랑의 현장에서 주께 영광되는 하루가 되게 하옵소서.

예수님의 이름으로 기도드립니다. 아멘.

새로운 일을  시작하는 기도

하나님! 나에게 건강을 주셔서 이 시간까지 강건한 몸과 마음으로 살게 하여 주셨음을 감사드립니다. 지금까지 나를 인도하고 지켜주신 에벤에셀의 하나님께 감사를 드립니다.

지금 새로운 일을 시작하고자 하오니 나의 마음을 주관하시고 가는 길을 인도하옵소서. 출입하는 일과 앉고 서는 일과 맡겨진 일에 특별한 지혜와 계시의 영을 주시기를 원합니다. 모든 일을 주님을 섬기는 마음으로 충성하게 하옵시고 순종하며 일하게 하옵소서.

항상 주위에 나의 하는 일을 도와 주기를 원하는 좋은 스승이 있게 하시고, 하는 일에 좋은 협력자들이 있게 하시며 나의 일에 모범을 삼으려는 후배들이 많이 있게 하옵소서. 그리하여 선배들에게 사랑과 총애를 받고, 동료 친구들에게 친절과 협력을 얻으며, 후배들에게 존경과 추앙을 받는 자리에 있게 하옵소서.

예수님을 깊이 생각할 때 번성하고 창대하게 하여 주시고, 손으로 일해야 할 때에는 부지런함과 재주를 주시며, 움직이며 일해야 할 때는 건강을 주시고 좋은 결실을 얻게 하여 주시옵소서.

이 하루도 입에 거짓말이나 무책임한 말이 없게 하시고 실언하는 일이나 함부로 약속하고 서약하는 일이 없게 하옵소서. 열심히 일하게 하시며, 악한 사람들과 손잡지 아니하며 하는 일에 실수함이 없도록 주님께서 친히 보호하여 주옵소서. 발걸음을 인도하사 올무에 걸리지 않게 하시사 하는 일이 형통하게 하시며 하나님께 영광이 되게 하옵소서.

예수님의 이름으로 기도드립니다. 아멘.

치유의  기도

지금 이 시간 육신의 질병으로 고통 중에 있습니까? 혹은 사업의 문제, 자녀의 문제, 남편의 문제 때문에 잠 못 이루고 있습니까? 이 시간 믿음으로 아픈 곳에 손을 얹으시고, 마음의 소원이 있는 분은 가슴에 손을 얹으시고, 특별히 심령 충만, 은혜 충만 받기 원하는 분은 두 손을 들고 기도하시기 바랍니다. 갈등과 문제 해결을 받기 원하시는 분은 머리에 손을 얹으시기 바랍니다.

치료하시는 하나님!
아픈자를 위하여 기도합니다. 믿음과 기도의 능력으로 치료될 줄 믿습니다. 전능하신 하나님 아버지, 이 시간 우리가 믿음으로 아픈 곳에 손을 얹었습니다. 믿고 기도할 때 많은 사람들이 기적을 체험한 것 같이 오늘 우리가 그 기적을 체험할 줄 믿습니다. 능력으로 강건케 하옵소서. 병든 인생을 성령의 권능으로 치유하여 주옵소서. 성령의 불을 던져 주옵소서. 태울 것은 태워주시옵소서.
우리의 믿음대로 되게 하옵소서. 주의 능력이 되게 하여 주옵소서. 예수 그리스도의 이름으로 명하노니 모든 저주받은 질병은 떠나갈지어다. 모든 내장 기관 기관이 고침받을지어다. 마디 마디 부분 부분들이 깨끗하게 치료받을지어다. 머리끝부터 발끝까지 깨끗하게 치료받을 지어다.
손에 잡힌 혹이 녹아지게 하옵소서. 어떤 악성종양도 깨끗하게 낫게 하여 주시옵소서. 더러운 질병도 고쳐주옵소서. 짓누르는 고통도 사라지게 하옵소서. 마음의 질병도 치료해 주옵소서.
부인병이 고침받게 하옵시며, 신경통이 낫게 하옵시며, 소화기관도 정상으로 돌아오게 하옵소서. 아픈 무릎, 아픈 허리, 아픈 머리에 손을 얹었사오니 낫게하여 주시옵소서. 모든 통증은 떠나갈지어다! 모든 질병은 물러갈지어다! 주님의 옷을 만진 여인이 고침받듯이 어떤 병이든지 깨끗이 나을 줄 믿습니다.

성도들의 질병을 하감하시고, 성도들의 문제를 해결해 주시며, 마음의 소원을 이루게 하시고, 성령 충만, 은사 충만하게 하옵소서. 내 믿음이 크도다. 내 소원대로 되리라. 지혜와 계시의 영을 허락해 주옵소서. 막혀진 물질의 문제가, 사업의 문제가 해결되게 하옵소서. 가정의 문제가 개인의 문제가 해결되게 하옵소서.

상쾌함을 주옵소서. 시원함을 주옵소서. 치료의 주께서 역사해 주옵소서. 영적으로 상한 심령들에게 치료하는 광선을 발하여 주옵소서. 성령의 기름부음을 주시옵소서. 은사와 소명을 풀어 주옵소서.

나을 줄 믿습니다. 풀릴 줄 믿습니다. 좋아질 줄 믿습니다. 모든 것이 주님의 은혜로 해결될 줄 믿습니다.

예수님의 이름으로 기도드립니다. 아멘.

전도를  위한 기도

인생의 길이요 진리요 생명이신 하나님 아버지.

우리들을 이처럼 사랑하사 독생자 예수 그리스도를 보내어 주셔서 그 이름을 믿는 자들에게 하나님의 자녀가 되는 권세를 주심을 감사드립니다.

너희는 온 천하에 다니며 만민에게 복음을 전파하라고 명령하셨지만 늘 게으름과 나태함에 주저하는 저희들을 용서하여 주옵소서.

오직 성령이 너희에게 임하시면 너희가 권능을 받고 온 유대와 사마리아와 땅끝까지 이르러 내 증인이 되리라 말씀하셨사오니 우리로 하여금 초대교회 성도들처럼 흩어져 고난과 핍박 가운데서도 담대히 복음을 전하게 하옵소서. 이리 속으로 나아가는 양떼와 같사오니 우리를 뱀같이 지혜롭게 하셔서 죄와 허물로 인하여 사막의 길에서 서성이는 영혼들을 구원하게 하옵소서.

십자가의 도가 멸망하는 자들에게는 미련하게 보이나 믿는 우리에게는 하나님의 능력이 됨을 믿습니다. 시간 시간 주께서 강하게 역사하셔서 완악한 심령들이 깨어지고 죄악에 물든 마음들이 씻어지게 하옵소서.

잃어버린 양 한 마리를 애타게 찾으시는 주님께서 그 능력의 오른팔로 영혼들을 붙들어 주시고 주께로 인도하여 주옵소서. 먹보다도 더 검은 죄로 물든 저희 심령이 눈보다 희어지는 놀라운 역사가 일어나기를 기도합니다.

길에서, 또 가정에서 두루 찾아다니며 사람들을 만나 복음을 전할 때 전도의 문을 열어 주옵시고, 그리스도의 비밀을 담대히 전하게 하옵소서. 잃어버린 영혼, 잃어버린 양떼, 잃어버린 아들을 찾아 아버지 하나님의 마음을 기쁘게 하는 성도가 되게 하옵소서.

먼저 우리들에게 영혼을 사랑하는 뜨거운 열정을 불러 일으켜 주시고 잠든 영혼을 깨우며 예비된 심령을 찾게 하옵소서. 우리 교회가 영혼 구원에 앞장서게 하시며, 그 일이 성령의 위로 가운데 진행되게 하옵소서.

죄중에 빠져서 갈 바를 몰라 헤매는 자들에게 진리의 등대가 되기를 원합니다. 눈물을 흘리며 씨를 뿌리는 자는 기쁨으로 단을 거둔다 하셨사오니 전도의 씨앗들이 좋은 열매 맺게 하옵소서. 이 시대의 우리로 하여금 사람을 낚는 어부가 되게 하옵소서.

예수님의 이름으로 기도드립니다. 아멘.

교사의 기도

오 주님!

내가 교실에 들어갈 때에 나에게 힘을 주시어 내가 준비한 지식을 전달하는 데 그치지 않고, 나에게 배우는 학생들에게 삶의 중요성을 깨닫게 할 수 있도록 도와주옵소서.

나에게 그들을 설득시킬 기회를 주시어 냉담한 그들의 얼굴이 당신께 대한 관심으로 피어나게 해주소서. 당신께 큰 관심이 없는 어린이들 가슴 속에 내가 이 관심을 불러 일으켜야 되겠나이다.

배반자의 쌀쌀한 얼굴도 마다 않으신 당신의 그 친절을 나에게도 주시어 가면 뒤에 숨어있는 고독한 영혼을 보게 해주소서.

그들에게 당신을 전하기 위해서는 이 땅 위에 오셔서 완고한 인간들 가운데서 일하다 가신 당신을 본받아야 되겠나이다. 나에게 당신의 인내를 주시어 실패해도 낙심말게 해주소서.

나에게 당신의 겸손을 주시어 당신께서 아버지께로 사람들을 인도한 것 같이 나도 사람들을 당신께로 인도하게 해주소서. 당신께서 은총을 내려주시지 않으면 나는 아무도 당신께로 인도할 수 없사오니 결코 혼자서 하겠다는 생각을 말게 하소서.

나에게 통찰력을 주시어 나는 어린이라는 것과 이 어린이들은 나만큼 자제력도 없으며 그 원하는 바도 다르다는 것을 올바르게 인식하게 해주소서.

어린이들을 훈육하되 언제나 친절을 잃지 않게 해주소서. 가르치면서 배우게 하여 주소서. 모든 지식을 다 갖추고 있더라도 사랑이 없으면 나에게 아무 유익도 없사오니 사랑을 꼭 실천해야 된다는 것을 배워 알게 해주소서.

어린이들이 나에게서 당신의 모습을 찾아 볼 수 있게 될 때에 나는 가장 훌륭한 교사가 된다는 것을 배워 알게 해주소서. 어린이들에게 천국에 이르는 길을 제시해 주면서도 나 자신은 그 길에서 벗어나는 일이 없도록 해주소서.
　주여!
　마지막으로 내가 받을 최대의 보상은 여기에서가 아니라 저 세상에서라는 것을 깨닫게 해주소서. 이 땅 위에서 당신을 빛낸 공로로 내가 가르친 어린이들과 함께 나는 천국에서 별처럼 빛나리라는 것을 알게 해주소서.
　예수님의 이름으로 기도드립니다. 아멘.

교회를  위한 기도

교회의 머리가 되시는 주님!

우리 교회를 지금까지 사랑하여 주심을 감사드립니다. 이 죄인을 주의 몸된 교회의 한 지체로 세워 주신 것을 감사합니다. 이 시간 부족한 이 몸이 우리 교회를 위하여 기도하도록 감동하여 주실 때, 성령님께서 함께 기도하심을 믿습니다.

이 교회를 위하여 기도할 수 있도록 사랑하는 마음을 일으켜 주심을 감사합니다. 주님이 피값을 지불하시고 사도들의 신앙 고백 위에 세우신 교회임을 믿습니다. 건전한 신앙의 바탕 위에서 흔들리지 않는 복음적인 교회가 되도록 인도하여 주옵소서. 반석 위에 세워진 집같이 튼튼히 서게 하시고 산 위에 세워진 성과 같이 빛을 발하며 숨기우지 않게 하옵소서. 홍수 때의 노아의 방주와 같이 환난에 대비한 영혼의 구원선이 되게 하시며, 민족을 지키고 사수하는 진리의 파수꾼이 되어 뜨거운 사랑의 공동체가 되게 하옵소서.

땅 끝까지 이르러 증인이 되라고 명령하신 주님!

이 교회가 영혼 구원의 책임을 잊지 않게 하옵소서. 때를 얻든지 못 얻든지 주님의 복음을 전파하며 주님의 마음을 기쁘시게 하는 교회가 되게 하옵소서. 성도 개개인이 믿음의 분량대로 봉사하고, 받은 은사대로 섬기며 일하게 하시고 스스로 섰다 하여 교만하지 않게 하옵소서. 주를 겸손한 마음으로 섬기며 성령으로 하나 되게 하신 것을 힘써 지키게 하옵소서.

심은 자들과 물 주는 자들의 수고를 감사드립니다. 그러나 오직 하나님만이 자라나게 하심을 믿습니다. 양적으로 성장하고 질적으로 성숙하는 교회가 되게 하옵소서.

예수님의 이름으로 기도드립니다. 아멘.

목회자를  위한기도

　오늘도 살아계시어 역사하시는 하나님 아버지!
　아버지께서 귀하게 쓰시는 목사님을 기억하여 주옵소서. 아버지께서 주의 종으로 세우실 때에는 그분을 통한 뜻과 섭리가 계신 줄 아오니 사랑하시는 목사님을 통하여서 아버지께서 하시고자 하는 뜻을 이루시며 많은 영혼들을 날마다 푸른 초장, 쉴만한 물가로 인도하게 하옵소서. 사랑하시는 목사님께서 애통하며 간구하는 모든 기도 위에 응답하시고 역사하여 주시기를 간절히 바라고 원하옵나이다.
　목사님을 늘 피곤치 않게 하시고 아버지의 권능과 능력의 강한 손으로 붙잡아 주시사 연약한 양떼를 인도하기에 어려움이 없게 하소서. 목사님의 큰 비전과 계획 위에 함께 하시고 그 계획이 이루어질 수 있도록 아버지께서 모든 것을 형통하게 하여 주옵소서. 언제나 하나님의 인도하심 가운데 그 앞길에 시온의 대로가 활짝 열리게 하옵소서.
　또한 목사님의 가정 위에도 함께 하시어 아버지의 은혜와 사랑 가운데 모든 환경을 축복하여 주옵소서. 주의 종을 통해 이 지역이 복음화 되게 하시며 내조하시는 사모님에게도 믿음과 사랑을 더하여 주시사 모든 일들을 슬기롭게 잘 극복할 수 있게 하옵소서.
　때를 따라 도우시며, 목사님 내외분의 건강을 지켜 주시며, 일용할 양식을 허락하시고, 교회 부흥의 큰 몫을 감당하게 하옵소서.
　거룩하신 예수님의 이름으로 기도드리옵나이다. 아멘.

직분자로서  드리는 기도

교회의 머리가 되시는 주님!
귀한 직분 주신 것을 감사드립니다.
그러나 주님!
그 직분을 잘 감당하지 못하였음을 용서하여 주옵소서. 게으르고 나태했습니다. 마음에 새 영을 부어 주시사 부지런하게 하시고 열심으로 주를 섬기며 기쁨으로 봉사하게 하옵소서. 신실한 종이 되게 하옵소서. 그러기 위하여 튼튼한 몸과 힘과 능력을 더하여 주시옵소서.

주님은 작은 일에 충성하라 하시는데 자꾸 큰 일에 마음이 가는 부질없는 욕망을 제거하여 주시옵소서. 남에게 보여지고 사람 앞에 드러나기를 좋아하는 성품을 고쳐 주님을 위하여 썩어져 가는 한 알의 밀알이 되게 하옵소서.

예수님께서 다시 오신 날이 매우 가까운 이때에 전 세계 모든 교회의 성도가 슬기로운 처녀들처럼 항상 기름을 준비하게 하여 주시옵소서. 교회의 일에 헌신하고 목사님께 순종하게 하옵소서. 초대교회의 일곱 집사와 같이 성령 충만하게 하옵소서. 지혜도 주옵소서. 착한 마음과 진실한 인격도 주시사 충성하는 일꾼이 되게 하옵소서.

믿음이 없이는 주님을 기쁘시게 못한다는 것을 압니다. 큰 믿음을 주옵시고 믿음에 덕을 더하여 주셨듯이 주어진 직분에 몸과 마음과 정성을 다하여 평생 충성스럽게 감당하게 하옵소서.

사명자의 생을 주장하시는 예수님의 이름으로 기도드립니다. 아멘.

위정자를 위한 기도

만왕의 왕이시요 만유의 주이신 하나님 아버지!

천하에 지역을 한정하시고 통치자를 택하여 인류를 섭리하심을 감사드립니다. 전능하신 하나님께서는 창세 이후부터 오늘까지 통치자들의 치적을 심판하시고, 그것으로 후손들에게 상선벌악의 실증을 보여 주셨나이다.

원하옵기는 이 나라를 다스리는 대통령을 위시하여 국회의원과 공무원에 이르기까지 하나님을 두려워하는 마음을 주옵시고 하나님의 뜻대로 그 백성을 위해 봉사하게 하옵소서.

자신의 직분이 누구를 위한 것인지를 알게 하옵시고 성실하게 감당할 수 있는 마음을 주시옵소서. 지도자들의 마음이 교만해질 때 백성 앞에 강포해지기 쉽고, 하나님을 잊어버릴 때 우상을 만들기 쉬우며, 저들의 마음에 욕심이 생길 때 백성들에 대한 공정을 상실하는 불행을 초래하게 되오니 그들의 마음을 하나님께서 늘 주장하여 주시옵소서.

하나님께서 저들에게 정직하고 성실한 마음을 주시고, 시대의 상황을 올바르게 판단할 수 있는 지혜를 주시사 백성들이 요구하는 음성을 들을 수 있게 하옵소서. 오늘의 현실에만 급급하지 말게 하옵시고 민족의 영원한 장래를 보게 하옵소서.

이 나라가 공의의 나라가 되게 하옵소서. 지도자들은 백성을 내 몸 같이 사랑하고 또 백성들은 지도자를 잘 섬기며 신뢰와 순종의 미덕을 나타내어 지도자와 온 백성이 한 마음, 한 뜻이 되게 하옵소서. 그리하여 하나님께 영광을 돌리고 온 민족이 축복받는 나라가 되게 하옵소서.

예수 그리스도의 이름으로 기도드리옵니다. 아멘.

나라를  위한 기도

역사를 주관하시는 전능하신 하나님 아버지!

이 나라, 이 땅에 복음을 주시고 삼천리 방방곡곡 기도하는 교회, 기도하는 성도가 있게 하심을 감사드립니다. 또한 지금까지 수많은 환난과 전쟁과 다툼 속에서도 이 나라를 보호하시고 지켜 주심을 감사드립니다.

아직도 이 나라에는 약하고 가난하며 소외된 곳이 많습니다. 약한 것을 일으켜 세우시사 강하게 하시고, 부족한 것은 차고 넘치게 축복하시며, 어두운 곳에 밝은 빛을 허락해 주옵소서. 이 땅에 혼란과 무질서를 제거해 주시고 모든 부정 부패와 부조리가 사라져 모두가 수고의 보람을 누리고 서로 신뢰하며 살아갈 수 있도록 참된 평화와 화해, 그리고 사랑을 주옵소서.

정치가 갈등과 분열을 조장하지 않게 하시고, 젊은이들에게 바른 교육이 이루어져서 예수 문화 운동이 일어나게 하옵소서. 분단된 민족의 아픔을 회복시켜 주시고 다시는 불행의 역사가 반복되지 않게 이 민족의 안보를 지켜주옵소서. 나뉘어진 민족이 복음으로 하나되어 복음으로 통일되는 축복을 받게 하옵소서.

무너진 이 나라 경제를 돌보시사 하나님께서 맡겨주신 것을 낭비하거나 방탕하게 사용하지 말게 하시며 근검 절약하여 이 어려움이 오히려 전화위복의 기회가 되게 하옵소서. 부정과 불의한 방법을 멀리하고 정직하고 성실하게 일하는 사람이 인정받는 사회가 되게 하옵소서.

모든 성도들이 진실하고 경건한 생활로 어두운 이 땅에 복음의 밝은 빛을 비추게 하사 예수님의 사랑이 전파되며 하나님의 나라가 힘있게 확장되게 하옵소서.

이 민족을 지키시는 예수님 이름으로 기도드립니다. 아멘.

경제난 극복을 위한 기도

역사의 주인 되시는 하나님!
우리 나라의 어려움을 아시는 하나님!
그 동안 잘 못 살아온 우리의 허물과 잘못을 통회하오니 긍휼히 여기시사 용서하여 주옵소서.
우리 나라가 경제적인 어려움을 당하고 있습니다. 하나님께 그토록 큰 축복을 받고도 감사할 줄 모르고 규모없이 살다가 당한 아픔입니다. 거품에 속아왔습니다. 이제는 거품을 거둬내고 진실을 찾게 하옵소서.
어려울 때 하나님을 찾도록 우리의 마음을 주장해 주옵소서. 모두들 나라가 어렵다고 하지만 우리 민족이 거듭나고 하나될 수 있는 기회를 주신 것이라고 믿고 감사드립니다. 물질 만능주의에 끌려가던 이 백성이 도덕적으로 깨어나게 하셔서 사람다운 사람의 모습을 찾고 하나님의 쓰임받는 백성이 되게 하옵소서. 역사의 교훈과 깨우침을 소홀히 여기지 않게 하옵소서.
우리 그리스도인들이 이 시대의 소망이 되기 원합니다. 하나님의 도우심을 믿고 우리 국민 한 사람 한 사람 자기 몫을 잘 감당해 나갈 때 이 어려움을 능히 헤쳐 나가리라 믿습니다.
이 난국을 거울삼아 다시 일어서는 우리 나라가 되도록 필요한 깨우침과 은혜를 더하여 주옵소서.
예수님의 이름으로 기도드립니다. 아멘.

통일과 평화를  위한 기도

우주만물을 말씀으로 창조하시며, 인류의 역사와 나라들과 개개인의 삶까지 간섭하시고 주장하시는 전능하신 하나님 아버지!

그 넓고 크신 사랑과 능력을 감사하오며 찬양합니다.

환난 가운데서도 내 조국을 지켜 주시고 얽매인 가운데서도 자유하는 백성들로 이기게 하셨사오며 눈물의 골짜기를 지나면서도 주께서 동행하여 주시므로 절망함 없는 소망 속에서 용기로 전진하게 하신 아버지 하나님께 더욱 감사를 드립니다.

내 조국의 통일과 평화를 위하여 흘린 땀이 그 얼마이며, 흘린 눈물이 그 얼마이니이까. 뿌려진 피가 두 동강난 내 조국 땅에 얼룩져 있사옵고, 많은 선배들의 흘린 피가 더욱 소리치고 있습니다.

갈라진 땅 저 건너편에서 천오백만의 내 동포들이 자유없는 신음 소리를 토로한 것이 벌써 50년입니다. 자유와 평화를 애타게 호소하고 있는 우리 동포들을 구원하여 주시옵소서. 북한 땅에 자유와 평화가 있기를 간절히 애원하는 남한 동포들의 애절한 호소를 주께서 들으시는 줄로 믿습니다.

주님, 어느 때까지 기다리시려 하시나이까? 일각이 여삼추이오니 신음하며 고통하는 내 동포들을 건져 주시옵소서. 막혀진 38 장벽이 하나님의 말씀의 능력으로 무너지게 하시고, 북한 땅이 말씀의 빛으로 밝아지며, 옳지 못한 사상에 사로잡힌 이들이 속히 복음을 받아들여 회개하고 주께로 돌아오게 하옵소서. 삼천리 강산이 복음으로 채워지며 복음으로 통일되게 하옵소서.

내 조국 강산 안에 있는 모든 어두운 그림자와 죄악의 검은 구름이 성령의 능력의 바람으로 멀리 사라지게 하시고, 하나님의 영광의 광채로 충만하게 하옵소서. 내 조국 강산이 복음으로 충만하여 빛나는 금수강산이 되게 하옵소서. 하나님의 영광과 찬송이 내 조국 강토에 충만하게 하옵소서. 자유와 평화가 넘치게 하옵소서. 복음이 한반도에서부터 넘쳐 흘러서 전 아시아와 온 세계에 두루 전파되게 하옵소서.

이를 위하여 이 시간도 주의 거룩한 백성들이 골짜기 골짜기마다, 제단 제단마다에서 엎드려 부르짖고 또 구하고 있습니다. 주의 진노의 손을 거두시고 내 조국에 진정한 자유와 평화를 주시어서 이 나라가 주께서 주관하시는 나라임을 만민이 보아 알게 하옵소서. 주께서 다스리시는 소식을 듣고 만방이 두려워하며 부러워하게 하시사 마지막 때에 주님의 뜻을 내 조국을 통하여 이루어 주시옵소서.

고통과 슬픔과 비애에 가득찬 이 땅이 변하여 하나님의 영광과 축복이 충만한 땅이 되게 하옵소서. 공산주의의 악한 사상으로 짙게 물들여진 북한 땅이 복음으로 변하여 빛나고, 복음으로 인하여 영화로운 땅이 되게 하옵소서. 복된 땅이 되게 하옵소서.

이 강산, 이 강토의 불행과 고통이 변하여 하나님의 크신 영광을 드러내게 하옵시고, 복음이 세계 만방에 두루 전파되게 하옵소서. 이 강산의 공산주의로 인한 오늘의 고난과 풍파가 변하여 내일의 복음의 향기를 세계 만방에 힘차게 휘날릴 수 있게 하옵소서.

역사의 수레바퀴를 잡으신 여호와의 위대하신 손길을 바라보며 예수님의 이름으로 기도드립니다. 아멘.

북한 동포를  위한 기도

전능하신 하나님!

크신 능력을 믿고 호소합니다. 이스라엘 민족이 믿음으로 여리고 성을 점령하였고, 가나안 땅을 점령하였음을 믿고 기도하오니 막혀진 38 장벽이 무너지게 하여 주시고 북한 땅을 도로 찾을 수 있게 하여 주시옵소서.

북한에서 악한 공산주의에 얽매여 신음하고 고통하는 우리 겨레들을 풀어 주시옵소서. 크신 권능을 이제 곧 나타내어 주시옵소서. 그들을 이 고통 속에서 건져 주시고 자유를 회복시켜 주옵소서.

옛날 다니엘이 여호와 하나님의 크신 자비를 향하여 호소하였을 때, 여호와 하나님께서 그의 기도를 들어 주시고 응답하여 주셨던 것처럼 오늘날 우리들도 하나님의 크신 자비와 긍휼을 향하여 호소합니다. 우리의 죄가 많을지라도 하나님의 크신 자비와 긍휼로 우리이 호소와 기도를 들어 주시옵소서. 지체하지 마시옵소서.

지금 북한에서 자라나고 있는 어린이들은 자유 세계라는 이름조차 모르고 들어볼 기회조차 없이 자라나고 있습니다. 그저 굶주림 속에서 총칼을 메고 일선에 보내져 물과 불을 가릴 수 없이 전쟁의 도구로만 되어가고 있습니다. 언제까지 이들을 내버려 두시려고 하시나이까. 어서 긍휼을 베풀어 주시옵소서.

다니엘의 기도를 들어주셨던 하나님이 오늘도 살아 계셔서 우리의 기도와 호소를 듣고 이루어 주실 줄 믿사옵고 예수님의 이름으로 기도드립니다. 아멘.

선한 삶과 생업의 축복을  위한 기도

주님이여!

우리의 무디어진 귀가 열리게 하시며 남의 말을 좋게 하는 자 되게 하여 주옵소서. 남을 위하여 늘 기도하는 자 되게 하옵소서.

구원의 처음 기쁨, 처음 감격, 처음 사랑, 처음 열심을 되찾게 하옵소서. 주님과 세상 사이를 왔다 갔다 하는 망설이는 신앙이 되지 말게 하옵시며 생명의 길과 멸망의 길이 내 앞에 있으니 바르게 행동하게 하옵소서. 우리의 인생은 아침에 났다가 저녁에 스러지는 풀 같은 인생이오니 짧은 인생 주님과 동행하며 바르게 살게 하옵소서.

험한 세상의 시련에서 인내를 배우고 인내 속에서 소망을 깨닫게 하옵소서. 주님의 말씀 안에서 성실하고 진실하게 살게 하옵시며 나의 일에 하나님을 향한 충성과 근면이 있게 하옵소서.

또한 물질의 축복도 주시사 하나님께 소망을 두고 하늘에 보물을 쌓는 자가 되게 하옵소서. 모든 일의 결과가 하나님께 영광이요 이웃에겐 유익과 나에겐 기쁨이 되게 하옵소서. 가난을 느끼는 사람에게 부유함을 주시며 삶이 곤고하여 어두움을 느끼는 사람에게 하나님 은총의 밝은 빛을 비추어 주시옵소서.

경제적인 문제로 어려움을 겪는 성도들이 있으면 주께서 물질의 축복을 내려주시되 무엇을 먹을까 무엇을 입을까 염려하지 말고 먼저 그의 나라와 그의 의를 구하는 삶이 되게 하옵소서.

생활이 풍족하다고 교만하여져서 하나님 모른다 하지 않게 하시옵소서. 육신 생활은 가난하여도 믿음 생활은 부하게 하옵소서. 주신 자도 여호와 하나님이요 취하시는 자도 여호와 하나님이시오니 하나님의 축복이 없이는 성공할 수 없다는 사실을 알게 하옵소서.

예수님의 이름으로 기도드립니다. 아멘.

신앙인의  기도 · 1

일사각오 뿐입니다

주기철 목사

나는 바야흐로 죽음에 직면하고 있습니다.
나의 목숨을 빼앗으려는 검은 손은
시시각각으로 다가오고 있습니다.
죽음에 직면한 나는
"사망 권세를 이기게 하여 주시옵소서!"
하고 기도하지 않을 수 없습니다.

무릇 생명이 있는 만물이 다 죽음 앞에서 탄식하며,
무릇 숨쉬는 인생은 다 죽음 앞에서 떨고 슬퍼합니다.
폐결핵 환자로 요양원에 눕지 아니하고
예수의 종으로 감옥에 갇히우는 것은
얼마나 큰 은혜입니까!

자동차에 치어 죽는 죽음도 있는데
예수의 이름으로 사형장에 나가는 것은
그리스도인 최대의 영광입니다.
주님을 위하여 열 번 백 번 죽어도 좋지만
주님을 버리고 백 년 천 년 산다한들 그 무슨 삶이리오.

오, 주여!
이 목숨을 아끼어 주님께 욕되지 않게 하시옵소서.
이 몸이 부서져 가루가 되어도
주님 계명을 지키게 하시옵소서.
주님은 나를 위하여 십자가에 달리셨습니다.

머리에 가시관 두 손과 두 발이 쇠못에 찢어져
최후의 피 한방울까지 쏟으셨습니다.
주님 나 위하여 죽으셨거늘
내 어찌 죽음을 무서워 주님 모르는 체 하오리까
다만 일사각오가 있을 뿐입니다. 주님.

신앙인의  기도 · 2

사랑하게 하소서

토마스 아켐피스

오 주님!
우리 안에서 주님의 사랑이 깊어지게 하시고
주님을 사랑함이 얼마나 달콤하며
주님의 사랑 속에 우리가 녹아지고
그 사랑에 사로잡히는 것이 얼마나 행복스러운가를
마음으로 알게 하옵소서.
주님의 사랑이 우리를 소유하며 우리의 상상이
이르지 못할 만큼 뜨겁고 놀랍게 우리를 높여 주옵소서.
그리고 우리로 하여금 사랑의 노래를 부르게 하옵소서.
우리의 영혼으로 주님을 찬양하는 일에 분주하게 하시며
주님의 사랑을 즐거워하게 하옵소서.
자신을 사랑하기보다 주님을 더 사랑하게 하시며
자신을 사랑하는 것 같이 다만 주님을 사랑하게 하옵소서.
주님을 참으로 사랑하는 모든 사람을
명령하신 율법대로 사랑하게 하옵소서.
사랑은 신속하고 사랑은 순결하며
사랑은 즐겁고 사랑은 기쁘옵니다.
사랑은 강하고 사랑은 견디며
사랑은 믿음직하고 사랑은 주의 깊으며 또 오래 참고
동감하며 언제나 자기 유익만을 구하지 아니하옵니다.
자기 유익만을 찾는 사람은 사랑을 단념하고 마는 것입니다.

사랑은 남을 살피고 사랑은 겸손하며 사랑은 감상적이지 않고
헛된 영화를 구하지 않습니다.
사랑은 근실하고 사랑은 순결하며 사랑은 굳세고
사랑은 조용하며 감각을 항상 조심합니다.
사랑은 윗사람에게 복종하고 순종하며
비록 보기에 천하고 멸시받은 일 같을지라도
하나님께 경건하고 감사하며
하나님을 느낄 수 없는 때에라도
의지하며 기다리는 것이옵니다.
고난이 없이는 사랑할 수 없기 때문이옵니다.
참된 준비를 가지지 못한 사람과 사랑하는 마음으로
굳세게 서 있지 못하는 사람은 사랑하는 사람이라고
말할 수 없나이다.
사랑하는 사람은 그의 사랑하는 이를 위하여
모든 고난과 환란을 즐거이 받지 않을 수 없으며
역경 때문에 그의 사랑하는 분을 슬프게 할 수는 없습니다.
하나님,
그러기에 하나님만이 참으로 사랑할 우리의 사랑이 되십니다.
예수님의 이름으로 기도드립니다. 아멘.

신앙인의  기도 · 3

복된 나라 건설

노만 빈센트 필

전능하신 하나님이시여,
성령의 보호하심으로 하나님께서
이 나라를 수호하여 주실 것을 믿사오며
우리 정부를 믿고 순응하는 정신으로 살아가는 백성들을
실망시키지 않고 그들의 마음에 귀를 기울이도록
이끌어 주시기를 간절히 비옵나이다.
다른 이들과 잘 어울리며
온 나라의 동포를 위하여
형제 같은 애정과 사랑을 품게 하여 주시옵소서.
주님의 풍성하신 은총으로
우리 모두가 정의를 실현하며
끝까지 인내함으로 견디고
인애와 겸양과 거룩한 믿음을 창조하신 주님의 뜻 안에서
평화로운 마음으로 그 뜻을 행할 수 있도록
허락하여 주시옵소서.
복된 나라를 건설하는 데 방해가 되는
천박한 유행을 없애 주시기를 간절히 기도하옵나이다.
우리의 기원을 응답하여 주실 것을 믿사오며
예수님의 이름으로 기도드립니다.
아멘.

신앙인의  기도 · 4

오직 주와 함께 있게 하옵소서

마틴 루터

주님이시여 들어주소서.
빈그릇은 채워져야 하오니, 나의 주님이시여 채워 주옵소서.
주여 저는 믿음이 약합니다. 저를 강하게 하옵소서.
사랑 가운데서 냉정함을 잃지 않게 하소서.
저를 따뜻하게 하시고 이웃을 향해 나갈 수 있도록
저의 사랑을 강렬하게 인도하여 주소서.
저는 강하고 확신하는 신앙이 없습니다.
저는 번번이 불신하고 주님께 대한 신뢰를
간직할 수 없나이다.
주님이시여 도우소서.
주님께 두는 제 믿음과 신뢰를 강하게 하옵소서.
제가 지닌 모든 재보들은 주님께 바쳤습니다.
저는 비천합니다. 주님은 풍요하시니
가난한 자에게 행운을 주시옵소서.
저는 죄인이지만 주님은 정직합니다.
제게는 죄가 많지만 주님은 정의가 가득할 뿐이옵니다.
그리하여 저는 은혜를 받기 위해 주님의 품에 남아 있사옵니다.
저를 아무에게도 주어버리지 마옵소서.
오직 주와 함께 있게 하시옵소서.
아멘.

신앙인의  기도 · 5

외아드님과 하나 되게 하옵소서

칼빈

전능하신 하나님이시여
주님께서는 복음의 말씀으로 주님을 찾으라고
끊임없이 권고하실 뿐만 아니라
주님의 아드님을 우리의 중보자로 주셔서
그분을 통하여 주님께 나아갈 길을 열어 주시며
주님이 우리에게 친절한 아버님임을
알게 하여 주셨습니다.
수많은 죄악이 사방에서 우리를 괴롭히고
수많은 궁핍이 우리를 억누르고 있기 때문에
주님의 친절한 초대에 응하여 일생 동안 기도에 힘쓰며
좀 더 진지하게 주님께 인도함을 받고자 하오니
우리를 인도하여 주시옵소서.
그리하여 마침내 일생을 통하여 부르짖은
우리의 기도를 들으시고 주님께서 약속하여 주셨으며
복음을 통하여 매일 우리에게 증거하여 주신
그 구원을 누릴 주님의 영원한 나라에 들어가게 하옵소서.
주님의 외아드님과 영원히 하나 되게 하옵소서.
이제 우리는 그분의 지체가 되었습니다.
그분께서 죽으심으로 우리들을 위하여 준비해 놓으신
모든 축복에 참여하는 자들이 되게 하옵소서.
아멘.

신앙인의  기도 · 6

구원과 안식을 누리게 하옵소서

존 웨슬레

지극히 은혜롭고 자비하신 하나님이시여
주님만이 상처입은 정신을 치유하시고
번민하는 마음을 평정 하시오니
저는 구원을 바라고 주님께 외치옵나이다.
영육의 위대하신 치료자시여
저의 약하고 낙심하는 마음에
위안을 주시옵고 격려하여 주시옵소서.
주님만이 저의 구원이시옵니다.
그래서 구원을 바라며 주님께 외치옵니다.
저의 최고의 외침을
이 타오르는 열렬한 기원을 들으시고
저의 믿음을 주님께 두시며 안온하고 평정되며
유쾌한 정신을 소유하게 하시옵소서.
우리 주님의 구원하심을 조용하게 기다리고
바라는 것이 진실로 선한 일이옵니다.
주님의 안식처를 허락하시고
내 영혼이 더 이상 소란하지 않게 하시옵소서.
그리하여 내 영혼이 하나님 안에서 주님의 구원과
안식을 누리게 하여 주시옵소서.
아멘.

신앙인의  기도 · 7

주의 보혈로 정결케 하옵소서

한경직 (영락교회 원로목사)

거룩하신 하나님.

저희들에게 호흡을 주시고 일용할 양식을 주시며 나라와 사회와 가정을 주신 은혜에 감사드립니다.

하루를 돌이켜 볼 때 주의 뜻대로 살지 못한 것이 있습니다. 하나님과 사람 앞에서 죄를 지었습니다. 인내하지 못하고 화를 크게 내기도 했습니다. 더 소유하지 못해 허둥대던 어리석음도 있습니다. 미움을 갖고 상대방을 욕하기도 했습니다. 하나님보다 물질과 명예와 쾌락을 더 사랑하기도 했습니다.

이 시간 돌아오는 탕자와 같은 심정으로 주님 앞에 나옵니다. 저희를 용서하여 주옵소서. 죄로 얼룩진 마음을 주의 보혈로 정결케 하여 주옵소서. 미쁘시고 의로우사 우리 죄를 사하시며 모든 불의에서 우리를 깨끗케 하시는 하나님, 저희를 용서해 주시고 받아주옵소서.

긍휼하신 아버지 하나님.

어려움을 당해 고통중에 있는 이들이 있습니다. 병상에서 신음하는 이들도 있습니다. 대인관계에서 상처를 받고 상심해 있는 이들도 있습니다. 앞길이 열리지 않아 고민하는 이들도 있습니다.

이분들에게 위로와 평강과 소망을 주시고 앞길을 열어주옵소서. 이분들이 당신의 위로를 얻고 힘차게 그 절망의 자리에서 일어나게 하옵소서. 평강과 소망을 얻고 내일을 향해 다시 뛰게 하옵소서.

능력의 하나님.

집안의 가장에게 능력과 넉넉한 인품을 주옵소서. 주부에게 슬기와 사랑을 주옵소서. 자녀들에겐 의로움과 성실함을 주옵소서. 저희들의 가정이 작은 하늘나라가 되게 하여 주옵소서. 저희들이 의롭고 바르게 살며 사랑으로 살 수 있도록 도와주옵소서. 이 사회도 바르게 하여 주시고 민족의 숙원인 통일이 이뤄지게 하옵소서.

예수님의 이름으로 기도드립니다. 아멘.

신앙인의  기도 · 8

은혜 내려 주옵소서

곽전태(구로중앙감리교회 목사)

저희들을 은혜로 돌보시는 하나님께 감사드립니다. 우주를 지으시고 자연과 역사를 주관하시며 때에 따라 저희들에게 양식을 주시고 거할 곳과 일할 곳을 주신 은혜를 찬양합니다.

하나님의 사랑은 불변하시고 영원하신데 저희가 불신앙하고 불순종한 것이 있었습니다. 이 시간 회개합니다. 용서하여 주옵소서. 저희가 바르게 살지 못하고 죄를 지었습니다. 이 시간 긍휼히 여겨 주옵소서.

사랑의 하나님 아버지.

저희들 국내외 정세가 급변하고 가치관이 혼란스러운 때를 살아가고 있습니다. 이런 때이기에 더욱 하나님의 약속의 말씀만 믿습니다. 그 말씀을 인생의 반석으로 삼습니다. 저희들에게 많은 '원수'가 있습니다. 질병도 있으며 환난도 있습니다. 우리의 가정과 사회를 해치려는 세력도 있습니다. 이 원수들의 세력에서 저희를 보호하여 주옵소서. 시편 46편 1절은 "하나님은 우리의 피난처시요 힘이시니 환난중에 만날 큰 도움이시라"고 찬양했습니다. 이 찬양이 오늘날 저희들의 찬양이 되게 하여 주옵소서.

물질이, 인간이, 권력이, 배경이 피난처요 힘이 아니라, 하나님이 큰 도움이 된다는 것을 믿고 고백하는 분들에게 당신의 은혜를 내려 주옵소서.

병상에 있는 분들을 기억하여 주옵소서. 군에 있는 아들을 지켜 주옵소서. 고통받는 우리의 이웃에게 은혜를 내려 주옵소서. 이 나라 이 사회의 모든 갈등과 분열이 사라지게 하옵소서.

보혜사 성령님.

저희의 연약함을 항상 도와주시고 앞길을 인도하옵소서.

예수님의 이름으로 기도드립니다. 아멘.

신앙인의  기도 · 9

유혹에 빠지지 않게 하소서

박태희 (성락성결교회목사)

주님,
오늘도 우리의 걸음마다 올바른 길로 인도하심에 감사드립니다.
지금 이 사회에는 믿는 자들마저 미혹해 악의 길로 이끄는 세력들이 너무 많습니다. 갖가지 이단, 사이비 종교가 주께서 택하신 자녀들마저 미혹하기 위해 굶주린 사자처럼 날뛰고 있습니다. 거짓 그리스도, 거짓 구세주가 어찌 그리 많은지 너무 걱정이 됩니다.
우리들을 그런 사탄의 세력으로부터 보호해 주소서. 성령의 강하신 손길이 임하셔서 우리를 보호해 주소서. 겉으로 달콤해 보이는 유혹에 빠지지 않도록 하소서.
사탄은 그의 추종자들을 이용해 마지막 때에 수많은 영혼을 지옥으로 유인하고 있습니다. 그들은 성경을 무시한 채 자기들을 믿어야만 구원을 얻을 수 있다고 외치고 있습니다. 연약한 심령을 가진 인간들은 그런 유혹에 쉽사리 빠지고 있습니다. 심지어 믿는 자들조차 악의 손짓에 이끌리기도 합니다.
주님,
간절히 구하오니 우리의 심령을 굳세게 붙들어 주소서. 사탄이 감히 넘볼 엄두조차 못내는 굳건한 믿음을 주소서.
언제 어디서 무엇을 하든 우리에게 몰려오는 사이비 이단 종교의 달콤한 유혹을 과감히 물리치게 하소서.

집으로, 직장으로 찾아오는 그들을 오히려 성령의 능력으로 감동시켜 올바른 길을 걷게 해주소서. 길에서 그릇된 구원론을 펼치는 이들에게 주님께서 역사해 주셔서 그 심령들을 바로 잡아주소서. 그래서 우리 모두가 하나되어 주님을 기쁘게 하는 하나님의 자녀들이 되게 하소서.

우리 주 예수 그리스도의 이름 받들어 기도드립니다. 아멘.

신앙인의  기도 · 10

가을을 주신 주님께

박종구 목사

이땅에 아름다운 가을을 주신 주님께 찬양을 드립니다. 곱게 물든 가로수 곁에서 잠시 드높은 하늘을 우러르게 하시고 섬돌의 귀뚜라미 소리에 귀를 기울이게 하신 주님께 감사를 드립니다.

생각하면 지난 계절에도 저희들은 숱한 잘못을 저질렀습니다. 어리석은 생각을 많이 했고 또 무례한 행동을 자제하지 못했습니다. 이웃이 겪는 아픔을 애써 외면했고 내 자신의 이익만을 추구하기에 급급했습니다. 자신의 허물을 감춘채 이웃의 잘못을 찾는데 용감했습니다. 그래서 입안 가득 가시가 돋았고 아직도 손에 든 돌맹이를 버리지 못했습니다.

주변이 소란스러운 것도 모두 남의 탓으로 돌렸습니다. 스스로 악을 행하지 않았노라고 자위하면서 오히려 선을 행하지 못한 어리석음을 깨닫지 못했습니다.

주님,

이 가을에는 우리의 귀를 열어 주소서. 회오리 바람에 휘말려다니는 우리를, 천둥소리에 들떠있는 우리를, 가엾게 여기시고 오늘은 세미한 음성에 무릎 꿇게 하소서.

주님,

이 가을에는 우리를 마른 나뭇가지 아래로 이끄소서. 많이 갖고 싶었던 허영으로, 그래서 더욱 무성했던 미움도 이제는 가랑잎으로 하나씩 떨구게 하소서.

정복하고 성취하기 위해서 밀치고 빼앗고 허겁지겁 달려온 많은 날들을 이제는 차분히 가라앉히게 하소서. 부끄러움을 가리기 위해 요란하게 걸친 치장들을 하나 하나 걷어내게 하소서. 그래서 하늘을 향해 마른손을 들게 하소서.

아직 열매가 없습니다.

주님, 그래도 더 기다려 주소서.

한 번 더 땅을 두루 파고 거름을 넣겠습니다.

금년에도 그대로 두소서.

그리스도이신 예수님 이름으로 기도드립니다. 아멘.

신앙인의  기도 · 11

내가 곧 나서리라

무디

나의 주 나의 구세주시여
무엇을 위해서든지 나를 써 주시옵소서.
어떤 일에든지 나를 쓰시고 어떤 방법으로든지
주께서 나를 요구하소서.
여기 내 가난한 심령이 있사오니
빈그릇인 나를 주의 영광으로 채워 주옵소서.
여기 죄스럽고 번민하는 내 심령이 있사오니
그것을 뒤엎고 주의 사랑으로 새롭게 하옵소서.
주님께 내 마음을 드립니다.
내 입으로 주님의 영광을 널리 알리게 하소서.
주님을 의지하는 백성들을 위하여
내 사랑과 내 힘을 드리옵니다.
결코 흔들림 없는 확고부동함과
내 신앙의 신뢰가 강하여 지게 하여 주시옵소서.
그리하여 마음으로부터
"예수님이 나를 필요로 하시오니 내가 곧 나서리라"는
고백이 가능하게 하시옵소서.
아멘.

신앙인의  기도 · 12

자녀를 위한 기도

더글러스 맥아더

저의 자녀를 이러한 사람이 되게 하소서.
약할 때 자기를 잘 분별할 수 있는 힘과
두려울 때 자신을 잃지 않는 용기를 가지고
정직한 패배에 부끄러워하지 않고 태연하며
승리에 겸손하고 온유할 수 있는 사람이 되게 하소서.
그를 요행과 안락의 길로 인도하지 마시고
곤란과 고통의 길에서 항거할 줄 알게 하시며
폭풍우 속에서도 일어설 줄 알며
패한 자를 불쌍히 여길 줄 알도록 하여 주소서.
그의 마음은 깨끗이 하고
목표는 높게 하시며
남을 다스리기 전에 자신을 다스리게 하시고
미래를 지향하는 동시에 과거를 잊지 않게 하소서.
그 위에 유머를 알게 하시어
인생을 엄숙히 살아가면서도 삶을 즐길 줄 아는 마음과
자신을 너무 드러내지 않는 겸손한 마음을 갖게 하소서.
그리고 참으로 위대한 것은 소박함에 있다는 것과
참된 힘은 너그러움에 있다는 것을 항상 명심하게 하소서.
그리하여 그의 아버지인 저는 헛된 인생을 살지 않았노라고
나직히 속삭이게 하소서.

신앙인의  기도 · 13

의사가 드리는 기도

W. 바클레이

오, 하나님!
환자들이 제게 올 때마다
제가 그들의 아픔을 덜어주게 하옵시고
그들의 연약한 몸을 강건한 몸으로
치료할 수 있게 하옵시며
그들의 불안한 마음을 평온하게
해줄 수 있도록 도와 주옵소서.
그들을 병을 지닌 환자들로서가 아니라
진정한 인격체로 대할 수 있도록 도와 주옵소서.
오랜 기간 동안 치료해야 할 때
제가 인내심을 갖도록 도와 주옵소서.
제가 환자들에게 단호해야 할 때
제게 단호한 마음을 허락하옵소서.
제가 환자들을 치료하는 일이
주님께서 병든 이들을 고쳐주셨던 것과
마찬가지라는 것을 기억하게 하옵시고
주님께서 저를 통하여
그 일을 계속하신다는 것을 기억하게 하옵소서.
또한 제가 주님의 뜻으로
이 세상의 질병과 아픔을
물리치고 있다는 것을 기억하게 하옵소서.
예수님의 이름으로 기도드립니다. 아멘.

신앙인의  기도 · 14

아홉 가지 기도

도종환

나는 지금 나의 아픔 때문에 기도합니다.
그러나 오직 나의 아픔만으로 기도하지 않게 하소서
나는 지금 나의 절망으로 기도합니다.
그러나 오직 나의 절망만으로 기도하지 않게 하소서
나는 지금 깊은 허무에 빠져 기도합니다.
그러나 허무 옆에 바로 당신이 계심을 알게 하소서
나는 지금 연약한 눈물을 뿌리며 기도합니다.
그러나 진정으로 남을 위해 우는 자 되게 하소서
나는 지금 죄와 허물 때문에 기도합니다.
그러나 또다시 죄와 허물로 기도하지 않게 하소서
나는 지금 내 마음의 평화를 위해 기도합니다.
그러나 모든 내 이웃의 평화를 위해서도 늘 기도하게 하소서
나는 지금 영원한 안식을 위해 기도합니다.
그러나 불행한 모든 영혼을 위해 항상 기도하게 하소서
나는 지금 용서받기 위해 기도합니다.
그러나 모든 이들을 더욱 사랑할 수 있는 자 되게 하소서
나는 지금 굳셈과 용기를 주십사고 기도합니다.
그러나 그것을 더욱 바르게 행할 수 있는 자 되게 하소서

신앙인의  기도 · 15

제헌국회에서 드린 기도

이윤영 의원

　이 우주와 만물을 창조하시고 인간의 역사를 섭리하시는 하나님이시여! 이 민족을 돌아보시고 이 땅에 축복하셔서 감사에 넘치는 오늘이 있게 하심을 성심으로 감사하나이다.
　오랜 시일 동안 이 민족의 고통과 호소를 들으시사 정의의 칼을 빼서 일제의 폭력을 굽히시어 이제 하나님이 세계만방의 양심을 움직이시고, 또한 우리 민족의 염원을 들으심으로 이 기쁜 역사적 환희의 날을 이 시간에 우리에게 오게 하심은 하나님의 섭리가 세계만방에 계시된 것으로 저희들은 믿나이다.
　하나님이시여, 이로부터 남북이 둘로 갈리어진 이 민족의 어려운 고통과 수치를 신원하여 주시고, 우리 민족 우리 동포가 손을 마주잡고 웃으며 노래 부르는 날이 우리 앞에 속히 오기를 기도하나이다.
　하나님이시여, 원치 아니한 민생의 도탄이 길면 길수록 이 땅에 악마의 권세가 확대되나 하나님의 거룩하신 영광은 이 땅에 오지 않을 수밖에 없는 줄로 저희들은 생각하나이다. 원컨대 우리 조선 독립과 함께 남북통일을 주옵시고, 또한 우리 민생의 복락과 아울러 세계 평화를 허락하여 주옵소서.
　거룩하신 하나님의 뜻에 의지하여 저희들은 성스럽게 택함을 입어가고 글자 그대로 민족의 대표가 되었습니다. 그러하오나 우리들의 책임이 중차대한 것을 저희들이 느끼고 우리 자신이 진실로 무력한 것을 생각할 때 지(智)와 인(仁)과 용(勇)과 모든 덕(德)의 근원이 되시는 하나님 앞에 이러한 요소를 저희들이 간구하나이다.

이제 이로부터 국회가 성립이 되어서 우리 민족의 염원이 되는, 모든 세계만방이 주시하고 기다리는 우리의 모든 문제가 원만히 해결되며, 또한 이로부터 우리의 완전 자주독립이 이 땅에 오며 자손만대에 빛나고 푸르른 역사를 저희들이 정하는 이 사업을 완수하게 하여 주시옵소서.

이 회의를 사회하시는 의장으로부터 모든 우리 의원 일동에게 건강을 주시옵고, 또한 여기서 양심의 정의와 위신을 가지고 이 업무를 완수하게 도와 주시옵기를 기도하나이다.

역사의 첫 걸음을 걷는 오늘의, 우리의 환희와 우리의 감격에 넘치는 이 민족적 기쁨을 모두 합하여 하나님께 영광과 감사를 올리나이다.

이 모든 말씀을 주 예수 그리스도 이름을 받들어 기도하나이다. 아멘.

이 기도문은 1948년 5월 31일 제헌국회 제1차 본 회의록에 속기된 것으로서, 이승만 박사는 단상 의장석에 등단하여 전 국회의원들에게 먼저 하나님께 기도하자고 제의하였고, 이 제의에 따라 이윤영 목사가 기도한 것이다.

영혼을 깨우는 예배기도

1판 1쇄 발행 _ 1998년 2월 10일
1판 11쇄 발행 _ 2010년 6월 1일

지은이 _ 이효상

펴낸이 _ 이상준
펴낸곳 _ 서로사랑(알파코리아 출판 사역기관)

편집 _ 이소연, 박미선
영업 _ 장완철
이메일 _ publication@alphakorea.org

사역/행정 _ 이정자, 윤종화, 주민순, 권주희, 엄지일
이메일 _ sarang@alphakorea.org

등록번호 _ 제21-657-1
등록일자 _ 1994년 10월 31일

주소 _ 서울시 서초구 방배1동 918-3 완원빌딩 1층
전화 _ (02)586-9211~4 **팩스** _ (02)586-9215
홈페이지 _ www.alphakorea.org

ⓒ서로사랑 1998

* 이 책은 서로사랑이 저작권자와의 계약에 따라 발행한 것이므로
  본사의 허락 없이는 어떠한 형태나 수단으로도 이 책의 내용을 이용하지 못합니다.
* 잘못된 책은 바꿔 드립니다.
* 가격은 뒤표지에 있습니다.